21世纪高职高专精品教材
财务会计类

新准则·新体系

SHENJI JICHU YU SHIWU

审计基础与实务

（第二版）

刘晓波 主 编
王 娟 副主编

东北财经大学出版社
Dongbei University of Finance & Economics Press
大连

图书在版编目（CIP）数据

审计基础与实务／刘晓波主编．—2 版．—大连：东北财经大学出版社，2015.2（2017.6 重印）
（21 世纪高职高专精品教材·财务会计类）
ISBN 978-7-5654-1819-8

Ⅰ.审…　Ⅱ.刘…　Ⅲ.审计学-高等职业教育-教材
Ⅳ.F239.0

中国版本图书馆 CIP 数据核字（2015）第 016993 号

东北财经大学出版社出版
（大连市黑石礁尖山街 217 号　邮政编码　116025）
教学支持：（0411）84710309
营 销 部：（0411）84710711
总 编 室：（0411）84710523
网　　址：http://www.dufep.cn
读者信箱：dufep@dufe.edu.cn

大连图腾彩色印刷有限公司印刷　　东北财经大学出版社发行

幅面尺寸：185mm×260mm　　字数：383 千字　　印张：16.75
2015 年 2 月第 2 版　　2017 年 6 月第 6 次印刷

责任编辑：张旭凤　王　丽　　责任校对：孙　萍　毛　杰
封面设计：冀贵收　　版式设计：钟福建

定价：28.00 元

第二版前言

本书的写作力求深入浅出，使学生顺利完成课程的学习，理解并能够实施会计报表审计。本书之特色在于：

1. 适于培养高素质应用型专业人才。顺应市场经济的发展趋势和会计改革的发展情况，强化理论知识的应用及实践技能的可操作性。

2. 突出实践技能。知识要点的陈述以够用为度，增加实务操作内容，加强实践性教学环节。选择真实、典型、实用的审计工作底稿，注重审计技能的培养。

3. 对照审计准则适当融入。本书参照《中国注册会计师审计准则问题解答第 1 号——职业怀疑》等六项审计准则问题解答的通知，适当补充相关内容。

4. 注重精讲多练。对于审计知识的学习，适当的习题演练是必需的，因此本次修订，我们针对第一版这方面的不足，增加了课后习题，并配备了参考答案，读者请登录东北财经大学出版社网站（www. dufep. cn）下载使用。

本书既可作为高等职业院校会计、审计、财务管理、税务及相关经济管理类专业教学用书，也可作为应用型本科院校财经类专业相关课程的教材或参考书，还可作为审计、会计人员职业培训和自学用书。

本书由辽宁经济职业技术学院刘晓波副教授担任主编，渤海大学高等职业技术学院王娟副教授担任副主编。本书的写作分工如下：刘晓波副教授负责编写第 1 章、第 2 章、第 3 章、第 7 章、第 8 章、第 10 章、第 11 章；王娟副教授负责编写第 4 章、第 5 章、第 6 章、第 9 章。刘晓波副教授负责全书最终的修改和总纂。

在本书的编写过程中，我们阅读了国内外许多专家和学者的专著和论文，并借鉴了其中部分内容，在此谨向他们表示诚挚的谢意！

由于编者的水平有限，书中难免会有错误和不当之处，敬请读者批评指正。

编　者

2015 年 1 月

目　录

第 1 章　审计概论

◆ 学习任务

知识任务：通过本章的学习，使学生了解审计产生与发展的历程；掌握审计的概念、审计的对象和审计的基本方法；掌握中国注册会计师职业道德守则的内容；熟悉注册会计师执业准则体系的构成；理解独立性是审计的灵魂；理解审计关系。

能力任务：结合目前社会经济发展，对不同类型审计活动如何发展形成一个初步认识。

引导案例

2013 年 4 月至 7 月，审计署对西电东送工程宁东至山东±660 千伏直流输电示范工程等 21 个输变电项目的投资建设、运营管理等情况进行了审计，西电东送是实施西部大开发战略的重要标志性工程，于 1993 年 8 月启动，经过多年建设，初步构建了北、中、南 3 条送电通道。至 2013 年 6 月，西电东送工程核准并开工建设输变电项目 48 个，概算总投资 2 825 亿元，计划增加送电能力 1.33 亿千瓦。有 43 个项目已建成投产，完成投资 1 793亿元，形成送电能力 1.01 亿千瓦，累计输送电量 2.41 万亿千瓦时；另外 5 个在建项目计划送电能力为 3 140 万千瓦。本次审计的 21 个项目，为近年来投资建成，占已开工输变电项目数量的 44%。审计过程中发现主要问题如下：

（1）工程建设中存在违反招投标规定的问题。主要是电网公司未经招标而将部分电网工程直接发包给关联企业，招标中存在大幅压缩招投标时间、评标不合规等问题，涉及金额 34.39 亿元，占审计抽查金额的 16%。

（2）设备材料采购、招标代理等业务中存在未按规定招标的问题。主要是电网公司直接指定关联企业承担部分设备材料采购、招标代理等业务，并借机多支付相关费用，由此向关联企业输送利益达 8.19 亿元。

（3）工程投资控制不严。主要是电网公司工程初步设计概算偏高，约束力不强，存在多支付工程价款、挤占工程建设成本等问题，导致多计投资 10.44 亿元。

（4）套取建设资金私设“小金库”。主要是电网公司所属部分施工单位编造虚假合同、使用虚假发票等套取电网工程建设资金 13.81 亿元，用于私设巨额“小金库”，主要用于发放奖金、列支各种费用。

此次审计发现的涉及工程招投标、设备材料采购、建设资金使用等方面的违法违纪案件线索，已依法移送有关部门查处。

思考：

（1）什么是审计？审计是如何分类的？

（2）从案例中学到哪些审计知识？

1.1 审计的产生与发展

1.1.1 审计产生的基础

随着社会生产力的提高和社会经济的发展，当资源的所有者不能直接管理和经营其所拥有的财富时，就有必要授权或委托他人代为管理和经营，这就导致了资源的所有权与经营管理权的分离，从而也就产生了委托和受托代理之间的受托经济责任关系，这就为以监督检查为职责的审计的诞生奠定了基础。受托经济责任关系，是指受托者及管理者接受所有者的委托，代其行使经营管理权，并通过法则、合同、组织原则等手段所形成的责权利相结合的责任关系。

1.1.2 西方审计的产生与发展

1）国家审计的产生与发展

早在奴隶制度下的古罗马、古埃及和古希腊，已有国家审计机构。在现代资本主义国家中，大多实行立法、行政、司法三权分立，议会为国家的最高立法机关，并对政府行使包括财政监督在内的监督权。为了监督政府的财政收支，切实执行财政预算法案，维护统治阶级的利益，西方国家大多在议会下设有专门的审计机构，由议会或国会授权，对政府及国有企事业单位的财政收支进行独立的审计监督。

2）注册会计师审计的产生与发展

注册会计师审计产生于意大利合伙企业制度，形成于英国股份制企业制度，发展和完善于美国的资本市场。它是伴随着商品经济的发展而产生和发展起来的。

16 世纪，在意大利的商业城市中出现了一批具有良好的会计知识、专门从事查账和公证工作的专业人员，他们所进行的查账与公证工作，可以说是注册会计师审计的起源。随着此类专业人员的增多，他们于 1581 年在威尼斯创立了威尼斯会计协会。米兰等城市的职业会计师也成立了类似的组织。

18 世纪下半叶，英国出现了第一批以查账为职业的独立会计师。他们受企业主委托，对企业会计账目进行逐笔检查，目的是查错防弊，检查结果也只向企业主报告。因为是否聘请独立会计师进行查账由企业主自行决定，所以此时的独立审计尚为任意审计。

1721 年，英国的“南海公司”以虚假的会计信息诱骗投资人上当，其股票价格一时扶摇直上。但好景不长，“南海公司”最终未能逃脱破产倒闭的厄运，使股东和债权人损失惨重。英国议会聘请会计师查尔斯·斯耐尔对“南海公司”进行审计。斯耐尔以“会计师”的名义出具了“查账报告”，从而宣告了注册会计师的诞生。1853 年，爱丁堡创立了第一个注册会计师的专业团体——爱丁堡会计师协会。该协会的成立，标志着注册会计师职业的诞生。

从 1844 年到 20 世纪初，是注册会计师的形成时期。在这一时期内，由于英国的法律规定了股份公司和银行必须聘请注册会计师审计，致使英国注册会计师审计得到了迅速发展，并对当时的欧洲、美国及日本等产生了重要影响。这一时期注册会计师审计的主要特点是：注册会计师审计的法律地位得到了法律确认；审计的目的是查错防弊，保护企业资产的安全和完整；审计的方法是对会计账目进行详细审计；审计报告使用人主要为企业股东等。

从 20 世纪初开始，全球经济发展重心逐步由欧洲转向美国，因此，美国的注册会计师审计得到了迅速发展，对注册会计师职业在全球的迅速发展发挥了重要作用。在这一时期，美国注册会计师审计的主要特点是：审计对象由会计账目扩大到资产负债表；审计的主要目的是通过对资产负债表数据的检查，判断企业信用状况；审计方法从详细审计初步转向抽样审计；审计报告使用人除企业股东外，还扩大到债权人。

从 1929 年到 1933 年，这一时期注册会计师审计的主要特点是：审计对象转为以资产负债表和利润表为中心的全部财务报表及相关财务资料；审计的主要目的是对财务报表发表审计意见，以确定财务报表的真实可靠，查错防弊转为次要目的；审计范围已扩大到测试相关的内部控制，并以控制测试为基础进行抽样审计；审计报告使用人扩大到股东、债权人、证券交易机构、税务部门、金融机构及潜在投资者；审计准则开始拟定，审计工作向标准化、规范化过渡；注册会计师资格考试制度广泛推行，注册会计师专业素质普遍提高。

第二次世界大战以后，经济发达国家通过各种渠道推动本国的企业向海外拓展，跨国公司得到空前发展。国际资本的流动带动了注册会计师审计的跨国界发展，形成了一批国际会计师事务所。随着会计师事务所规模的扩大，形成了“八大”国际会计师事务所，20 世纪 80 年代末合并为“六大”，之后又合并成为“五大”。时至今日，尚有“四大”国际会计师事务所，即普华永道（Pricewaterhouse Coopers）、安永（Ernst & Young）、毕马威（KPMG）、德勤（Deloitte Touche Tohmatsu）。与此同时，审计技术也在不断发展：抽样审计方法得到普遍运用，风险导向审计方法得到推广，计算机辅助审计技术得到广泛采用。

1.1.3　我国审计的产生与发展

我国审计的产生与发展，经历了一个漫长的历史过程。

早在西周，我国就产生了审计的萌芽。当时中央政权设置“宰夫”一职，负责审查“财用之出入”，并拥有“考其出入，而定刑赏”的职权。宰夫之职的出现，标志着我国国家审计的产生。

秦汉时期是我国国家审计最终确立的阶段，其标志是“上计制度”的逐渐完善。所谓“上计”，就是皇帝亲自听取和审核各级地方官吏的财政会计报告以决定赏罚的一种制度。汉朝制定了“上计律”，使上计制度有法可依，标志着我国审计立法的开始。

隋唐至宋朝，国家审计日臻健全，隋唐时期在刑部之下设“比部”，掌管国家财计监督，行使审计职权，在组织体制上明确了比部的司法监督性质。唐代，国家审计有了明显发展。宋朝初期，曾专设“审计司”，隶属于财政系统，实行财审合一。南宋时改设“审计院”。

元明清时期，国家审计停滞不前。元朝取消比部，由户部兼管财计报告的审核工作，独立的审计机构即告消亡。明初设比部，后也取消了，明末设督察院，以左右督察御史为长官，审查中央财计。清朝承明朝制，继续设督察院，成为当时最高的监督、弹劾和建议机关。

中华民国不断演进，北洋政府在 1914 年设立审计院，颁布《审计法》；1928 年，南京国民政府设立审计院，后改为审计部隶属监察院。

新中国在1982年通过的《中华人民共和国宪法》中，规定了实行审计监督制度。1983年9月15日，国务院正式设立审计署，地方各级政府的审计机关相继建立。1985年8月发布了《国务院关于审计工作的暂行规定》；1998年11月《中华人民共和国审计条例》、1995年1月1日《中华人民共和国审计法》的实施，在法律上确立了国家审计的地位；2000年1月，审计署发布《中华人民共和国国家审计基本准则》；2000年8月，审计署发布《审计机关审计方案准则》等五项具体准则；2003年12月发布《审计机关审计重要性与审计风险评价准则》等五项具体准则；2004年2月，审计署发布《审计机关审计质量控制办法（试行）准则》；2006年2月28日第十届全国人大常委会第二十次会议通过了修正的《中华人民共和国审计法》并予以发布实施，为国家审计的进一步发展奠定了良好的基础；2010年2月2日，经国务院第100次常务会议修订通过《中华人民共和国审计法实施条例》并于2010年5月1日起实施；2011年9月1日，经审计署审计长会议通过《中华人民共和国国家审计准则》并于2011年11月1日起实施；2014年10月9日，国务院通过《国务院关于加强审计工作的意见》（国发［2014］48号）。

1.1.4 我国注册会计师审计的产生与发展

1918年9月，北洋政府农商部颁布了我国第一部注册会计师法规——《会计师暂行章程》，并于同年批准著名会计学家谢霖先生为中国的第一位注册会计师，谢霖先生创办的中国第一家会计师事务所——“正则会计师事务所”也获准成立。此后，又逐步批准了一批注册会计师，建立了一批会计师事务所，包括潘序伦先生创办的“潘序伦会计师事务所”（后改称为“立信会计师事务所”）等。

1930年，国民政府颁布了《会计师条例》，确立了会计师的法律地位。之后，上海、天津、广州等地也相继成立了多家会计师事务所。1925年，上海成立了“全国会计师公会”。1933年，成立了“全国会计师协会”。至1947年，全国已拥有注册会计师2 619人，并建立了一批会计师事务所。

在新中国建立初期，注册会计师审计在经济恢复工作中发挥了积极作用。陈云同志大胆聘用注册会计师，依法对工商企业进行查账，这在当时对平抑物价、保证国家税收、争取国家财政经济状况好转作出了突出贡献。但后来由于我国推行前苏联高度集中的计划经济模式，注册会计师便悄然退出了经济舞台。

1980年，我国财政部颁布了《关于成立会计顾问处的暂行规定》，同年5月开始筹备上海公证会计师事务所，于次年正式开业，接受国内外企事业单位的委托，承办会计和审计的有关业务。我国于1985年颁布的《中华人民共和国会计法》第二十条规定：“经国务院财政部门或者省、自治区、直辖市人民政府的财政部门批准的注册会计师组成的会计师事务所，可以按照国家有关规定承办查账业务。”这是新中国成立以来第一次通过法律形式对注册会计师的地位和任务所做的规定，它有力地推动了社会审计的发展。

1980年12月14日，财政部颁发了《中华人民共和国中外合资经营企业所得税实施细则》，规定外资企业财务报表要由注册会计师进行审计，这为恢复我国注册会计师制度提供了法律依据。1980年12月23日，财政部发布了《关于成立会计顾问处的暂行规定》，标志着我国注册会计师审计职业开始复苏。1981年1月1日，上海会计师事务所宣告成立，成为新中国第一家由财政部批准独立承办注册会计师业务的会计师事务所。我国注册会计师制度恢复后，注册会计师的服务对象主要是三资企业。

自 1985 年 1 月起实施的《中华人民共和国会计法》规定："经国务院财政部门批准组成会计师事务所，可以按照国家有关规定承办查账业务。" 1986 年 7 月 3 日，国务院颁发了《中华人民共和国注册会计师条例》，于同年 10 月起实施。1988 年 11 月 15 日，财政部领导下的中国注册会计师协会正式成立。1993 年 10 月 31 日，第八届全国人大常委会第四次会议审议通过了《中华人民共和国注册会计师法》（以下简称《注册会计师法》），自 1994 年 1 月 1 日起施行。2012 年 3 月 31 日，国务院法制办关于《中华人民共和国注册会计师法（修正案）（征求意见稿）》及其说明公开征求意见。2014 年 8 月 31 日，第十二届全国人民代表大会常务委员会第十次会议通过修改《中华人民共和国注册会计师法》等五部法律的决定，自公布之日起实施。

1996 年 10 月 4 日，中国注册会计师协会加入亚太会计师联合会，并于 1997 年 4 月在亚太会计师联合会第四十八次理事会上当选为理事。1997 年 5 月 8 日，国际会计师联合会（IFAC）全票通过，接纳中国注册会计师协会为正式会员。按照国际会计师联合会章程的规定，中国注册会计师协会同时成为国际会计准则委员会的正式会员。

1.2　审计的概念

1.2.1　审计的定义

1972 年美国会计学会（AAA）在《基础审计概念的说明》中对审计的定义是："为了确定关于经济行为及经济现象的结论和所制定的标准之间的一致程度，而对与这种结论有关的证据进行客观收集、评定，并将结果传达给利害关系人的有系统的过程。" 国际会计师联合会（IFAC）下设的国际审计与鉴证准则理事会（IAASB）将注册会计师审计的概念描述为："财务报表审计的目标是，使审计师（有时也指其所在的会计师事务所）能够对财务报表是否在所有重大方面按照确定的财务报告框架编制发表意见。"

《中华人民共和国审计法实施条例》对审计所下的定义是："审计是审计机关依法独立检查被审计单位的会计凭证、会计账簿、财务会计报告以及其他与财政收支、财务收支有关的资料和资产，监督财政收支、财务收支真实、合法和效益的行为。"

《中国注册会计师审计准则第 1101 号——注册会计师的总体目标和审计工作的基本要求》第十八条规定："审计的目的是提高财务报表预期使用者对财务报表的信赖程度。这一目的可以通过注册会计师对财务报表是否在所有重大方面按照适用的财务报告编制基础编制发表审计意见得以实现。就大多数通用目的财务报告框架而言，注册会计师针对财务报表是否在所有重大方面按照财务报告编制基础编制并实现公允反映发表审计意见。注册会计师按照审计准则和相关职业道德要求执行审计工作，能够形成这样的意见。"

1.2.2　审计的独立性

审计的独立性是指审计机构和注册会计师在审计过程中自始至终不受外来或内在因素

的影响和干扰。独立性包括实质上的独立性和形式上的独立性。

1）实质上的独立性

实质上的独立性是一种内心状态，使得注册会计师在提出结论时不受损害职业判断的因素影响，诚信行事，遵循客观和公正原则，保持职业怀疑态度。

2）形式上的独立性

形式上的独立性是一种外在表现，使得一个理性且掌握充分信息的第三方，在权衡所有相关事实和情况后，认为会计师事务所或鉴证业务项目组成员没有损害诚信原则、客观和公正原则或职业怀疑态度。

审计的独立性是注册会计师客观、公正地进行审查和作出审计结论的保证，是审计的灵魂，是审计的本质所在。要保证注册会计师客观、公正地判断被审计单位的经济活动，就要求注册会计师不参与被审计单位的经济活动；注册会计师如果与被审计单位在经济上有利害关系，必然会使独立性受到削弱；注册会计师与被审计单位的主要负责人在伦理上如有亲密关系，应该回避，以使注册会计师保持较高的独立性，能客观、公正地进行审查和作出审计结论。

审计要保持其独立性，必须做到组织独立、经济独立和工作独立。组织独立是指审计机构应独立于被审计单位之外，与被审计单位在组织上没有行政隶属关系。经济独立是指审计机构经济应有法定来源，不受被审计单位的牵制。工作独立是指注册会计师秉公、秉正原则进行审核检查，独立编制审计计划，独立取证，独立作出审计结论。

1.2.3　审计对象与审计标准

1）审计对象

审计对象是指审计监督的范围和内容，审计对象主要包括以下两个方面的内容：

（1）被审计单位的财政、财务收支及其相关的经营管理活动

以被审计单位客观存在的财政、财务收支及其相关的经营管理活动为审计对象，对其是否真实、合法及其有效性进行审查和评价，以确认或解除其所负的经济责任。现代审计一般还包括对内部控制制度健全性、有效性的审核、评价。

（2）被审计单位的各种作为提供财政、财务收支及有关经营管理活动信息的载体

会计信息载体主要包括会计凭证、会计账簿、会计报表等会计资料及计划、预算经济合同等其他资料；提供经营管理活动信息的载体主要包括经营目标、经营预测、决策方案、技术资料、经济活动分析资料、磁盘、光盘等其他有关资料。

2）审计标准

审计标准是指用于评价或计量审计对象的基准。标准是审计业务中不可或缺的一项要素。运用职业判断对审计对象作出评价或计量，离不开适当的标准。标准可以是正式的规定，如编制财务报表所使用的会计准则和相关会计制度；也可以是某些非正式的规定，如单位内部制定的行为准则或确定的绩效水平。标准的类型不同，注册会计师在评价标准是否适合于具体的鉴证业务时，所关注的重点也不同。适当的标准应当具备下列所有特征：

①相关性：有助于得出结论，便于预期使用者作出决策。

②完整性：不应忽略业务环境中可能影响得出结论的因素，涉及列报时，还包括列报的基准。

③可靠性：能够使能力相近的注册会计师在相似的业务环境中，对鉴证对象作出合理一致的评价或计量。

④中立性：有助于得出无偏向的结论。

⑤可理解性：有助于得出清晰、易于理解、不会产生重大歧义的结论。

1.2.4　审计方法的选择

审计方法是注册会计师为完成审计任务，检查和分析审计对象，收集审计证据，并依据审计证据形成审计意见和结论的各种专门手段的总称。它是从长期实践中总结和积累起来的。随着审计对象的日趋复杂，社会对审计信息质量要求的不断提高和科学技术的不断发展，审计实践和理论在不断发展，审计方法也日趋多样化、现代化。审计方法的发展大致经历了账目基础审计、制度基础审计、风险基础审计三个阶段。现代审计方法广泛运用了审计调查、审计分析、内部控制制度审计和抽样审计技术方法，形成了一个完整的方法体系。现代审计方法体系分为两大类：审计战略方法和审计技术方法。审计战略方法包括审计风险估价、审计重要性确定、审计样本设计、审计误差的认定等。重视审计风险、制定审计战略是现代审计的重要特征。审计技术方法是指审计实施过程中为收集审计证据所用的专门方法，主要有审查书面资料的方法、审查实物资产的方法、审计调查分析的方法和审计抽样方法等。

1.2.5　审计监督体系

审计按不同主体划分为政府审计、内部审计和注册会计师审计，并相应地形成了三类审计组织机构，共同构成审计监督体系。

1）政府审计

政府审计是由政府审计机关代表政府依法进行的审计，也称为国家审计。政府审计主要监督检查各级政府及其所属部门的财政收支及公共资金的收支、运用情况。目前世界各国政府建立的审计机构，因领导关系不同而大体分为三种类型：①由议会直接领导并对议会负责；②在政府内建立审计机构并对政府负责；③由财政部门领导，在财政部门内部设审计机构兼管财政监督，实行财政、审计合一制度。上述三种类型中，审计机构由议会领导独立性最强。

我国的政府审计机关分为中央和地方两级。国务院设审计署，是中华人民共和国的最高审计机关，在国务院总理的领导下，依法组织领导全国的审计工作，对国务院各部门和地方各级政府的财政收支、国家财政金融机构和企事业组织的财政收支进行审计监督。审计署对国务院总理负责，向其报告工作。县级以上各级人民政府设立审计机关，分别在省长、市长、县长、区长和上级审计机关的双重领导下，组织领导本行政区的审计工作，负责本级审计机关审计范围内的审计事项，对上级审计机关和本级人民政府负责并报告工作，审计业务以上级审计机关领导为主。

2）内部审计

内部审计是由各部门、各单位内部设置的专门机构或人员实施的审计。内部审计主要监督检查本部门、本单位的财务收支和经营管理活动。目前世界各国内部审计部门设置因领导关系不同而大体分为三种类型：①受本单位总会计师或主管财务的副总经理领导；

②受本单位总经理领导；③受本单位董事会领导。从审计的独立性、权威性来讲，领导层次越高，越有保障。

我国的内部审计机构，是根据审计法规和其他财经法规的规定设置的，主要包括部门内部审计机构和单位内部审计机构。部门内部审计机构是指国务院和县以上各级政府按行业划分的业务主管部门设置的专门审计机构。部门内部审计机构在本部门主要负责人的直接领导下，负责本行业所属单位的财务收支及其经济效益的审计，审计业务受同级政府审计机关的指导，向本部门和同级政府审计机关负责，并报告工作。单位内部审计机构是指国有的金融机构和企事业组织以及其他非国有单位内部设置的专门审计机构。单位内部审计机构在本单位主要负责人的直接领导下，负责本单位的财务收支及经济效益的审计。审计业务受上一级主管部门审计机构的指导，向本单位和上一级主管部门审计机构负责，并报告工作。

3）注册会计师审计

注册会计师审计是由经政府有关部门审核批准的注册会计师组成的会计师事务所进行的审计，又被称为民间审计或独立审计。在西方国家，注册会计师的组织形式主要有独资、合伙两种，近年来已有有限责任公司和有限责任合伙等组织形式出现。在我国，会计师事务所是注册会计师的工作机构，注册会计师必须加入会计师事务所才能接受委托、办理业务。在注册会计师审计的实际业务中，只有取得注册会计师资格并加入会计师事务所的人员才能独立执行审计业务，签署审计报告。会计师事务所中未取得注册会计师资格的人员，只能在注册会计师的监督指导下开展工作，不能独立执行业务。

中国注册会计师协会成立于 1988 年 11 月，根据《注册会计师法》，中国注册会计师协会是中国注册会计师行业的全国性组织，接受财政部、民政部的监督、指导。省、自治区、直辖市注册会计师协会是注册会计师行业的地方组织。中国注册会计师协会的会员分为个人会员和团体会员。会员入会均须履行申请和登记手续。①个人会员。凡参加注册会计师全国统一考试全科合格并经申请批准者和依照规定原考核取得本会会员资格者，为中国注册会计师协会的个人会员。个人会员分为执业会员和非执业会员。其中，依法取得中国注册会计师执业证书的，为执业会员。②团体会员。依法批准设立的会计师事务所，为中国注册会计师协会的团体会员。注册会计师必须加入会计师事务所才能接受委托承办业务，会计师事务所作为协会的团体会员，便于协会对其实施有效的监督，也便于会计师事务所向协会反映工作中的意见和建议。

1.3　注册会计师职业道德规范

1.3.1　职业道德规范的含义

注册会计师的职业道德，是指注册会计师的职业品德、职业纪律、执业能力及职业责任等的总称。

注册会计师的职业性质决定了其对社会公众应承担的责任。注册会计师行业之所以在现代社会中产生和发展，是因为注册会计师能够站在独立的立场对企业管理层编制的财务报表进行审计，并提出客观、公正的审计意见，其意见可作为财务报表使用人进行决策的依据。

中国注册会计师协会（以下简称“中注协”）自 1988 年成立以来，一直非常重视注册会计师职业道德规范建设。1992 年，中注协发布了《中国注册会计师职业道德守则（试行）》；1996 年 12 月 26 日，经财政部批准，中注协发布了《中国注册会计师职业道德基本准则》；2002 年 6 月 25 日，为解决注册会计师执业中违反职业道德的现象，中注协发布了《中国注册会计师职业道德规范指导意见》，自 2002 年 7 月 1 日起施行。

《中国注册会计师职业道德守则》和《中国注册会计师协会非执业会员职业道德守则》已经中国注册会计师协会职业道德准则委员会审议通过，自 2010 年 7 月 1 日起施行。其中，《中国注册会计师职业道德守则》具体包括《中国注册会计师职业道德守则第 1 号——职业道德基本原则》、《中国注册会计师职业道德守则第 2 号——职业道德概念框架》、《中国注册会计师职业道德守则第 3 号——提供专业服务的具体要求》、《中国注册会计师职业道德守则第 4 号——审计和审阅业务对独立性的要求》和《中国注册会计师职业道德守则第 5 号——其他鉴证业务对独立性的要求》。

为了指导注册会计师更好地运用中国注册会计师职业道德守则，促进提高注册会计师诚信水平和职业道德水平，中国注册会计师协会于 2014 年 11 月 1 日起草了《中国注册会计师职业道德守则问题解答》，自 2015 年 1 月 1 日起施行。问题解答根据中国注册会计师职业道德守则制定，为注册会计师正确理解职业道德守则、解决实务问题提供细化指导和提示。问题解答主要包括：关于职业道德概念框架、关于网络事务所、关于关联实体、关于合并与收购、关于自身利益、关于商业关系、关于关键审计合伙人、关于合伙人轮换、关于税务服务、关于评估服务、关于其他服务、关于重大影响、关于审计收费、关于或有收费、关于可接受的水平、关于其他鉴证业务的独立性、关于非执业会员职业道德守则等相关问题的解答。注册会计师应当将职业道德守则与问题解答一并掌握和执行。

1.3.2　注册会计师职业道德基本原则

注册会计师为实现执业目标，必须遵守一系列前提或基本原则。这些基本原则包括：诚信，独立、客观和公正，专业胜任能力和应有的关注，保密，良好的职业行为，技术准则。

1）诚信

诚信原则要求注册会计师应当在所有的职业关系和商业关系中保持正直和诚实，秉公处事、实事求是。

注册会计师如果认为业务报告、申报资料或其他信息存在下列问题，则不得与这些有问题的信息发生牵连：

①含有严重虚假或误导性陈述；

②含有缺乏充分根据的陈述或信息；

③存在遗漏或含糊其辞的信息。

注册会计师如果注意到已与有问题的信息发生牵连，应当采取措施消除牵连。在鉴证业务中，如果注册会计师依据执业准则出具了恰当的非标准业务报告，不被视为违反上述要求。

2）独立、客观和公正

独立、客观、公正是注册会计师职业道德中的三个重要的概念，也是对注册会计师职业道德的最基本要求。

（1）独立

独立性是注册会计师执行鉴证业务的灵魂。独立性是指实质上的独立和形式上的独立。实质上的独立，是指注册会计师在发表审计意见时其专业判断不受影响，公正执业，保持客观和专业怀疑；形式上的独立，是指会计师事务所或鉴证小组避免出现这样重大的情形，使得拥有充分相关信息的理性第三方推断其公正性、客观性或专业怀疑受到损害。

（2）客观

注册会计师应当力求公正，不因成见或偏见、利益冲突和他人影响而损害其客观性。客观性是指注册会计师对有关事项的调查、判断和意见的表述，应当基于客观的立场，以客观事实为依据，实事求是，不为他人所左右，也不因个人好恶影响其分析和判断。

（3）公正

注册会计师提供专业服务时，应当坦率、诚实，保证公正。公正不仅仅指诚实，还有公平交易和真实的含义。无论提供何种服务，担任何种职务，注册会计师都应维护其专业服务的公正性，并在判断中保持客观性。

3）专业胜任能力和应有的关注

（1）专业胜任能力

注册会计师应当具有专业知识、技能或经验，能够胜任承接的工作。专业胜任能力，既要求注册会计师具有专业知识、技能或经验，又要求其经济、有效地完成客户委托的业务，不承接自己不能胜任的业务。

（2）应有的关注

注册会计师在提供专业服务时，应当保持应有的职业关注、专业胜任能力和勤勉，并且随着业务、法规和技术的不断发展，应使自己的专业知识和技能保持在一定水平上，以确定客户能够享受到高水平的专业服务。应有的关注是指专业人士对其所提供服务承担的勤勉尽责的义务。

4）保密

注册会计师在签订业务约定书时，应当书面承诺对在执行业务过程中获知的客户信息保密。这里所说的客户信息，通常是指商业秘密。一旦商业秘密被泄露或被利用，往往会给客户造成损失。

5）良好的职业行为

注册会计师的行为应符合本职业的良好声誉，不得有任何损害职业形象的行为。这一义务要求注册会计师履行对社会公众、客户和同行的责任。

（1）对社会公众的责任

注册会计师应当遵守职业道德准则，履行相应的社会责任，维护社会公众利益。注册会计师行业的一个显著标志是对社会公众承担责任。社会公众利益是指注册会计师为之服务的人士和机构组成的整体的共同利益。注册会计师作为一个肩负重大社会责任的行业，应以维护社会公众利益为根本目标。

（2）对客户的责任

注册会计师应当在维护社会公众利益的前提下，竭诚为客户服务；注册会计师应当按照业务约定履行对客户的责任；注册会计师应当对执行业务过程中知悉的商业秘密保密，并不得利用其为自己或他人谋取利益；除有关法规允许的情形外，会计师事务所不得以或有收费的形式为客户提供鉴证服务。

（3）对同行的责任

注册会计师应当与同行保持良好的工作关系，配合同行工作；注册会计师不得诋毁同行，不得损害同行利益；会计师事务所不得雇用正在其他会计师事务所执业的注册会计师。注册会计师不得以个人名义同时在两家或两家以上的会计师事务所执业；会计师事务所不得以不正当手段与同行争揽业务。

（4）其他责任

注册会计师应当维护职业形象，不得从事有可能损害职业形象的行为；注册会计师及其所在会计师事务所不得采用强迫、欺诈、利诱等方式招揽业务；注册会计师及其所在会计师事务所不得对其能力进行广告宣传以招揽业务；注册会计师及其所在会计师事务所不得以向他人支付佣金等不正当方式招揽业务，也不得向客户或通过客户获取服务费之外的任何利益；会计师事务所、注册会计师不得允许他人以本所或本人的名义承办业务。

6）技术准则

注册会计师应当遵守相关的技术准则提供专业服务。注册会计师有责任在执业时保持应有的关注和专业胜任能力，并在遵守公正性、客观性要求的范围内提供优质服务；在执行审计时，还应当遵守独立性要求。注册会计师应当遵守以下技术准则：中国注册会计师执业准则；企业会计准则；与执业相关的其他法律、法规和规章。

1.3.3　注册会计师职业道德具体要求

1）独立性

注册会计师保持实质上的独立性，这种心态能使审计意见不受有损于职业判断的任何因素的影响，使人能公正行事，保持客观和职业谨慎。注册会计师保持形式上的独立性，避免出现重大的事实和情况，致使拥有相关信息的理性第三方合理推定会计师事务所或鉴证小组成员的公正性、客观性或职业谨慎性受到威胁。

对于向审计客户提供的鉴证业务，要求会计师事务所、鉴证小组成员独立于客户；对于向非审计客户提供的鉴证业务，如果报告没有明确限定于指定的使用者使用，则要求会计师事务所和鉴证小组成员独立于该客户；对于向非审计客户提供的鉴证业务，如果报告明确限定于指定的使用者使用，则要求鉴证小组成员独立于该客户，并且会计师事务所不应当在该客户内有重大的直接或间接经济利益。

2）专业胜任能力

（1）专业胜任能力的两个阶段

专业胜任能力可分为两个独立的阶段：专业胜任能力的获取和专业胜任能力的保持。注册会计师如果不能保持和提高专业胜任能力，就难以完成客户委托的业务，也就从根本上无法满足社会公众对注册会计师行业的要求。因此，注册会计师应当持续了解和掌握相关的专业技术和业务的发展，以保持专业胜任能力，使其能够胜任特定业务环境中的工作。

（2）利用其他专家的工作

注册会计师不应提供本不能胜任的专业服务，除非获得适当的建议和帮助使其能够满意地提供这些服务。如果注册会计师没有能力提供专业服务的某些特定部分，可以向其他注册会计师、律师、精算师、工程师、地质专家、评估师等专家寻求技术建议。

3）保密

注册会计师有义务对其在专业服务过程中获得的有关客户的信息予以保密。这一保密责任甚至在注册会计师与客户的关系终止后仍应继续。因此，注册会计师应当始终遵守保密原则，除非有专门的信息披露授权，或具有法定或专业的披露责任。注册会计师在以下情况下可以披露客户的有关信息：

①取得客户的授权；

②根据法规要求，为法律诉讼准备文件或提供证据，以及向监管机构报告发现的违反法规行为；

③接受同业复核以及注册会计师协会和监管机构依法进行的质量检查。

在所有情况下，注册会计师都应当考虑是否需要向法律顾问和职业组织进行咨询。

4）收费与佣金

在确定收费时，会计师事务所应当考虑以下因素，以客观反映为客户提供专业服务的价值：专业服务所需的知识和技能；所需专业人员的水平和经验；每一位专业人员提供服务所需的时间；提供专业服务所需承担的责任。收费通常以每一位专业人员适当的小时费用率或日费用率为基础，按照实施专业服务的每一位专业人员所耗用的时间来计算。

会计师事务所和注册会计师不得为招揽客户而向推荐方支付佣金，也不得因向第三方推荐客户而收取佣金。会计师事务所和注册会计师不得因宣传他人的产品或服务而收取佣金。

佣金也是影响注册会计师服务质量和行业形象的一个重要因素。一方面，如果会计师事务所和注册会计师为了招揽业务而向推荐方支付佣金，或因向第三方推荐客户而收取佣金，就相当于支付佣金的一方的业务收费降低，从而影响执业质量；另一方面，如果会计师事务所和注册会计师因宣传他人的产品或服务而收取佣金，很容易导致形式上的不独立，降低行业在社会公众心目中的形象。

5）与执行鉴证业务不相容的工作

注册会计师不得同时从事与提供专业服务不相容的业务、职业或活动，会计师事务所不得为上市公司同时提供编制财务报表的服务和审计服务。会计师事务所的高级管理人员或员工不得担任鉴证客户的董事（包括独立董事）、经理以及其他关键管理职务。目前，我国不允许会计师事务所为同一家上市公司提供资产评估和审计服务，提供其他服务尚未受到限制。但会计师事务所为上市公司代编财务报表，或会计师事务所的高级管理人员或员工成为鉴证客户的高级管理人员，所产生的自我评价、经济利益威胁非常重大，以至于没有任何防范措施能够将其降至可接受的水平。

6）广告、业务招揽和宣传

这里所说的广告，是指为招揽业务，会计师事务所将其服务和技能等方面的信息向社会公众进行传播；业务招揽，是指会计师事务所和注册会计师与非客户接触以争取业务；

宣传，是指会计师事务所和注册会计师向社会公众告知有关事实，其目的不是抬高自己。

在许多国家，尚不允许会计师事务所通过刊登广告招揽业务；而在一些国家，开始允许会计师事务所刊登广告，在超级球赛、印刷品中做广告宣传已不少见。根据《注册会计师法》的规定，我国会计师事务所和注册会计师不得对其能力进行广告宣传以招揽业务。

1.3.4　注册会计师执业准则的建设

执业准则作为规范注册会计师执行业务的权威性标准，对提高注册会计师执业质量、降低审计风险、维护社会公众利益具有重要的作用，其建设经历了三个阶段。

一是制定执业规则阶段（1991—1993 年）。从 1991 年到 1993 年，我国先后发布了《注册会计师检查验证会计报表规则（试行）》等 7 个执业规则。这些执业规则对我国注册会计师行业走向正规化、法制化和专业化起到了积极作用。

二是建立准则体系阶段（1994—2007 年）。1993 年 10 月 31 日，《中华人民共和国注册会计师法》规定中国注册会计师协会依法拟订执业准则、规则，报国务院财政部门批准后施行。中国注册会计师协会自 1994 年 5 月开始起草独立审计准则，先后分 6 批制定了审计准则，共计 48 个项目。中国注册会计师协会拟订了《中国注册会计师鉴证业务基本准则》等 22 项准则，修订了《中国注册会计师审计准则第 1142 号——财务报表审计中对法律法规的考虑》等 26 项准则，自 2007 年 1 月 1 日起施行，原有的《独立审计基本准则》等相关准则同时废止。

三是完善与提高阶段（2007 年至今）。随着审计准则体系的基本建立，制定工作转向完善审计准则体系与提高准则质量并重。自 2007 年以来，中国注册会计师协会在起草新准则的同时，根据变化的审计环境、国际审计准则的最新发展和注册会计师执业的需要，有计划、有步骤地修订已颁布的准则，2010 年 11 月 1 日对中国注册会计师执业准则进行修订，自 2012 年 1 月 1 日起施行。

为了指导注册会计师更好地运用中国注册会计师审计准则，解决审计实务问题，防范审计风险，中国注册会计师协会于 2013 年 10 月 31 日起草了《中国注册会计师审计准则问题解答第 1 号——职业怀疑》、《中国注册会计师审计准则问题解答第 2 号——函证》、《中国注册会计师审计准则问题解答第 3 号——存货监盘》、《中国注册会计师审计准则问题解答第 4 号——收入确认》、《中国注册会计师审计准则问题解答第 5 号——重大非常规交易》、《中国注册会计师审计准则问题解答第 6 号——关联方》6 项审计准则问题解答，自 2014 年 1 月 1 日起施行。

1.3.5　注册会计师执业准则体系的构成

中国注册会计师执业准则体系包括鉴证业务准则、相关服务准则和会计师事务所质量控制准则及注册会计师执业准则指南。

1）鉴证业务准则

鉴证业务准则由鉴证业务基本准则统领，按照鉴证业务提供的保证程度和鉴证对象的不同，分为中国注册会计师审计准则、中国注册会计师审阅准则和中国注册会计师其他鉴证业务准则（分别简称为审计准则、审阅准则和其他鉴证业务准则）。其中，审计准则是整个执业准则体系的核心。

审计准则用以规范注册会计师执行历史财务信息的审计业务。在提供审计服务时，注册会计师对所审计信息是否不存在重大错报提供合理保证，并以积极方式提出结论。

审阅准则用以规范注册会计师执行历史财务信息的审阅业务。在提供审阅服务时，注册会计师对所审阅信息是否不存在重大错报提供有限保证，并以消极方式提出结论。

其他鉴证业务准则用以规范注册会计师执行历史财务信息审计或审阅以外的其他鉴证业务，根据鉴证业务的性质和业务约定的要求，提供有限保证或合理保证。

2）相关服务准则

相关服务准则用以规范注册会计师代编财务信息、执行商定程序、提供管理咨询等其他服务。在提供相关服务时，注册会计师不提供任何程度的保证。

3）会计师事务所质量控制准则

会计师事务所质量控制准则用以规范会计师事务所在执行各类业务时应当遵守的质量控制政策和程序，是对会计师事务所质量控制提出的制度要求。

4）注册会计师执业准则指南

注册会计师执业准则指南是对注册会计师执业准则的细化、深化和具体化，为注册会计师如何正确理解和运用准则提供可操作性的指导意见，与注册会计师执业准则构成一个完整的注册会计师执业规范体系。准则编号由 4 位数组成，其中，千位数代表不同类别的准则："1"代表审计准则，"2"代表审阅准则，"3"代表其他鉴证业务准则，"4"代表相关服务准则，"5"代表质量控制准则；百位数代表某一类别准则中的大类，以审计准则为例，我们将审计准则分为六大类，分别用 1 至 6 表示："1"代表一般原则与责任，"2"代表风险评估与应对，"3"代表审计证据，"4"代表利用其他主体的工作，"5"代表审计结论与报告，"6"代表特殊领域审计；十位数代表大类中的小类；个位数代表小类中的顺序号。

中国注册会计师执业准则（2016）包括以下内容：

《中国注册会计师鉴证业务基本准则》

《中国注册会计师审计准则第 1101 号——注册会计师的总体目标和审计工作的基本要求》

《中国注册会计师审计准则第 1111 号——就审计业务约定条款达成一致意见》（财会［2016］24 号，仅作出文字调整）

《中国注册会计师审计准则第 1121 号——对财务报表审计实施的质量控制》

《中国注册会计师审计准则第 1131 号——审计工作底稿》（财会［2016］24 号，仅作出文字调整）

《中国注册会计师审计准则第 1141 号——财务报表审计中与舞弊相关的责任》

《中国注册会计师审计准则第 1142 号——财务报表审计中对法律法规的考虑》

《中国注册会计师审计准则第 1151 号——与治理层的沟通》（财会［2016］24 号，实质性沟通）

《中国注册会计师审计准则第 1152 号——向治理层和管理层通报内部控制缺陷》

《中国注册会计师审计准则第 1153 号——前任注册会计师和后任注册会计师的沟通》

《中国注册会计师审计准则第 1201 号——计划审计工作》

《中国注册会计师审计准则第 1211 号——通过了解被审计单位及其环境识别和评估重

大错报风险》

《中国注册会计师审计准则第 1221 号——计划和执行审计工作时的重要性》

《中国注册会计师审计准则第 1231 号——针对评估的重大错报风险采取的应对措施》

《中国注册会计师审计准则第 1241 号——对被审计单位使用服务机构的考虑》

《中国注册会计师审计准则第 1251 号——评价审计过程中识别出的错报》

《中国注册会计师审计准则第 1301 号——审计证据》（财会［2016］24 号，仅作出文字调整）

《中国注册会计师审计准则第 1311 号——对存货等特定项目获取审计证据的具体考虑》

《中国注册会计师审计准则第 1312 号——函证》

《中国注册会计师审计准则第 1313 号——分析程序》

《中国注册会计师审计准则第 1314 号——审计抽样》

《中国注册会计师审计准则第 1321 号——审计会计估计（包括公允价值会计估计）和相关披露》

《中国注册会计师审计准则第 1323 号——关联方》

《中国注册会计师审计准则第 1324 号——持续经营》（财会［2016］24 号，实质性修订）

《中国注册会计师审计准则第 1331 号——首次审计业务涉及的期初余额》

《中国注册会计师审计准则第 1332 号——期后事项》（财会［2016］24 号，仅作出文字调整）

《中国注册会计师审计准则第 1341 号——书面声明》（财会［2016］24 号，仅作出文字调整）

《中国注册会计师审计准则第 1401 号——对集团财务报表审计的特殊考虑》

《中国注册会计师审计准则第 1411 号——利用内部审计人员的工作》

《中国注册会计师审计准则第 1421 号——利用专家的工作》

《中国注册会计师审计准则第 1501 号——对财务报表形成审计意见和出具审计报告》（财会［2016］24 号，实质性修订）

《中国注册会计师审计准则第 1502 号——在审计报告中发表非无保留意见》（财会［2016］24 号，实质性修订）

《中国注册会计师审计准则第 1503 号——在审计报告中增加强调事项段和其他事项段》（财会［2016］24 号，实质性修订）

《中国注册会计师审计准则第 1504 号——在审计报告中沟通关键审计事项》（财会［2016］24 号，新制定准则）

《中国注册会计师审计准则第 1511 号——比较信息：对应数据和比较财务报表》

《中国注册会计师审计准则第 1521 号——注册会计师对其他信息的责任》（财会［2016］24 号，实质性修订）

《中国注册会计师审计准则第 1601 号——对按照特殊目的编制基础编制的财务报表审计的特殊考虑》

《中国注册会计师审计准则第 1603 号——对单一财务报表和财务报表的特定要素、账

户或项目审计的特殊考虑》

《中国注册会计师审计准则第 1604 号——对简要财务报表出具报告的业务》

《中国注册会计师审计准则第 1611 号——商业银行财务报表审计》

《中国注册会计师审计准则第 1612 号——银行间函证程序》

《中国注册会计师审计准则第 1613 号——与银行监管机构的关系》

《中国注册会计师审计准则第 1621 号——对小型被审计单位审计的特殊考虑》

《中国注册会计师审计准则第 1631 号——财务报表审计中对环境事项的考虑》

《中国注册会计师审计准则第 1632 号——衍生金融工具的审计》

《中国注册会计师审计准则第 1633 号——电子商务对财务报表审计的影响》

《中国注册会计师审阅准则第 2101 号——财务报表审阅》

《中国注册会计师其他鉴证业务准则第 3101 号——历史财务信息审计或审阅以外的鉴证业务》

《中国注册会计师其他鉴证业务准则第 3111 号——预测性财务信息的审核》

《中国注册会计师相关服务准则第 4101 号——对财务信息执行商定程序》

《中国注册会计师相关服务准则第 4111 号——代编财务信息》

《质量控制准则第 5101 号——会计师事务所对执行财务报表审计和审阅、其他鉴证和相关服务业务实施的质量控制》

本章小结

审计是审计机关依法独立检查被审计单位的会计凭证、会计账簿、财务会计报告以及其他与财政收支、财务收支有关的资料和资产，监督财政收支、财务收支真实、合法和效益的行为。

审计的独立性是指审计机构和注册会计师在审计过程中自始至终不受外来或内在因素的影响和干扰。

审计对象是指审计监督的范围和内容，它包括：被审计单位的财政、财务收支及其相关的经营管理活动；被审计单位的各种作为提供财政、财务收支及有关经营管理活动信息的载体。

审计的发展大致经历了账目基础审计、制度基础审计、风险基础审计三个阶段。

审计按不同主体划分为政府审计、内部审计和注册会计师审计，并相应地形成了三类审计组织机构，共同构成审计监督体系。

注册会计师职业道德基本原则包括：诚信，独立、客观和公正，专业胜任能力和应有的关注，保密，良好的职业行为，技术准则。

中国注册会计师执业准则体系包括鉴证业务准则、相关服务准则和会计师事务所质量控制准则及注册会计师执业准则指南。

课后训练

一、单项选择题

1. (　　)是审计的本质特征，也是保证审计工作顺利进行的必要条件。

A. 权威性　　B. 独立性　　C. 合法性　　D. 合理性

2.《中华人民共和国审计法实施条例》在全国实施的时间是(　　)。

A. 2010 年 5 月 1 日　　B. 2011 年 5 月 1 日

C. 2012 年 5 月 1 日　　D. 2013 年 5 月 1 日

3. 西方最具代表性的国家审计机关是(　　)的国家审计机关。

A. 司法系统　　B. 立法系统　　C. 行政系统　　D. 管理系统

4.《中华人民共和国国家审计准则》的实施时间是(　　)。

A. 2010 年 11 月 1 日　　B. 2011 年 11 月 1 日

C. 2012 年 11 月 1 日　　D. 2013 年 11 月 1 日

5. 审计产生的客观基础是(　　)。

A. 受托经济责任关系　　B. 生产发展的需要

C. 会计发展的需要　　D. 管理的现代化

6. 1918 年 9 月，北洋政府批准著名会计学家谢霖先生为中国的第一位注册会计师，谢霖先生创办的(　　)是中国第一家会计师事务所。

A. 立信会计师事务所　　B. 北京会计师事务所

C. 上海会计师事务所　　D. 正则会计师事务所

7. 注册会计师审计起源于(　　)。

A. 日本股份制企业制度　　B. 英国股份制企业制度

C. 美国合伙企业制度　　D. 意大利合伙企业制度

8. 按照(　　)，审计划分为政府审计、内部审计和注册会计师审计。

A. 目的、内容的不同　　B. 与被审计单位的关系的不同

C. 主体的不同　　D. 范围的不同

二、多项选择题

1. 审计的基本特征可以概括为(　　)。

A. 独立性　　B. 合理性　　C. 权威性　　D. 公正性

2. 审计的独立性主要表现为(　　)。

A. 机构独立　　B. 人员独立　　C. 工作独立

D. 思想独立　　E. 经济独立

3. 按不同的主体划分，审计分为(　　)。

A. 政府审计　　B. 内部审计

C. 注册会计师审计　　D. 环境审计

4. 审计方法的发展大致经历了(　　)三个阶段。

A. 账目基础审计　　B. 制度基础审计

C. 风险基础审计　　D. 报表基础审计

三、判断题

1. 审计的独立性表现为双向独立的是政府审计。　　(　　)

2. 审计的职能不是一成不变的，它是随着经济的发展而发展变化的。　　(　　)

3. 受托经济责任关系是审计产生的客观基础。　　(　　)

四、简答题

1. 怎样理解审计的定义？

2. 注册会计师职业道德具体要求包括哪些？

技能训练

随着大英帝国殖民主义的扩张，海外贸易有了很大发展。英国政府在银行家的建议下，于1710年创立了南海股份有限公司，从事盈利前景诱人的殖民地贸易。南海公司经过了10年的惨淡经营，1719年政府允许中奖债券的70%（约1 000万英镑）与南海公司股票进行转换。一方面，政府扫除了殖民地贸易的障碍；另一方面，公司的董事们开始对外散布利好消息，并预测在1720年的圣诞节，公司可能要按面值的60%支付股利。1719年中期，南海公司股价为114英镑。1720年3月，股价劲升至300英镑。

1720年7月，公司老板布伦特实施以数倍于面额的价格发行可分期付款的新股，同时又将获取的现金转贷给购买股票的公众，此时南海公司的股价扶摇直上，股价高达1 050英镑，一场投机浪潮席卷全国。事实上，1720年6月英国国会已通过了《泡沫公司取缔法》，许多公司被解散，公众的怀疑逐渐扩展到南海公司，继股价高达1 050英镑后，外国投资者首先开始抛售南海的股票。1720年9月28日，南海公司的股价下跌到190英镑；1720年12月，其股价又下跌到124英镑。1720年年底，政府对南海公司进行财产清查，其资本已所剩无几。同年，政府逮捕了布伦特，有的董事自杀，相应的地主和商人破产。

迫于舆论的压力，1720年9月，英国议会组织了由13个人参加的特别委员会，对"南海泡沫"事件进行秘密查证。在调查过程中，特别委员会发现该公司的会计记录严重失实，明显存在蓄意篡改数据的舞弊行为，查尔斯·斯内尔于1721年提交了一份对索布里奇商社的会计账簿进行检查的意见。在这份报告中，查尔斯指出了公司存在舞弊行为、会计记录严重不实等问题。议会根据这份查账报告，将南海公司董事之一的雅各希·布伦特以及他的合伙人的不动产全部予以没收。其中一位叫乔治·卡斯韦尔的爵士，被关进了著名的伦敦塔监狱。直到1828年，英国政府在充分认识到股份有限公司利弊的基础上，通过设立民间审计的方式，将股份公司中因所有权与经营权分离所产生的不足予以制约，才完善了这一现代化的企业制度。据此，英国政府撤销了《泡沫公司取缔法》，重新恢复了股份公司这一现代企业制度形式。

案例思考：

（1）结合该案例说明近代民间审计产生的客观基础。

（2）注册会计师是否有责任揭示被审计单位财务报表中的舞弊或违法行为？

第2章　审计要素

◆ 学习任务

知识任务：了解审计证据的种类，审计工作底稿的概念、作用、分类、复核及归档；理解审计的总体目标、具体目标的含义；理解审计证据的含义和特性；掌握具体审计目标的确定；理解并掌握被审计单位管理层对财务报表的认定；理解并掌握审计工作底稿的格式和内容。

能力任务：能够理解审计目标；熟练掌握获取审计证据的方法并能够灵活运用；编制一般工作底稿。

引导案例

2013年5月至8月，审计机关对中国银行2012年度资产负债损益情况进行审计，重点审计了总行和北京、辽宁、江苏、河北、浙江、广东、深圳等7家分行和2家直属公司，涉及资产总额71 125.57亿元，占全行资产总额的56.09%。中国银行2004年改制为股份有限公司，2006年先后在香港证券交易所、上海证券交易所上市。据合并财务报表反映，其2012年12月31日的资产总额为126 806.15亿元，负债总额为118 190.73亿元，所有者权益为8 615.42亿元；当年实现营业收入3 660.91亿元，净利润1 455.22亿元。审计结果表明，该行信贷资金及财务收支管理等方面存在一些不规范的现象，具体表现在以下几个方面：

(1) 违规发放贷款。自2004年以来，北京、辽宁、河北、江苏、浙江和广东6家分行违规发放贷款共计64.29亿元，其中2012年发放15.19亿元。具体情况如下：一是违规向不符合贷款条件的企业和项目发放贷款23.11亿元；二是违反程序发放贷款39.87亿元；三是违反国家差别化住房信贷政策办理个人住房贷款等1.31亿元。

(2) 违规办理票据业务。自2009年以来，河北、浙江和广东3家分行违规办理无真实贸易背景的银行承兑汇票及开立信用证等金额共计32.49亿元，其中2012年发生31.49亿元。

(3) 违规办理存款业务。2011年至2012年，江苏分行为完成存款考核指标，要求4户企业将公司资金4 845万元转至其法定代表人及银行员工开设的个人账户，在存款考核过后再将资金退还。此外，河北分行还存在财政性资金未在代理国库存款科目核算的问题。

(4) 收入确认和计量不准确。一是2009年至2012年，中银保险有限公司和北京分行少计或延期确认收入2 121.16万元，其中2012年发生351.43万元。二是2010年至2012年，北京和河北分行将同业资产转让等取得的利息收入记作中间业务收入，金额共计5.26亿元，其中2012年发生1.20亿元。

（5）费用开支不规范。自2010年以来，中国银行总行和北京、江苏、河北、浙江、广东及深圳6家分行存在审批招待和宣传费不严格、在其他费用中额外列支奖金福利以及账外收支地方政府奖励等问题，涉及金额2.33亿元。

对审计发现的问题，中国银行正在组织进行整改，目前已制定完善相关的制度、流程165项，并对相关责任人进行了处理。

思考：

（1）什么是审计目标？审计证据有什么作用？

（2）从案例中学到哪些审计知识？

2.1　对财务报表的责任

2.1.1　被审计单位管理层和治理层的责任

企业的所有权与经营权分离后，经营者负责企业的日常经营管理并承担受托责任。管理层通过编制财务报表反映受托责任的履行情况。为了借助公司内部之间的权力平衡和制约关系保证财务信息的质量，现代公司治理结构往往要求治理层对管理层编制财务报表的过程实施有效的监督。在被审计单位治理层的监督下，按照适用的会计准则和相关会计制度的规定编制财务报表是被审计单位管理层的责任。

管理层对编制财务报表的责任具体包括：

1）选择适用的会计准则和相关会计制度

管理层应当根据会计主体的性质和财务报表的编制目的，选择适用的会计准则和相关会计制度。就会计主体的性质而言，民间非营利组织适合采用《民间非营利组织会计制度》，事业单位通常适合采用《事业单位会计制度》，而企业根据规模和行业性质，分别适合采用《企业会计准则》、《企业会计制度》、《金融企业会计制度》和《小企业会计准则》等。

2）选择和运用恰当的会计政策

会计政策是指企业在会计确认、计量和报告上所采用的原则、基础和会计处理方法。管理层应当根据企业的具体情况，选择和运用恰当的会计政策。

3）根据企业的具体情况，作出合理的会计估计

会计估计是指企业对其结果不确定的交易或事项以最近可利用的信息为基础所作的判断。财务报表中涉及大量的会计估计，如固定资产的预计使用年限和净残值、应收账款的可收回金额、存货的可变现净值以及预计负债的金额等。管理层有责任根据企业的实际情况，作出合理的会计估计。

为了履行编制财务报表的职责，管理层通常设计、实施和维护与财务报表编制相关的内部控制，以保证财务报表不存在由于舞弊或错误而导致的重大错报。

2.1.2　注册会计师的责任

按照注册会计师审计准则的规定对财务报表发表审计意见是注册会计师的责任。注册会计师作为独立的第三方，对财务报表发表审计意见，有利于提高财务报表的可信赖程度。为履行这一职责，注册会计师应当遵守职业道德规范，按照审计准则的规定计划和实施审计工作，获取充分、适当的审计证据，并根据获取的审计证据得出合理的审计结论，发表恰当的审计意见。注册会计师通过签署审计报告确认其责任。

2.2 审计目标

2.2.1 审计总体目标

审计目标是在一定历史环境下，人们通过审计实践活动所期望达到的境地或最终结果，它包括审计的总体目标和具体目标两个层次。审计总体目标是审计机构实施审计要实现的最终目的，审计具体目标是审计总体目标的具体化，是针对审计事项具体内容所确定的审计目的。

1）注册会计师审计总体目标的演变

注册会计师审计的发展主要经历了详细审计、资产负债表审计和财务报表审计三个阶段。审计总体目标也随之有所变化。

在详细审计阶段，注册会计师审计通过对被审计单位一定时期内会计记录的逐一审查，判定有无错误和舞弊行为。查错防弊是此阶段的审计目标。

在资产负债表审计阶段，注册会计师审计通过对被审计单位一定时期内资产负债表所有项目余额的真实性、可靠性进行审查，判断其财务状况和偿债能力。在此阶段，审计目标是对历史财务信息进行鉴证，查错防弊这一目标依然存在，但已退居第二位，审计的功能从防护性发展为公证性。

在财务报表审计阶段，注册会计师判定被审计单位一定时期内的财务报表是否公允地反映其财务状况、经营成果和现金流量，并在出具审计报告的同时，提出改进经营管理的意见。在此阶段，审计目标不再限于查错防弊和历史财务信息公证，而是向管理领域有所深入和发展。此阶段的审计工作已比较有规律，且形成了一套较完整的理论和方法。

尽管审计总体目标发生了变化，注册会计师的重要职责之一却始终是对被审计单位财务报表进行审计。财务报表审计是与审计相关业务的基础，其他性质的业务从某种意义上讲都是财务报表审计的延伸和发展。

2）我国财务报表审计的总体目标

《中国注册会计师审计准则第 1101 号——注册会计师的总体目标和审计工作的基本要求》规定，财务报表审计的总体目标：一是对财务报表整体是否不存在由于舞弊或错误导致的重大错报获取合理保证，使得注册会计师能够对财务报表是否在所有重大方面按照适用的财务报告编制基础编制发表审计意见；二是按照审计准则的规定，根据审计结果对财务报表出具审计报告，并与管理层和治理层沟通。

（1）评价财务报表的合法性

评价财务报表的合法性，即注册会计师评价财务报表是否按照适用的财务报告编制基础编制，具体内容包括：选择和运用的会计政策是否符合适用的财务报告编制基础，并适合于被审计单位的具体情况；管理层作出的会计估计是否合理；财务报表反映的信息是否具有相关性、可靠性、可比性和可理解性；财务报表是否作出充分披露，使财务报表使用者能够理解重大交易和事项对被审计单位财务状况、经营成果和现金流量的影响。

（2）评价财务报表的公允性

评价财务报表的公允性，即注册会计师评价财务报表是否在所有重大方面公允反映被审计单位财务状况、经营成果和现金流量，具体内容包括：经管理层调整后的财务报表是否与注册会计师对被审计单位及其环境的了解一致；财务报表的列报、结构和内容是否合理；财务报表是否真实地反映了交易和事项的经济实质。

2.2.2 审计具体目标

审计的总体目标是对财务报表的合法性、公允性发表审计意见。显而易见，不对财务报表各个项目审查、不对可能影响各项目正确性的方面进行审查并作出判断，就无法形成恰当的审计结论。为了证实财务报表整体及各项目是否不存在重大错报，实现审计总体目标的要求，就要将审计总体目标细化，针对审计事项具体内容确定审计目的，形成审计具体目标。

一般来说，注册会计师审计的具体目标应根据审计总体目标和被审计单位管理层对财务报表的认定来确定。

1）被审计单位管理层的认定

认定是指管理层在财务报表中作出的明确或隐含的表达，注册会计师将其用于考虑可能发生的不同类型的错报。认定与审计目标密切相关，注册会计师的基本职责就是确定被审计单位管理层对其财务报表的认定是否恰当。管理层在财务报表上的认定有些是明确表达的，有些则是隐含表达的。假如上述各项认定中的任何一项有错误，那么财务报表就可能存在重要错报。

管理层对财务报表各组成要素均作出了上述类似的认定，注册会计师的审计工作就是要确定管理层的认定是否恰当。

（1）与各类交易和事项相关的认定

注册会计师对所审计期间的各类交易和事项运用的认定通常分为下列类别：

①发生：记录的交易和事项已发生，且与被审计单位有关。

②完整性：所有应当记录的交易和事项均已记录。

③准确性：与交易和事项有关的金额及其他数据已恰当记录。

④截止：交易和事项已记录于正确的会计期间。

⑤分类：交易和事项已记录于恰当的账户。

（2）与期末账户余额相关的认定

注册会计师对期末账户余额运用的认定通常分为下列类别：

①存在：记录的资产、负债和所有者权益是存在的。

②权利和义务：记录的资产由被审计单位拥有或控制，记录的负债是被审计单位应当履行的偿还义务。

③完整性：所有应当记录的资产、负债和所有者权益均已记录。

④计价和分摊：资产、负债和所有者权益以恰当的金额包括在财务报表中，与之相关

的计价或分摊调整已恰当记录。

（3）与列报和披露相关的认定

注册会计师对列报和披露运用的认定通常分为下列类别：

①发生及权利和义务：披露的交易、事项和其他情况已发生，且与被审计单位有关。

②完整性：所有应当包括在财务报表中的披露均已包括。

③分类和可理解性：财务信息已被恰当地列报和描述，且披露内容表述清楚。

④准确性和计价：财务信息和其他信息已公允披露，且金额恰当。

2）审计具体目标

注册会计师了解了认定，就很容易确定每个项目的具体审计目标，并以此作为评估重大错报风险以及设计和实施进一步审计程序的基础。

（1）与各类交易和事项相关的审计目标

①发生：由发生认定推导的审计目标是已记录的交易是真实的。

发生认定所要解决的问题是管理层是否把那些不曾发生的项目列入财务报表，它主要与财务报表组成要素的高估有关。

②完整性：由完整性认定推导的审计目标是已发生的交易确实已经记录。

发生和完整性两者强调的是相反的关注点。发生目标针对潜在的高估，而完整性目标则针对漏记交易（低估）。

③准确性：由准确性认定推导出的审计目标是已记录的交易是按正确金额反映的。

④截止：由截止认定推导出的审计目标是接近于资产负债表日的交易记录于恰当的会计期间。

⑤分类：由分类认定推导出的审计目标是被审计单位记录的交易经过适当分类。

（2）与期末账户余额相关的审计目标

①存在：由存在认定推导的审计目标是记录的金额确实存在。

②权利和义务：由权利和义务认定推导的审计目标是资产归属于被审计单位，负债属于被审计单位的义务。

③完整性：由完整性认定推导的审计目标是已存在的金额均已记录。

④计价和分摊：资产、负债和所有者权益以恰当的金额包括在财务报表中，与之相关的计价或分摊调整已恰当记录。

（3）与列报和披露相关的审计目标

各类交易和账户余额的认定正确只是为列报正确打下了必要的基础，财务报表还可能因被审计单位误解有关列报的规定或舞弊等而产生错报。因此，注册会计师还应当对各类交易、账户余额及相关事项在财务报表中列报的正确性实施审计。

①发生及权利和义务：将没有发生的交易、事项，或与被审计单位无关的交易和事项包括在财务报表中，则违反该目标。

②完整性：如果应当披露的事项没有包括在财务报表中，则违反该目标。

③分类和可理解性：财务信息已被恰当地列报和描述，且披露内容表述清楚。

④准确性和计价：财务信息和其他信息已公允披露，且金额恰当。

2.3 审计证据

收集和评价审计证据是注册会计师得出审计结论、支持审计意见的基础。注册会计师应当获取充分、适当的审计证据，以得出合理的审计结论，作为形成审计意见的基础。

2.3.1 审计证据的含义

审计证据是指注册会计师为了得出审计结论、形成审计意见而使用的所有信息，包括构成财务报表基础的会计记录中含有的信息和从其他来源获取的信息。

财务报表依据的会计记录一般包括对初始分录的记录和支持性记录，如支票、电子资金转账记录、发票、合同、总账、明细账、记账凭证和未在记账凭证中反映的对财务报表的其他调整，以及支持成本分配、计算、调节和披露的手工计算表和电子数据表。上述会计记录是编制财务报表的基础，构成注册会计师执行财务报表审计业务所需获取的审计证据的重要部分。

可用作审计证据的其他信息包括：注册会计师从被审计单位内部或外部获取的会计记录以外的信息，如被审计单位会议记录、内部控制手册、询证函的回函、分析师的报告、与竞争者的比较数据等；通过询问、观察和检查等审计程序获取的信息，如通过检查存货获取存货存在性的证据等；自身编制或获取的可以通过合理推断得出结论的信息，如注册会计师编制的各种计算表、分析表等。

2.3.2 审计证据的特性

审计证据的特性是注册会计师在获取审计证据的过程中，对各种各样的经济事实和资料作出正确选择和鉴定的依据。注册会计师应当保持职业怀疑态度，运用职业判断，评价审计证据的充分性和适当性。充分性和适当性是审计证据的基本特性。

1）审计证据的充分性

审计证据的充分性又称足够性，是对审计证据数量的衡量，是指审计证据的数量足以支持注册会计师的审计意见。因此，它是注册会计师为形成审计意见所需审计证据的最低数量要求。

客观公正的审计意见必须建立在有足够数量的审计证据的基础之上，但是这并不是说，审计证据的数量越多越好。注册会计师判断审计证据是否充分、适当，应当考虑下列主要因素：

（1）错报风险

注册会计师需要获取的审计证据的数量受错报风险的影响。错报风险越大，需要的审计证据可能越多。具体来说，在可接受的审计风险水平一定的情况下，重大错报风险越大，注册会计师就应实施越多的测试工作，将检查风险降至可接受的水平，以将审计风险控制在可接受的低水平范围内。

（2）具体审计项目的重要程度

重要的审计项目需要较多的审计证据。重要与否的标准要看项目的性质与金额的大小，对于容易错报、舞弊的项目，如往来账款、货币资金、存货等需要获取的证据要多，要从多种渠道获取证据，对于不容易出差错的项目，如固定资产，即使金额很大，也不需要收集太多的证据。

（3）审计经验

丰富的审计经验，可使注册会计师及其助理人员从较少的审计证据中判断出被审计事项是否存在错误或舞弊行为，就可减少对审计证据数量的依赖程度；相反，当注册会计师及其助理人员缺乏审计经验时，应增加审计证据的需要量。

（4）审计过程中是否发现错误或舞弊

一旦审计过程中发现了被审事项存在错误或舞弊的行为，则被审计单位整体会计报表存在问题的可能性就会增加，因此注册会计师需增加审计证据的数量，以确保能够得出合理的审计结论、形成恰当的审计意见。

（5）审计证据的类型与获取途径

由于不同类型的审计证据与从不同途径取得的审计证据，其可靠程度不同，进而对审计证据数量的要求也就不同。如果大多数审计证据都是从独立于被审计单位的第三方获取的，而且这些证据本身不易伪造，则审计证据的可靠性较高，相对而言，所需获取的审计证据的数量就可减少；反之，审计证据的数量就应增加。

2）审计证据的适当性

审计证据的适当性是对审计证据质量的衡量，即审计证据在支持各类交易、账户余额、列报和披露的相关认定或发现其中存在错报方面具有相关性和可靠性。相关性和可靠性是审计证据适当性的核心内容，只有相关且可靠的审计证据才是高质量的。

（1）审计证据的相关性

审计证据要有证明力，必须与注册会计师的审计目标相关。审计证据是否相关必须结合具体审计目标来考虑。在确定审计证据的相关性时，注册会计师应当考虑：

①特定的审计程序可能只为某些认定提供相关的审计证据，而与其他认定无关。

②针对同一项认定可以从不同来源获取审计证据或获取不同性质的审计证据。

③只与特定认定相关的审计证据并不能替代与其他认定相关的审计证据。

（2）审计证据的可靠性

审计证据的可靠性是指审计证据的可信赖程度。审计证据的可靠性受其来源和性质的影响，并取决于获取审计证据的具体环境。注册会计师在判断审计证据的可靠性时，通常会考虑下列原则：

①从被审计单位外部独立来源获取的审计证据比从其他来源获取的审计证据更可靠。从外部独立来源获取的审计证据由完全独立于被审计单位以外的机构或人士编制并提供，未经被审计单位有关职员之手，从而减少了伪造、更改凭证或业务记录的可能性，因而其证明力最强。此类证据如银行询证函回函、应收账款询证函回函、保险公司等机构出具的证明等。相反，从其他来源获取的审计证据，由于证据提供者与被审计单位存在经济或行政关系等原因，其可靠性应受到质疑。此类证据如被审计单位内部的会计记录、会议记录等。

在通常情况下，注册会计师以函证方式直接从被询证者获取的审计证据，比被审计单位内部生成的审计证据更可靠。通过函证等方式从独立来源获取的相互印证的信息，可以提高注册会计师从会计记录或管理层书面声明中获取的审计证据的保证水平。

【例 2-1】在对宏大公司的应收账款进行审计时，注册会计师王林获取的下列审计证据中，可靠性最强的通常是(　　)。

A. 宏大公司与购货方签订的合同

B. 注册会计师王林向购货方函证的回函

C. 宏大公司产品销售的出库凭证

D. 宏大公司管理层提供的声明书

【解析】选项 ACD 属于来自被审计单位内部的证据，选项 B 属于来源于被审计单位外部的证据。外部证据比来源于被审计单位内部的证据更可靠，所以选择 B。

【建议】在甄别审计证据可靠性方面，外部独立来源的审计证据比被审计单位内部来源的审计证据更可靠，当然也要求证外部独立来源渠道的可信性。

②相关控制有效时内部生成的审计证据比内部控制薄弱时内部生成的审计证据更可靠。如果被审计单位有着健全的内部控制且在日常管理中得到一贯执行，会计记录的可信赖程度将会增加。如果被审计单位的内部控制薄弱，甚至不存在任何内部控制，被审计单位内部凭证记录的可靠性就大为降低。例如：如果与销售业务相关的内部控制有效，注册会计师就能从销售发票和发货单中取得比内部控制不健全时更加可靠的审计证据。

③直接获取的审计证据比间接获取或推论得出的审计证据更可靠。例如：注册会计师观察某项控制的运行得到的证据比询问被审计单位某项内部控制的运行得到的证据更可靠。间接获取的证据有被涂改及伪造的可能性，降低了其可信赖程度。推论得出的审计证据，其主观性较强，人为因素较多，可信赖程度也受到影响。

④以文件、记录形式（无论是纸质、电子或其他介质）存在的审计证据比口头形式的审计证据更可靠。例如：会议的同步书面记录比对讨论事项事后的口头表述更可靠。口头证据本身并不足以证明事实的真相，仅仅提供一些重要线索，为进一步调查确认所用。在一般情况下，口头证据往往需要得到其他相应证据的支持。

⑤从原件获取的审计证据比从传真件、复印件或通过拍摄、数字化或其他方式转化成电子形式的文件获取的审计证据更可靠。注册会计师可审查原件是否有被涂改或伪造的迹象，排除伪证，提高证据的可信赖程度。而传真件或复印件容易是变造或伪造的结果，可靠性较低。

注册会计师在按照上述原则评价审计证据的可靠性时，还应当注意可能出现的重要例外情况。例如：审计证据虽是从独立的外部来源获得，但如果该证据是由不知情者或不具备资格者提供，审计证据也可能是不可靠的。同样，如果注册会计师不具备评价证据的专业能力，那么即使是直接获取的证据，也可能不可靠。

【例 2-2】试分析以下每组审计证据中哪项证据更为可靠，并简要说明理由。

第一组：被审计单位管理层声明书与律师声明书；

第二组：审计人员盘点存货的记录与客户自编的存货盘点表；

第三组：电脑打印的应收账款明细账与应收账款询证函的回函。

【解析】第一组中律师声明书比被审计单位管理层声明书更可靠，外部证据比被审计单位的内部证据更可靠；

第二组中审计人员盘点存货的记录比客户自编的存货盘点表更可靠，直接获取的审计证据比间接获取的审计证据更可靠；

第三组中应收账款询证函的回函比电脑打印的应收账款明细账更可靠，外部证据比被审计单位的内部证据更可靠。

【建议】在分析证据的可靠性时，主要关注证据的来源、内部控制有效性、获取方式、介质形式、表现形式等。

3）**充分性和适当性之间的关系**

充分性和适当性是审计证据的两个重要特征，两者缺一不可，只有充分且适当的审计证据才是有证明力的。注册会计师需要获取的审计证据的数量也受审计证据质量的影响。审计证据的质量越高，需要的审计证据数量可能越少。也就是说，审计证据的适当性会影响审计证据的充分性。

4）**审计证据之间存在不一致或对审计证据可靠性存在疑虑**

如果存在下列情形之一，注册会计师应当确定需要修改或追加哪些审计程序予以解决，并考虑存在的情形对审计其他方面的影响：①从某一来源获取的审计证据与从另一来源获取的不一致；②注册会计师对用作审计证据的信息的可靠性存有疑虑。

2.3.3　审计证据的种类

一般而言，注册会计师所获取的审计证据可以按其外形特征分为实物证据、书面证据、口头证据和环境证据四大类。

1）**实物证据**

实物证据是指通过实际观察或盘点所取得的、用以确定某些实物资产是否确实存在的证据。实物证据通常是证明存在非常有说服力的证据，但实物资产的存在并不完全能够证实被审计单位对其拥有所有权，因此，对于取得实物证据的账面资产，还应就其所有权归属及其价值情况另行审计。

2）**书面证据**

书面证据是指注册会计师所获取的各种以书面文件为形式的一类证据。它包括与审计有关的各种原始凭证、会计记录（记账凭证、会计账簿和各种明细表）、各种会议记录和文件，各种合同、通知书、报告书及函件等。在审计过程中，注册会计师往往要大量地获取和利用书面证据，因此书面证据是审计证据的主要组成部分，也称为基本证据。

书面证据按其来源可分为外部证据和内部证据两大类。

（1）外部证据

外部证据是由被审计单位以外的组织机构或人士编制的书面证据，它一般具有较强的证明力。

外部证据包括由被审计单位以外的机构或人士编制，并由其直接递交注册会计师的外部证据，以及由被审计单位以外的机构或人士编制，但为被审计单位持有并提交注册会计师的书面证据两种。前者不仅由完全独立于被审计单位的外界机构或人员提供，而且未经被审计单位有关职员之手，从而排除了伪造、更改凭证或业务记录的可能性，因而其证明力最强；后者已经被审计单位职员之手，在评价其可靠性时，注册会计师应考虑被涂改或伪造的难易程度及其已被涂改的可能性。当获取的书面证据有被涂改或伪造的痕迹时，注册会计师应予以高度警觉。尽管如此，在一般情况下，外部证据仍是较被审计单位内部证据更具有证明力的一种书面证据。

此外，在外部证据中，往往还包括注册会计师为证明某个事项而自己动手编制的各种计算表、分析表等。

（2）内部证据

内部证据是由被审计单位内部机构或职员编制和提供的书面证据。它包括被审计单位的会计记录、被审计单位管理层声明书，以及其他各种由被审计单位编制和提供的有关书面文件。

一般而言，内部证据不如外部证据可靠。但如果内部证据在外部流转，并获得其他单位或个人的承认（如销货发票、付款支票等），则具有较强的可靠性。即使是只在被审计单位内部流转的书面证据，其可靠程度也因被审计单位内部控制的好坏而异。若内部证据（如收料单与发料单）经过了被审计单位不同部门的审核、签章，且所有凭据预先都有连续编号并按序号依次处理，则这些内部证据也具有较强的可靠性；相反，若被审计单位的内部控制不健全，注册会计师就不能过分地信赖其内部自制的书面证据。

3）口头证据

口头证据是指被审计单位职员或其他有关人员对注册会计师的提问进行口头答复所形成的一类证据。一般而言，口头证据本身并不足以证明事情的真相，但注册会计师往往可以通过口头证据发掘出一些重要的线索，从而有利于对某些需审核的情况作进一步的调查，以搜集到更为可靠的证据。在审计过程中，注册会计师应将各种重要的口头证据尽快形成记录，并注明是何人、何时、在何种情况下所做的口头陈述，必要时还应获得被询问者的签名确认。相对而言，不同人员对同一问题所做的口头陈述相同时，口头证据具有较高的可靠性。但在一般情况下，口头证据往往需要得到其他相应证据的支持。

4）环境证据

环境证据也称状况证据，是指对被审计单位产生影响的各种环境事实。具体而言，它又包括以下几种：有关内部控制的情况；被审计单位管理人员的素质；各种管理条件和管理水平。环境证据一般不属于基本证据，但它可以帮助注册会计师了解被审计单位及其经济活动所处的环境，是注册会计师进行专业判断所必须掌握的资料。环境证据的作用是可以支持其他证据。

上述各种证据可用来实现各种不同的审计目标，但是对每一个具体账户及其相关的认定来说，注册会计师则应选择能够以最低成本实现全部审计目标的证据，力求做到证据收集既有效又经济。审计证据的种类与具体审计目标的关系见表2-1。

表2-1 **审计证据的种类与具体审计目标的关系**

证据种类	审计目标								
	总体合理性	真实性	完整性	所有权	计价	截止	准确性	披露	分类
实物证据		√	√		√	√			
书面证据	√	√	√	√	√	√	√	√	√
口头证据	√	√	√	√	√	√		√	√
环境证据	√								

2.3.4 获取审计证据的方法

获取审计证据的方法是指对审计事项进行审查和评价而获取审计证据的手段。使用适当的方法可以以较少的审计成本获取高质量的审计证据，以提高审计工作效率。否则，不仅不能获取需要的审计证据，浪费了人力、物力，还有可能导致错误的审计结论。注册会计师可以采用检查记录或文件、检查有形资产、观察、询问、函证、重新计算、重新执行、分析程序等方法获取审计证据。

1）**检查记录或文件**

检查记录或文件是指注册会计师对被审计单位内部或外部生成的，以纸质、电子或其他介质形式存在的记录或文件进行审查。

检查记录或文件的目的是对财务报表所包含或应包含的信息进行验证。例如：被审计单位通常对每一笔销售交易都保留一份顾客订购单、一张发货单和一份销售发票副本。这些凭证对于注册会计师验证被审计单位记录的销售交易的正确性是有用的证据。

检查记录或文件可提供可靠程度不同的审计证据，审计证据的可靠性取决于记录或文件的来源和性质。外部记录或文件通常被认为比内部记录或文件可靠，因为外部凭证经被审计单位的客户出具，又经被审计单位认可，表明交易双方对凭证上记录的信息和条款达成一致意见。另外，某些外部凭证编制过程非常谨慎，通常由律师或其他有资格的专家进行复核，因而具有较高的可靠性，如土地使用权证、保险单、契约和合同等文件。

2）**检查有形资产**

检查有形资产是指注册会计师对资产实物进行审查。检查有形资产程序主要适用于存货和现金，也适用于有价证券、应收票据和固定资产等。

检查有形资产可为其存在认定提供可靠的审计证据，但不一定能够为权利和义务或计价认定提供可靠的审计证据。检查存货项目前，可先对客户实施的存货盘点进行观察。

3）**观察**

观察是指注册会计师察看相关人员正在从事的活动或执行的程序。例如：对客户执行的存货盘点或控制活动进行观察。

观察提供的审计证据仅限于观察发生的时点，并且在相关人员已知被观察时，相关人员从事活动或执行程序可能与日常的做法不同，从而会影响注册会计师对真实情况的了解。因此，注册会计师有必要获取其他类型的佐证证据。

4）**询问**

询问是指注册会计师以书面或口头方式，向被审计单位内部或外部的知情人员获取财务信息和非财务信息，并对答复进行评价的过程。

知情人员对询问的答复可能为注册会计师提供尚未获悉的信息或佐证证据，也可能提供与已获悉信息存在重大差异的信息，注册会计师应当根据询问结果考虑修改审计程序或实施追加的审计程序。询问本身不足以发现认定层次存在的重大错报，也不足以测试内部控制运行的有效性，注册会计师还应当实施其他审计程序以获取充分、适当的审计证据。

5）**函证**

函证是指注册会计师为了获取影响财务报表或相关披露认定的项目的信息，通过直接来自第三方的对有关信息和现存状况的声明，获取和评价审计证据的过程。通过函证获取的证据可靠性较高，因此，函证是受到高度重视并经常被使用的一种重要程序。

在实务工作中应当注意以下问题：

首先，在确定是否实施函证程序时注册会计师应当考虑的因素。

（1）被询证者对函证事项的了解。如果被询证者对所函证的信息具有必要的了解，其提供的回复可靠性更高。

（2）预期被询证者回复询证函的能力或意愿。例如，在下列情况下，被询证者可能不会回复，也可能只是随意回复或可能试图限制对其回复的依赖程度：

①被询证者可能不愿承担回复询证函的责任；

②被询证者可能认为回复询证函成本太高或消耗太多时间；

③被询证者可能对因回复询证函而可能承担的法律责任有所担心；

④被询证者可能以不同币种核算交易；

⑤回复询证函不是被询证者日常经营的重要部分。

（3）预期被询证者的客观性。如果被询证者是被审计单位的关联方，则其回复的可靠性会降低。

其次，审计准则中关于对特定项目实施函证程序的规定。中国注册会计师审计准则分别对注册会计师针对银行存款、借款及与金融机构往来的其他重要信息，应收账款以及存货等账户实施函证程序作出了规定。

（1）关于银行存款、借款及与金融机构往来的其他重要信息的函证。

《中国注册会计师审计准则第 1312 号——函证》第十二条规定，注册会计师应当对银行存款（包括零余额账户和在本期内注销的账户）、借款及与金融机构往来的其他重要信息实施函证程序，除非有充分证据表明某一银行存款、借款及与金融机构往来的其他重要信息对财务报表不重要且与之相关的重大错报风险很低；如果不对这些项目实施函证程序，注册会计师应当在审计工作底稿中说明理由。

（2）关于应收账款的函证。

《中国注册会计师审计准则第 1312 号——函证》第十三条规定，注册会计师应当对应收账款实施函证程序，除非有充分证据表明应收账款对财务报表不重要，或函证很可能无效；如果认为函证很可能无效，注册会计师应当实施替代审计程序，获取相关、可靠的审计证据；如果不对应收账款函证，注册会计师应当在审计工作底稿中说明理由。

在实务中，表明应收账款函证很可能无效的情况包括：

①以往审计业务经验表明回函率很低；

②某些特定行业的客户通常不对应收账款询证函回函，如电信行业的个人客户；

③被询证者系出于制度的规定不能回函的单位。

（3）关于由第三方保管或控制的存货的函证。

《中国注册会计师审计准则第 1311 号——对存货、诉讼和索赔、分部信息等特定项目获取审计证据的具体考虑》第八条规定，如果由第三方保管或控制的存货对财务报表是重要的，注册会计师应当实施下列一项或两项审计程序，以获取有关该存货存在和状况的充分、适当的审计证据：

①向持有被审计单位存货的第三方函证存货的数量和状况；

②实施检查或其他适合具体情况的审计程序。

此外，《中国注册会计师审计准则第 1311 号——对存货、诉讼和索赔、分部信息等特定项目获取审计证据的具体考虑》规定了有关诉讼和索赔的具体审计程序，并规定如果评估识别出的诉讼或索赔事项存在重大错报风险或者实施的审计程序表明可能存在其他重大诉讼或索赔事项时，注册会计师应通过亲自寄发由管理层编制的询证函，要求外部法律顾问直接与注册会计师进行沟通。注册会计师考虑与外部法律顾问沟通相关事项时应遵守该审计准则的专门规定。

根据注册会计师对舞弊风险的判断，以及被询证者的地址和性质、以往回函的情况、回函截止日期等因素，询证函的发出和收回可以采用邮寄、跟函、电子形式函证（包括传真、电子邮件、直接访问网站等）等方式。

（1）通过邮寄方式发出询证函时采取的控制措施。

为避免询证函被拦截、篡改等舞弊风险，在邮寄询证函时，注册会计师可以在核实由被审计单位提供的被询证者的联系方式后，不使用被审计单位本身的邮寄设施，而是独立寄发询证函（例如，直接在邮局投递）。

（2）通过跟函的方式发出询证函时采取的控制措施。

如果注册会计师认为跟函的方式（即注册会计师独自或在被审计单位员工的陪伴下亲自将询证函送至被询证者，在被询证者核对并确认回函后，亲自将回函带回的方式）能够获取可靠信息，可以采取该方式发送并收回询证函。如果被询证者同意注册会计师独自前往被询证者执行函证程序，注册会计师可以独自前往。如果注册会计师跟函时需有被审计单位员工陪伴，注册会计师需要在整个过程中保持对询证函的控制，同时，对被审计单位和被询证者之间串通舞弊的风险保持警觉。

在我国目前的实务操作中，由于被审计单位之间的商业惯例还比较认可印章原件，所以邮寄和跟函方式更为常见。如果注册会计师根据具体情况选择通过电子方式发送询证函，在发函前可以基于对特定询证方式所存在风险的评估，考虑相应的控制措施。

6）重新计算

重新计算是指注册会计师以人工方式或使用计算机辅助审计技术，对记录或文件中数据计算的准确性进行核对。重新计算通常包括计算销售发票和存货的总金额，加总日记账和明细账，检查折旧费用和预付费用的计算，检查应纳税额的计算等。

7）重新执行

重新执行是指注册会计师以人工方式或使用计算机辅助审计技术，重新独立执行作为被审计单位内部控制组成部分的程序或控制。

8）分析程序

分析程序是指通过研究不同财务数据之间以及财务数据与非财务数据之间的内在关系，对财务信息作出评价，包括调查识别出的与其他相关信息不一致或与预期数据严重偏离的波动和关系。在实施分析性复核时，可使用比较分析、比率分析、趋势分析和结构分析等方法。

①比较分析法也称简易比较法，是通过被审计单位某一财务数据或经济指标与既定标准的比较，以获取审计证据的一种技术方法。它包括被审计单位本期实际数与其计划数、预算数或注册会计师估计的结果之间的比较，以及被审计单位本期实际数与同行业平均水平或先进水平的比较等。

②比率分析法是通过对被审计单位某一财务项目的数据与另一项目相比所得的比值，即财务比率进行分析，以获取审计证据的一种技术方法。

③趋势分析法是通过被审计单位连续若干期某一财务项目的变动金额及百分比的计

算，分析该项目的增减变动方向和幅度，以获取有关审计证据的一种技术方法。

④结构分析法也称结构百分比分析法，是通过将被审计单位某一财务项目换算为占总体的比重，并通过前期与本期、实际与预算的比较来获取审计证据的一种技术方法。

2.3.5 审计证据获取方法与审计证据、具体审计目标的关系

在审计过程中，为了实现由管理当局的财务报表认定推论得出的众多具体审计目标，注册会计师将采用相应的方法来获取所需要的各类审计证据。审计证据的获取方法同审计目标及审计证据类型三者之间的关系见表2-2。

表2-2　审计证据获取方法、审计目标、审计证据类型之间的关系

审计证据获取方法	应用举例	审计目标	审计证据类型
检查有形资产	盘点库存现金	库存现金的真实性	实物证据
观察	观察存货盘点	存货的真实性、完整性	环境证据
	观察存货的内部控制	存货的总体合理性	
分析程序	分析行业成本的趋势	成本的真实性、完整性、计价	
	实际收入与预算收入比较	收入的真实性、完整性、计价	书面证据
检查记录或文件	检查银行对账单	银行存款的真实性、完整性、计价	
重新计算	重新计算折旧	折旧的计价	
重新执行	重新编制银行存款余额调节表	银行存款的真实性、完整性、计价	
函证	函证应收账款	应收账款的真实性、计价	
询问	询问存货的过时情况	存货的计价	口头证据

2.4 审计工作底稿

2.4.1 审计工作底稿的定义、作用、分类

1）审计工作底稿的定义

审计工作底稿是审计证据的载体，是指注册会计师对制订的审计计划、实施的审计程序、获取的相关审计证据，以及得出的审计结论作出的记录。包括在制订和实施审计计划时直接编制的、用以反映其审计思路和审计过程的工作记录，也包括从被审计单位或其他有关部门取得的、用作审计证据的各种原始资料，还包括接受并审阅他人代为编制的审计记录。审计工作底稿形成于审计过程，也反映整个审计过程。

2）审计工作底稿的作用

注册会计师在审计业务中普遍使用的专业工具就是审计工作底稿。编制或取得审计工作底稿是注册会计师最主要的审计工作。审计工作底稿的主要作用表现在以下几个方面：

①审计工作底稿是连接整个审计工作的纽带。审计项目小组一般由多人组成，项目小组内要进行合理的分工。不同的审计程序、不同会计账项的审计往往由不同的人员执行。

必须把不同注册会计师的审计工作有机地连接起来，以对财务报表整体发表审计意见，而这种连接必须借助于审计工作底稿。

②审计工作底稿是注册会计师形成审计结论、发表审计意见的直接依据。审计结论和审计意见是根据注册会计师获取的各种审计证据以及注册会计师的一系列专业判断形成的，而注册会计师搜集到的审计证据和作出的专业判断，都完整地记载于审计工作底稿中。因此，审计工作底稿理当成为审计结论与审计意见的直接依据。

③审计工作底稿是解脱或减轻注册会计师的审计责任、评价或考核注册会计师专业能力与工作业绩的依据。注册会计师依照独立审计准则实施了必要的审计程序，方可解脱或减轻其审计责任。注册会计师专业能力的大小、工作业绩的好坏，主要体现在对审计程序的选择、执行和有关的专业判断上，而注册会计师是否实施了必要的审计程序，审计程序的选择是否合理，专业判断是否准确都必须通过审计工作底稿来体现和衡量。

④审计工作底稿为审计质量控制与质量检查提供可能。会计师事务所进行审计质量控制，主要是指导和监督注册会计师选择实施审计程序，编制审计工作底稿，并对审计工作底稿进行严格复核；注册会计师协会或其他有关单位依法进行审计质量检查，也主要是对审计工作底稿的检查。因此，没有审计工作底稿，审计质量的控制与检查就失去了依据。

⑤审计工作底稿对未来审计业务起参考备查作用。审计业务有一定的连续性，同一被审计单位前后年度的审计业务具有众多关系或共同点。因此，当年度的审计工作底稿，对以后年度审计业务有很大的参考或备查作用。

3）审计工作底稿的分类

审计工作底稿通常包括总体审计策略、具体审计计划、分析表、问题备忘录、重大事项概要、询证函回函、管理层书面声明、核对表、有关重大事项的往来信件（包括电子邮件），以及对被审计单位文件记录的摘要或复印件等。此外，审计工作底稿通常还包括业务约定书、管理建议书、项目组内部或项目组与被审计单位举行的会议记录、与其他人士（如其他注册会计师、律师、专家等）的沟通文件及错报汇总表等。

上述常见的审计工作底稿按其性质和作用一般分为综合类工作底稿、业务类工作底稿和备查类工作底稿。

①综合类工作底稿是指注册会计师在审计计划和审计报告阶段，为规划、控制和总结整个审计工作，并发表审计意见所形成的审计工作底稿。该类工作底稿主要包括审计业务约定书、审计计划、审计报告未定稿、审计总结、审计及调整分录汇总表等综合性的审计工作记录。

②业务类工作底稿是指注册会计师在审计实施阶段执行具体审计程序所编制和取得的工作底稿。该类工作底稿主要包括注册会计师在执行预备调查、控制测试和实质性测试等审计程序时所形成的工作底稿。

③备查类工作底稿是指注册会计师在审计过程中形成的，对审计工作仅具备查作用的审计工作底稿。该类工作底稿主要包括与审计约定事项有关的重要法律文件、重要会议记录与纪要、重要经济合同与协议、企业营业执照、公司章程原始资料的副本或复印件等。

2.4.2　审计工作底稿的要素与格式

1）审计工作底稿的要素

审计工作底稿的形成方式主要有两种：一种是直接编制，另一种是取得。对于编制的审计工作底稿，尤其是业务类工作底稿，通常包括下列全部或部分要素：

①被审计单位名称，即财务报表的编报单位。若财务报表的编报单位为某一集团的下属公司，则应同时写明下属公司的名称。

②审计项目名称，即某一财务报表项目名称或某一审计程序及实施对象的名称，如具体审计项目是某一分类会计科目，则应同时写明该分类会计科目。

③审计项目时点或期间，即某一资产负债类项目的报告时点或某一损益类项目的报告期间。

④审计过程记录，即注册会计师的审计轨迹与专业判断的记录。注册会计师应将其实施审计从而达到审计目标的过程记录在审计工作底稿中。

在记录审计过程时，应当特别注意以下几个方面：特定项目或事项的识别特征；重大事项；针对重大事项如何处理矛盾或不一致的情况等。

⑤审计结论，即注册会计师通过实施必要的审计程序后，对某一审计事项所作的专业判断。就控制测试而言，是指注册会计师对被审计单位内部控制执行情况的满意程度以及是否可以信赖；就实质性程序而言，是指注册会计师对某一审计事项的余额或发生额的确认情况。

⑥审计标识及其说明。审计标识是注册会计师为便于表达审计含义而采用的符号。为了便于他人理解，注册会计师应在审计工作底稿中说明各种审计标识所代表的含义，或采用审计标识及其说明表的形式统一说明。审计标识应前后一致。以下是注册会计师在审计工作底稿中列明标识并说明其含义的例子，供参考。在实务中，注册会计师也可以依据实际情况运用更多的审计标识。

∧：纵加核对

<：横加核对

B：与上年结转数核对一致

T：与原始凭证核对一致

G：与总分类账核对一致

S：与明细账核对一致

T/B：与试算平衡表核对一致

F/S：与已审财务报表核对一致

C：已发询证函

C\：已收回询证函

*：备注 1

**：备注 2

⑦索引号及编号。注册会计师为整理和利用审计工作底稿，将具有同一性质或反映同一具体审计事项的审计工作底稿分别归类，形成相互联系、相互控制所作的特定编号即为索引号；编号是在同一索引号下不同的审计工作底稿的顺序编号。

例如：固定资产汇总表的编号为 C1，按类别列示的固定资产明细表的编号为 C1-1，以及列示单个固定资产原值及累计折旧的明细表编号，包括房屋建筑物（编号为 C1-1-1）、机器设备（编号为 C1-1-2）、运输工具（编号为 C1-1-3）及其他设备（编号为 C1-1-4）。相互引用时，需要在审计工作底稿中交叉注明索引号。

例如：固定资产的原值、累计折旧及净值的总额应分别与固定资产明细表的数字互相勾稽。以下是从固定资产汇总表工作底稿（见表 2-3）及固定资产明细表工作底稿（见表 2-4）中节选的部分，以作相互索引的示范。

表 2-3　**固定资产汇总表（工作底稿索引号：C1）（节选）**

工作底稿索引号	固定资产	20×5 年 12 月 31 日	20×4 年 12 月 31 日
C1-1	原值	×××	×××
C1-1	累计折旧	×××	×××
	净值	×××T/B∧	×××B∧

表 2-4　**固定资产明细表（工作底稿索引号：C1-1）（节选）**

工作底稿索引号	固定资产	期初余额	本期增加	本期减少	期末余额
	原值				
C1-1-1	1. 房屋建筑物	×××		×××	×××S
C1-1-2	2. 机器设备	×××	×××		×××S
C1-1-3	3. 运输工具	×××			×××S
	小计	×××B∧	×××∧	×××∧	×××<C1∧
	累计折旧				
C1-1-1	1. 房屋建筑物	×××			×××S
C1-1-2	2. 机器设备	×××	×××		×××S
C1-1-3	3. 运输工具	×××			×××S
	小计	×××B∧	×××∧	×××∧	×××<C1∧
	净值	×××B∧			×××C1∧

⑧编制人员和复核人员及日期。通常，需要在每一张审计工作底稿上注明执行审计工作的人员和复核人员、完成该项审计工作的日期以及完成复核的日期。

⑨其他应说明事项，即注册会计师根据其专业判断，认为应在审计工作底稿中予以记录的其他相关事项。

2）审计工作底稿的格式

审计工作底稿应有规范的格式，但不同性质的审计项目、被审计单位和审计事项对工作底稿的格式又有不同的要求，因而审计工作底稿的格式必须有一定的弹性。在实务中，审计工作底稿有通用格式和专用格式两类。

通用格式的审计工作底稿是指有固定格式但没有具体用途的工作底稿。实际上，通用格式的工作底稿就是印有被审计单位名称、会计期间或截止日、编制人及编制日期、复核人及复核日期、索引号及页次等要素的空白工作底稿表。注册会计师可以根据审计事项的特点、被审计单位的实际情况，直接记录在空白表上，或自己在空白表上划成所需要的表格后填写。

专用格式的审计工作底稿是根据具体审计事项的特点而专门设计的工作底稿。例如业务循环内部控制测试记录表、科目审定表、财产物资监盘表、库存现金盘点表、银行存款余额调节表及询证函等。

通用格式和专用格式工作底稿各有优缺点。专用格式的工作底稿根根具体审计事项的特点设计，比较适用，而且许多需要书写的文字都事先印好，使用起来效率比较高，但这种专用格式是按照常规程序设计的，内容比较完整，当被审计单位业务具有特殊性时就显得不太适用，或者业务量不大，能够使用的往往只是整张表格中的一小部分，显得十分多余和不适用。相反，通用格式则具有较大灵活性，可以根据需要编制。但自己设计的格式往往不如预先设计的那样清晰，且制表填写的工作量也较大。

3）审计工作底稿繁简程度需考虑的因素

审计工作底稿的繁简程度与以下基本因素相关：

①审计约定事项的性质、目的和要求；

②被审计单位的经营规模及审计约定事项的复杂程度；

③被审计单位的内部控制制度是否健全、有效；

④被审计单位的会计记录是否真实、合法、完整；

⑤是否有必要对业务助理人员的工作进行特别指导、监督和检查；

⑥审计意见类型。

2.4.3 审计工作底稿的编制与复核

1）审计工作底稿的基本要求

审计工作底稿的形成方式有编制与获取两种，对审计工作底稿的基本要求亦应从这两个方面来认识。

（1）编制审计工作底稿的要求

注册会计师在编制审计工作底稿时，应做到内容完整、格式规范、标识一致、记录清晰、结论明确，以使未曾接触该项审计工作的专业人士清楚地了解到：①按照审计准则的规定实施的审计程序的性质、时间和范围；②实施审计程序的结果和获取的审计证据；③就重大事项得出的结论。从而使上述人员能够理解和接受审计工作底稿的内容。

（2）获取审计工作底稿的要求

注册会计师可直接从被审计单位或其他有关单位取得审计工作底稿，也可以要求被审计单位有关人员代为编制有关会计账项的明细分类或汇总底稿，甚至可以要求被审计单位就有关事项提供陈述书或声明。对于上述审计资料，注册会计师必须做到：①注明资料来源；②实施必要的审计程序核对；③形成相应的审计记录并签名。

2）审计工作底稿的复核

（1）审计工作底稿复核的作用

一张审计工作底稿往往由一名专业人员独立完成，编制者对有关资料的引用、对有关事项的判断、对会计数据的计算等都可能出现误差，因此在审计工作底稿编制完成后，通过一定的程序，经过多层次的复核十分必要。审计工作底稿复核的作用主要体现在以下三个方面：

①减少或消除人为的审计误差，以降低审计风险，提高审计质量；

②及时发现和解决问题、保证审计计划顺利执行，能够不断地调整审计进度、节约审计时间、提高审计效率；

③便于有关部门对注册会计师进行审计质量控制和工作业绩考评。

（2）审计工作底稿复核的要点

会计师事务所审计工作底稿的复核制度应当是多层次的，而不同层次的复核人可能有不同的复核重点，但就复核工作的基本要点来看，应包括以下几点：

①所引用的资料是否翔实、可靠；

②所获取的审计证据是否充分、适当；

③审计判断是否有理有据；

④审计结论是否恰当。

（3）审计工作底稿复核的基本要求

审计工作底稿的复核是会计师事务所进行审计项目质量控制的一项重要程序，一般说来，复核时应做好下面几项工作：

①做好复核记录，对审计工作底稿中存在的问题和疑点要明确指出，并以文字记录于审计工作底稿中；

②复核人签名和签署日期，这样有利于划清审计责任，也有利于上级复核人对下级复核人的监督；

③书面表示复核意见；

④督促编制人及时修改，完善审计工作底稿。

2.4.4　审计工作底稿的归档

审计工作底稿形成后，注册会计师应按照一定的标准予以归档，形成审计档案。

1）归档期限

注册会计师应当按照会计师事务所质量控制政策和程序的规定，及时将审计工作底稿归整为最终审计档案。审计工作底稿的归档期限为审计报告日后 60 天内。如果注册会计师未能完成审计业务，审计工作底稿的归档期限为审计业务中止后的 60 天内。

【例 2-3】下列关于海源公司 2013 年度财务报表审计业务归档日期的说法中，不正确的是（　　）。

A. 注册会计师于 2014 年 2 月 28 日完成了审计工作，并于 2014 年 3 月 10 日实际编写完成了对海源公司 2013 年度财务报表的审计报告，所形成的审计工作底稿应当于 2014 年 4 月 28 日之前归档

B. A 注册会计师于 2014 年 2 月 28 日完成了对海源公司 2013 年度财务报表的审计工作，并于 3 月 6 日出具了否定意见审计报告。3 月 9 日，会计师事务所根据新的重大情况撤销了审计报告并不再实施进一步审计程序，相关的审计工作底稿已于 2014 年 5 月 1 日归档

C. 按照时间预算的规划，审计项目组应于 2014 年 3 月 1 日至 10 日实施对海源公司 2013 年度财务报表的审计工作。3 月 6 日，因发现海源公司存在重大舞弊事项，会计师事

务所决定中止该项审计业务，此时，将已形成的审计工作底稿全部作废

D. A注册会计师于2014年2月1日完成海源公司2011年度财务报表审计业务，于2014年2月2日将相关工作底稿整理归档

【解析】选项A审计报告日是2014年3月10日，审计工作底稿归档期限为审计报告日后60天内；选项B审计报告日是2014年3月6日，审计工作底稿归档期限为审计报告日后60天内；选项C审计业务中止日是2014年3月6日，审计工作底稿归档期限为审计业务中止日后60天内，将已形成的审计工作底稿全部作废是错误的；选项D审计报告日是2014年2月1日，审计工作底稿归档期限为审计报告日后60天内。

【建议】审计业务归档日期首先要考虑审计业务是否完成，如果已经完成，则以审计报告日为起点60天内；如果没有完成，则以审计业务中止日为起点60天内。

2）归档性质

在出具审计报告前，注册会计师应完成所有必要的审计程序，取得充分、适当的审计证据并得出适当的审计结论。由此，在审计报告日后将审计工作底稿归整为最终审计档案是一项事务性的工作，不涉及实施新的审计程序或得出新的结论。

审计工作底稿通常不包括已被取代的审计工作底稿的草稿或财务报表的草稿、对不全面或初步思考的记录、存在印刷错误或其他错误而作废的文本，以及重复的文件记录等。由于这些草稿、错误的文本或重复的文件记录不直接构成审计结论和审计意见的支持性证据，因此，注册会计师通常无需保留这些记录，在审计工作底稿归档时应予以清理。

3）归档后的变动

（1）需要变动审计工作底稿的情形

在一般情况下，在审计报告归档之后不需要对审计工作底稿进行修改或增加。注册会计师发现有必要修改现有审计工作底稿或增加新的审计工作底稿的情形主要有以下两种：

①注册会计师已实施了必要的审计程序，取得了充分、适当的审计证据并得出了恰当的审计结论，但审计工作底稿的记录不够充分。

②审计报告日后，发现例外情况要求注册会计师实施新的或追加审计程序，或导致注册会计师得出新的结论。例外情况主要是指审计报告日后发现与已审计财务信息相关，且在审计报告日已经存在的事实，该事实如果被注册会计师在审计报告日前获知，可能影响审计报告。例如，注册会计师在审计报告日后才获知法院在审计报告日前已对被审计单位的诉讼、索赔事项作出最终判决结果。

（2）变动审计工作底稿时的记录要求

在完成最终审计档案的归整工作后，如果发现有必要修改现有审计工作底稿或增加新的审计工作底稿，无论修改或增加的性质如何，注册会计师均应当记录下列事项：

①修改或增加审计工作底稿的时间和人员，以及复核的时间和人员；

②修改或增加审计工作底稿的具体理由；

③修改或增加审计工作底稿对审计结论产生的影响。

如果在归档期间对审计工作底稿作出的变动属于事务性的，注册会计师可以作出变动。

4）审计档案的分类

根据具体实务中审计档案的使用时间，可以将审计档案分为永久性档案和当期档案。

永久性档案是指那些记录内容相对稳定，具有长期使用价值，并对以后审计工作具有重要影响和直接作用的审计档案。例如，被审计单位的组织结构、批准证书、营业执照、章程、重要资产的所有权或使用权的证明文件复印件等。若永久性档案中的某些内容已发生变化，注册会计师应当及时予以更新。为保持资料的完整性以便满足日后查阅历史资料的需要，永久性档案中被替换下的资料一般也需保留。例如，被审计单位因增加注册资本而变更了营业执照等法律文件，被替换的旧营业执照等文件，可以汇总在一起，与其他有效的资料分开，作为单独部分归整在永久性档案中。

当期档案是指那些记录内容经常变化，主要供当期和下期审计使用的审计档案。例如，总体审计策略和具体审计计划。

5）审计档案的保存期限

会计师事务所应当制定审计档案保管制度，对审计档案妥善管理，以保证审计档案的安全、完整。会计师事务所应当自审计报告日起，对审计工作底稿至少保存 10 年。如果注册会计师未能完成审计业务，会计师事务所应当自审计业务中止日起，对审计工作底稿至少保存 10 年。在完成最终审计档案的归整工作后，注册会计师不得在规定的保存期限届满前删除或废弃审计工作底稿。

本章小结

在被审计单位治理层的监督下，按照适用的会计准则和相关会计制度的规定编制财务报表是被审计单位管理层的责任。按照中国注册会计师审计准则的规定对财务报表发表审计意见是注册会计师的责任。

财务报表审计的总体目标：一是对财务报表整体是否不存在由于舞弊或错误导致的重大错报获取合理保证，使得注册会计师能够对财务报表是否在所有重大方面按照适用的财务报告编制基础编制发表审计意见；二是按照审计准则的规定，根据审计结果对财务报表出具审计报告，并与管理层和治理层沟通。审计的具体目标应根据审计的总体目标和被审计单位管理层对财务报表的认定来确定。

注册会计师必须就具体审计目标搜集审计证据。审计证据按其外形特征分为书面证据、实物证据、口头证据和环境证据四大类。注册会计师可以采用检查记录或文件、检查有形资产、观察、询问、函证、重新计算、重新执行以及分析程序获取审计证据。

审计工作底稿是注册会计师在审计过程中形成的审计工作记录和获取的资料。它是注册会计师形成审计结论、发表审计意见的直接依据。审计工作底稿在编制时，应符合规定的结构，遵守基本的编制要求，并进行复核。审计工作底稿形成后，注册会计师应按照一定的标准予以归档，形成审计档案。会计师事务所应当制定审计档案保管制度，对审计档案妥善管理。

课后训练

一、单项选择题

1. 在对海林公司应收账款进行审计时，注册会计师获取的下列审计证据中，可靠性最强的通常是(　　)。

A. 海林公司与购货方签订的合同　　　B. 注册会计师向购货方函证的回函

C. 海林公司产品销售的出库单　　D. 海林公司管理层提供的声明书

2. 中信会计师事务所在对远洋公司进行审计的过程中，承接了远洋公司下属子公司中兴公司同期按计税基础编制的2013年度财务报表的审计工作，该审计按目的和内容划分，属于(　　)。

A. 经营审计　　B. 合规性审计

C. 财务报表审计　　D. 注册会计师审计

3. 民间审计属于(　　)。

A. 任意审计　　B. 强制审计　　C. 专项审计　　D. 突击审计

4. 函证是通过向有关单位发函了解情况取得证据的一种方法，这种方法一般用于(　　)的查证。

A. 无形资产　　B. 固定资产　　C. 往来款项　　D. 流动资产

5. 审计证据的基本特性主要包括(　　)。

A. 充分性　　B. 适当性　　C. 相关性　　D. 可靠性

6. 如果不存在未能完成审计业务的情况，审计工作底稿的归档期限应为审计报告日后的（　　）天内。

A. 30　　B. 60　　C. 90　　D. 180

二、多项选择题

1. 一般而言，注册会计师所获取的审计证据可以按其外形特征可分为(　　)。

A. 实物证据　　B. 书面证据　　C. 口头证据　　D. 环境证据

2. 获取审计证据的方法主要包括(　　)。

A. 检查文件或记录　　B. 检查有形资产　　C. 观察　　D. 询问

E. 函证　　F. 重新计算　　G. 重新执行　　H. 分析程序

3. 下列与各类交易和事项相关的认定有(　　)。

A. 发生　　B. 完整性　　C. 准确性

D. 截止　　E. 分类

4. 注册会计师判断审计证据是否充分、适当，应当考虑以下主要因素(　　)。

A. 错报风险　　B. 具体审计项目的重要程度

C. 审计经验　　D. 审计过程是否发现错误与舞弊

E. 审计证据的类型与获取途径

5. 与列报和披露相关的认定有(　　)。

A. 发生及权利和义务　　B. 完整性

C. 分类和可理解性　　D. 准确性和计价

6. 注册会计师在编制审计工作底稿时，应做到(　　)。

A. 内容完整　　B. 格式规范　　C. 标识一致

D. 记录清晰　　E. 结论明确

7. 下列与期末账户余额相关的认定有(　　)。

A. 存在　　B. 权利和义务　　C. 完整性　　D. 计价和分摊

三、思考题

1. 在确定是否实施函证程序时，注册会计师考虑的因素有哪些？

2. 审计准则对注册会计师针对银行存款、借款及与金融机构往来的其他重要信息，应收账款以及存货等账户实施函证程序作出何种规定？

技能训练

注册会计师王洋在对荣正公司 2013 年度财务报表进行审计时收集到以下 6 组审计证据：

(1) 收料单与购货发票；

(2) 销货发票副本与产品出库单；

(3) 领料单与材料成本计算表；

(4) 工资计算单与工资发放单；

(5) 存货盘点表与存货监盘记录；

(6) 银行询证函回函与银行对账单。

要求：请问每组审计证据中哪项审计证据较为可靠？简要说明理由。

第3章 审计计划工作

◆ 学习任务

知识任务：了解审计工作基本流程的内容；明确审计业务约定书的内容及签订；掌握审计计划工作的内容；领会总体审计策略和具体审计计划的内容及编制。

能力任务：能够独立签订审计业务约定书；具备审计计划组织工作的基本能力。

引导案例

海林股份有限公司是纺织行业的上市公司，于2005年发行社会公众股并上市交易，受政府优惠政策的支持，业绩相当不错，上市当年的每股收益为0.577元，但在2006年企业开始出现下滑的趋势，每股收益为0.270元。公司目前在准备2014年的年度审计，并打算聘请宝隆会计师事务所进行年度审计。

宝隆会计师事务所在接受该公司委托前通过公开渠道了解到如下信息：

(1) 2012年、2013年两年的业绩相当不理想，每股收益分别为0.147元和0.115元。

(2) 2014年未经审计的中期报表的每股收益为0.089元。

(3) 2014年12月9日公告了其进行资产重组的消息。

(4) 2012年、2013年从事该公司年度报表审计的事务所是大胜会计师事务所。

(5) 公司在2014年12月27日宣布入股组建电子商务网络公司，并处于控股地位。

思考：

(1) 作为该项目的负责人，在接受委托前你会如何处理？

(2) 如果接受委托，你在编制审计计划时会采取何种手段防范因上述信息可能带来的风险？

3.1 审计工作基本流程

风险导向审计模式要求注册会计师在审计过程中，以重大错报风险的识别、评估和应对作为工作主线。相应地，审计过程大致可分为以下几个阶段：

3.1.1 接受业务委托

会计师事务所应当按照执业准则的规定，谨慎决策是否接受或保持某客户关系和具体审计业务。在接受委托前，注册会计师应当初步了解审计业务环境，包括业务约定事项、审计对象特征、使用的标准、预期使用者的需求、责任方及其环境的相关特征，以及可能对审计业务产生重大影响的事项、交易、条件和惯例等其他事项。

初步业务活动的目的是确定是否接受委托，如果接受委托，确保在计划审计工作时达到下列要求：注册会计师已具备执行业务所需要的独立性和专业胜任能力；不存在因管理层诚信问题而影响注册会计师保持该项业务意愿的情况；与被审计单位不存在对业务约定条款的误解。

注册会计师需要在本期审计业务开始时根据《质量控制准则第 5101 号——会计师事务所对执行财务报表审计和审阅、其他鉴证和相关服务业务实施的质量控制》和《中国注册会计师审计准则第 1121 号——对财务报表审计实施的质量控制》的要求，针对保持客户关系和具体审计业务实施相应的质量控制程序，特别是评价客户的诚信度，并根据中国注册会计师职业道德规范的要求，评价是否具备独立性和专业胜任能力。

只有在确认符合专业胜任能力、独立性和应有的关注等职业道德要求，并且拟承接的业务具备审计业务特征时，注册会计师才能将其作为审计业务予以承接。如果审计业务的工作范围受到重大限制，或者委托人试图将注册会计师的名字和审计对象不适当地联系在一起，则该项业务可能不具有合理的目的。接受业务委托阶段的主要工作包括：了解和评价审计对象的可审性；决策是否考虑接受委托；商定业务约定条款；签订审计业务约定书等。

在作出接受或保持客户关系及具体审计业务的决策后，注册会计师应当按照《中国注册会计师审计准则第 1111 号——就审计业务约定条款达成一致意见》的规定，在审计业务开始前，与被审计单位就审计业务约定条款达成一致意见，签订或修改审计业务约定书，以避免双方对审计业务的理解产生分歧。

3.1.2　计划审计工作

对于任何一项审计业务，注册会计师在执行具体审计程序之前，都必须根据具体情况制订科学、合理的计划，使审计业务以有效的方式得到执行。一般来说，计划审计工作主要包括：在本期审计业务开始时开展的初步业务活动；制定总体审计策略；制订具体审计计划等。计划审计工作不是审计业务的一个孤立阶段，而是一个持续的、不断修正的过程，贯穿于整个审计业务的始终。

3.1.3　实施风险评估程序

审计准则规定，注册会计师必须实施风险评估程序，以此作为评估财务报表层次和认定层次重大错报风险的基础。所谓风险评估程序，是指注册会计师实施的了解被审计单位及其环境并识别和评估财务报表重大错报风险的程序。风险评估程序是必要程序，了解被审计单位及其环境特别是为注册会计师在许多关键环节作出职业判断提供了重要基础。

一般来说，实施风险评估程序的主要工作包括：了解被审计单位及其环境；识别和评估财务报表层次以及各类交易、账户余额、列报认定层次的重大错报风险，包括确定需要特别考虑的重大错报风险（即特别风险）以及仅通过实质性程序无法应对的重大错报风险等。

3.1.4　实施控制测试和实质性程序

注册会计师实施风险评估程序本身并不足以为发表审计意见提供充分、适当的审计证据，注册会计师还应当实施进一步审计程序。进一步审计程序相对风险评估程序而言，是指注册会计师针对评估的各类交易、账户余额、列报认定层次重大错报风险实施的审计程序，包括实施控制测试和实质性程序。因此，注册会计师在评估财务报表重大错报风险后，应当运用职业判断，针对评估的财务报表层次重大错报风险确定总体应对措施，并针对评估的认定层次重大错报风险设计和实施进一步审计程序，以将审计风险降至可接受的低水平。需要说明的是，尽管在应对评估的认定层次重大错报风险时，拟实施进一步审计程序的性质、时间和范围都应当确保其具有针对性，但其中进一步审计程序的性质是最重要的。

3.1.5 完成审计工作和编制审计报告

注册会计师在完成财务报表所有循环的进一步审计程序后，还应当按照有关审计准则的规定做好审计完成阶段的工作，并根据所获取的各种证据，合理运用专业判断，形成适当的审计意见。

本阶段的主要工作有：审计期初余额、比较数据、期后事项和或有事项；考虑持续经营问题和获取管理层声明；汇总审计差异，并提请被审计单位调整或披露；复核审计工作底稿和财务报表；与管理层和治理层沟通；评价审计证据，形成审计意见；编制审计报告等。

3.2 审计业务约定书

在作出接受或保持客户关系及具体审计业务的决策后，注册会计师应当按照《中国注册会计师审计准则第 1111 号——就审计业务约定条款达成一致意见》的规定，在审计业务开始前，与被审计单位就审计业务约定条款达成一致意见，签订或修改审计业务约定书，以避免双方对审计业务的理解产生分歧。

3.2.1 审计业务约定书的含义

审计业务约定书是指会计师事务所与被审计单位签订的，用以记录和确认审计业务的委托与受托关系、审计目标和范围、双方的责任以及报告的格式等事项的书面协议。

注册会计师应当在审计业务开始前，与被审计单位就审计业务约定条款达成一致意见，并签订审计业务约定书或其他适当形式的书面协议，以避免双方对审计业务的理解产生分歧。需要说明的是，这里的注册会计师是指与委托人签订审计业务约定书的会计师事务所。

如果被审计单位不是委托人，在签订审计业务约定书之前，注册会计师应当与委托人、被审计单位就审计业务约定相关条款进行充分沟通，并达成一致意见。

在实务中，审计业务约定书可以采用合同式或信函式两种形式，尽管形式不同，但其实质内容是相同的。注册会计师在使用时可以根据实际需要进行修改调整。

3.2.2 审计业务约定书的内容

审计业务约定书的格式和内容可能因被审计单位的不同而有所差异。审计业务约定书中包括有关注册会计师责任的信息，可根据《中国注册会计师审计准则第 1101 号——注册会计师的总体目标和审计工作的基本要求》的规定，具体包括审计业务约定书的必备条款、应当考虑增加的其他条款，以及实施集团财务报表审计时的特殊考虑。

1）审计业务约定书的必备条款

审计业务约定书的具体内容可能因被审计单位的不同而存在差异，但应当包括下列主要方面：

①财务报表审计的目标。财务报表审计的目标：一是对财务报表整体是否不存在由于舞弊或错误导致的重大错报获取合理保证，使得注册会计师能够对财务报表是否在所有重大方面按照适用的财务报告编制基础编制发表审计意见；二是按照审计准则的规定，根据审计结果对财务报表出具审计报告，并与管理层和治理层沟通。

②管理层对财务报表的责任。在被审计单位治理层的监督下，按照适用的会计准则和相关会计制度的规定编制财务报表是被审计单位管理层的责任。管理层的责任包括：①按照适用的财务报告编制基础编制财务报表，并使其实现公允反映（如适用）；②设计、执行和维护必要的内部控制，以便财务报表不存在由于舞弊或错误导致的重大错报；③向注册会计师提供必要的工作条件，包括允许注册会计师接触与编制财务报表相关的所有信息（如记录、文件和其他事项），向注册会计师提供审计所需要的其他信息，允许注册会计师在获取审计证据时不受限制地接触其认为必要的内部人员和其他相关人员。

③注册会计师的责任。明确用于编制财务报表所适用的财务报告编制基础。

④管理层编制财务报表采用的会计准则和相关会计制度。

⑤审计范围，包括提及适用的法律法规、审计准则，以及注册会计师协会发布的职业道德守则和其他公告。

⑥执行审计工作的安排，包括审计项目的构成。

⑦对审计业务结果的其他沟通形式。

⑧由于测试的性质和审计的其他固有限制，以及内部控制的固有局限性，不可避免地存在着某些重大错报可能仍然未被发现的风险。

⑨管理层为注册会计师提供必要的工作条件和协助。

⑩注册会计师不受限制地接触任何与审计有关的记录、文件和所需要的其他信息。

⑪管理层对其作出的与审计有关的声明予以书面确认。

⑫注册会计师对执业过程中获知的信息保密。

⑬审计收费，包括收费的计算基础和收费安排。在签订审计业务约定书前，注册会计师应当与委托人商定审计收费。在确定收费时，注册会计师应当考虑以下因素：审计服务所需的知识和技能；所需专业人员的数量、水平和经验；每一专业人员提供服务所需的时间；提供审计服务所需承担的责任；各地有关审计收费标准的规定。

⑭违约责任和解决争议的方法。

⑮签约双方法定代表人或其授权代表的签字盖章，以及签约双方加盖的公章。

上述条款都是审计业务约定书的必备条款。之所以将这些条款作为审计业务约定书的必备条款，主要是由于审计工作专业性强，而委托人可能混淆被审计单位管理层与注册会计师的责任，或不了解审计的固有限制而对审计有不恰当的预期。在这种情况下，在审计业务约定书中明确上述条款，有助于避免委托人对审计业务的目标和作用等产生误解。

2）在情况需要时应当考虑增加的业务约定条款

如果情况需要，注册会计师应当考虑在审计业务约定书中列明下列内容：

①在某些方面对利用其他注册会计师和专家工作的安排。

②对审计涉及的内部注册会计师和被审计单位其他员工工作的安排。

③在首次接受审计委托时，对与前任注册会计师沟通的安排。

④注册会计师与被审计单位之间需要达成进一步协议的事项。

3）集团财务报表审计应当考虑的因素

如果负责集团财务报表审计的注册会计师同时负责组成部分财务报表的审计，注册会计师应当考虑下列因素，决定是否与各个组成部分单独签订审计业务约定书：

（1）组成部分注册会计师的委托人

如果集团和组成部分审计是由不同的委托人委托的，注册会计师应当与不同的委托人分别签订审计业务约定书。例如，××会计师事务所受甲集团母公司委托，对甲集团合并财务报表及集团母公司年度财务报表进行审计，同时，甲集团所属子公司乙公司也聘请××会计师事务所对年度财务报表进行审计。在这种情况下，××会计师事务所应当分别与甲公司和乙公司签订审计业务约定书。

（2）是否对组成部分单独出具审计报告

如果集团母公司聘请注册会计师对集团合并财务报表和集团组成部分的年度财务报表进行审计，但明确不对集团组成部分单独出具审计报告，那么，注册会计师一般无需与组成部分另行签订审计业务约定书。

（3）与审计委托相关法律法规的规定

如果法律法规有明确要求，应按相关要求办理。

（4）母公司、总公司或总部占组成部分的所有权份额

如果母公司、总公司或总部占组成部分的所有权份额很大，那么注册会计师可能无需与组成部分另行签约。

（5）组成部分管理层的独立程度

组成部分管理层，是指负责编制组成部分财务信息的管理层。在某些情况下，组成部分管理层没有独立决策的权力（例如组成部分是某公司的销售部门），而由集团管理层进行日常经营决策，而且很可能该组成部分在法律上也不具备独立签约的资格，那么注册会计师与其签约是没有意义的。

（6）连续审计

对于连续审计，注册会计师应当根据具体情况评估是否需要对审计业务约定条款作出修改，以及是否需要提醒被审计单位注意现有的条款。

注册会计师可以决定不在每期都致送新的审计业务约定书或其他书面协议。然而，下列因素可能导致注册会计师修改审计业务约定条款或提醒被审计单位注意现有的业务约定条款：有迹象表明被审计单位误解审计目标和范围；需要修改约定条款或增加特别条款；被审计单位高级管理人员近期发生变动。

【例3-1】如果是连续审计业务，在下列情况中，需要注册会计师提醒被审计单位管理层关注或修改现有业务约定条款的是(　　)。

A. 注册会计师对前期财务报表出具了保留意见审计报告

B. 注册会计师更换两名审计助理人员

C. 被审计单位对前期财务报表作出重述

D. 被审计单位更换了董事长和总经理

【解析】选项 A、选项 B 和选项 C 不需要提醒被审计单位管理层关注或修改现有业务约定条款；选项 D 被审计单位高级管理人员近期发生变动，所以选 D。

【建议】有迹象表明被审计单位误解审计目标和范围、需要修改约定条款或增加特别条款、被审计单位高级管理人员近期发生变动可能导致注册会计师修改审计业务约定条款或提醒被审计单位注意现有的业务约定条款。

3.2.3　审计业务约定条款的变更

1）考虑变更业务的适当性

在完成审计业务前，如果被审计单位要求注册会计师将审计业务变更为保证程度较低的鉴证业务或相关服务，注册会计师应当考虑变更业务的适当性。

下列原因可能导致被审计单位要求变更业务：①情况变化对审计服务的需求产生影响；②对原来要求的审计业务的性质存在误解；③审计范围存在限制。

2）考虑变更业务对法律责任和业务约定条款的影响

在同意将审计业务变更为其他服务前，注册会计师还应当考虑变更业务对法律责任或业务约定条款的影响。如果变更业务引起业务约定条款的变更，注册会计师应当与被审计单位就新条款达成一致意见。

如果认为变更业务具有合理的理由，并且按照审计准则的规定已实施的审计工作也适用于变更后的业务，注册会计师可以根据修改后的业务约定条款出具报告。

为避免引起报告使用者的误解，报告不应提及原审计业务和在原审计业务中已执行的程序。只有将审计业务变更为执行商定程序业务，注册会计师才可在报告中提及已执行的程序。

3）不同意变更业务的处理

如果没有合理的理由，注册会计师不应当同意变更业务。

如果不同意变更业务，被审计单位又不允许继续执行原审计业务，在适用的法律法规允许的情况下，注册会计师应当解除业务约定，并考虑是否有义务向被审计单位董事会或股东会或监管机构等方面说明解除业务约定的理由。

审计业务约定书参考格式如下：

审计业务约定书（合同式）

甲方：蓝天股份有限公司

乙方：大唐会计师事务所

兹由甲方委托乙方对 20×4 年度财务报表进行审计，经双方协商，达成以下约定：

一、审计目标和范围

1. 乙方接受甲方委托，对甲方按照企业会计准则编制的 20×4 年 12 月 31 日的资产负债表，20×4 年度的利润表、所有者权益（或股东权益）变动表和现金流量表以及财务报表附注（以下统称财务报表）进行审计。

2. 乙方通过执行审计工作，对财务报表的下列方面发表审计意见：（1）财务报表是否在所有重大方面按照企业会计准则的规定编制；(2) 财务报表是否在所有重大方面公允反映甲方 20×4 年 12 月 31 日的财务状况及 20×4 年度的经营成果和现金流量。

二、甲方的责任与义务

(一) 甲方的责任

1. 根据《中华人民共和国会计法》及《企业财务会计报告条例》，甲方及甲方负责人有责任保证会计资料的真实性和完整性。因此，甲方管理层有责任妥善保存和提供会计记录（包括但不限于会计凭证、会计账簿及其他会计资料），这些记录必须真实、完整地反映甲方的财务状况、经营成果和现金流量。

2. 按照企业会计准则的规定编制和公允列报财务报表是甲方管理层的责任，这种责任包括：(1) 设计、执行和维护必要的内部控制，以使财务报表不存在由于舞弊或错误而导致的重大错报；(2) 按照企业会计准则的规定编制财务报表，并使其实现公允反映。

(二) 甲方的义务

1. 及时为乙方的审计工作提供与审计有关的所有记录、文件和所需的其他信息（在 20×5 年×月×日之前提供审计所需的全部资料，如果在审计过程中需要补充资料，也应及时提供），并保证所提供资料的真实性和完整性。

2. 确保乙方不受限制地接触其认为必要的甲方内部人员和其他相关人员。

3. 甲方管理层对其作出的与审计有关的声明予以书面确认。

4. 为乙方派出的有关工作人员提供必要的工作条件和协助，乙方将于外勤工作开始前提供主要事项清单。

5. 按本约定书的约定及时足额支付审计费用以及乙方人员在审计期间的交通、食宿和其他相关费用。

6. 乙方的审计不能减轻甲方及甲方管理层的责任。

三、乙方的责任和义务

(一) 乙方的责任

1. 乙方的责任是在执行审计工作的基础上对甲方财务报表发表审计意见。乙方按照中国注册会计师审计准则（以下简称审计准则）的规定执行审计工作。审计准则要求注册会计师遵守中国注册会计师职业道德守则，计划和执行审计工作以对财务报表是否不存在重大错报获取合理保证。

2. 审计工作涉及实施审计程序，以获取有关财务报表金额和披露的审计证据。选择的审计程序取决于乙方的判断，包括对由于舞弊或错误导致的财务报表重大错报风险的评估。在进行风险评估时，乙方考虑与财务报表编制和公允列报相关的内部控制，以设计恰当的审计程序，但目的并非对内部控制的有效性发表意见。审计工作还包括评价管理层选用会计政策的恰当性和作出会计估计的合理性，以及评价财务报表的总体列报。

3. 乙方需要合理计划和实施审计工作，以使乙方能够获取充分、适当的审计证据，为甲方财务报表是否不存在重大错报获取合理保证。

4. 乙方有责任在审计报告中指明所发现的甲方在重大方面没有遵循企业会计准则和《××会计制度》编制财务报表且未按乙方的建议进行调整的事项。

5. 由于审计和内部控制的固有限制，即使按照审计准则的规定适当地计划和执行审计工作，仍不可避免地存在财务报表的某些重大错报可能仍然未被乙方发现的风险。

6. 在审计过程中，乙方若发现甲方内部控制存在乙方认为值得关注的内部控制缺陷，应以书面形式向甲方治理层和管理层通报。但乙方通报的各种事项，并不代表已全面说明所有可能存在的缺陷或已提出所有可行的改善建议。甲方在实施乙方提出的改进建议前应全面评估其影响。未经乙方书面许可，甲方不得向任何第三方提供乙方出具的沟通文件。

7. 乙方的审计不能减轻甲方及甲方管理层的责任。

（二）乙方的义务

1. 按照约定时间完成审计工作，出具审计报告。乙方应于20×5年×月×日前出具审计报告。

2. 除下列情况外，乙方应当对执行业务过程中知悉的甲方信息予以保密：（1）法律法规允许披露，并取得甲方的授权；（2）根据法律法规的规定，为法律诉讼、仲裁准备文件或提供证据，以及向监管机构报告发现的违反法规行为；（3）在法律法规允许的情况下，在法律诉讼、仲裁中维护自己的合法权益；（4）接受注册会计师协会和监管机构依法进行的质量检查，答复其询问和调查；（5）法律法规、执业准则和职业道德规范规定的其他情形。

四、审计收费

1. 本次审计服务的收费是以乙方各级别工作人员在本次工作中所耗费的时间为基础计算的。乙方预计本次审计服务的费用总额为人民币××万元。

2. 甲方应于本约定书签署之日起×日内支付×%的审计费用，剩余款项于审计报告草稿完成日结清。

3. 如果由于无法预见的原因，致使乙方从事本约定书所涉及的审计服务实际时间较本约定书签订时预计的时间有明显的增加或减少时，甲乙双方应通过协商，相应调整本约定书第四条第1项下所述的审计费用。

4. 如果由于无法预见的原因，致使乙方人员抵达甲方的工作现场后，本约定书所涉及的审计服务终止，甲方不得要求退还预付的审计费用；如上述情况发生于乙方人员完成现场审计工作，并离开甲方的工作现场之后，甲方应另行向乙方支付人民币××元的补偿费，该补偿费应于甲方收到乙方的收款通知之日起×日内支付。

5. 与本次审计有关的其他费用（包括交通费、食宿费等）由甲方承担。

五、审计报告和审计报告的使用

1. 乙方按照中国注册会计师审计准则规定的格式和类型出具审计报告。

2. 乙方向甲方致送审计报告一式×份。

3. 甲方在提交或对外公布审计报告时，不得修改乙方出具的审计报告及其后附的已审计财务报表。当甲方认为有必要修改会计数据、报表附注和所作的说明时，应当事先通知乙方，乙方将考虑有关的修改对审计报告的影响，必要时，将重新出具审计报告。

六、本约定书的有效期间

本约定书自签署之日起生效，并在双方履行完毕本约定书约定的所有义务后终止。但其中第三（二）2、四、五、八、九、十项并不因本约定书终止而失效。

七、约定事项的变更

如果出现不可预见的情况，影响审计工作如期完成，或需要提前出具审计报告时，甲、乙双方均可要求变更约定事项，但应及时通知对方，并由双方协商解决。

八、终止条款

1. 如果根据乙方的职业道德及其他有关专业职责、适用的法律法规或其他任何法定的要求，乙方认为已不适宜继续为甲方提供本约定书约定的审计服务时，乙方可以采取向甲方提出合理通知的方式终止履行本约定书。

2. 在终止业务约定的情况下，乙方有权就其于本约定书终止之日前对约定的审计服务项目所做的工作收取合理的审计费用。

九、违约责任

甲乙双方按照《中华人民共和国合同法》的规定承担违约责任。

十、适用法律和争议解决

本约定书的所有方面均应适用中华人民共和国法律进行解释并受其约束。本约定书履行地为乙方出具审计报告所在地，因本约定书所引起的或与本约定书有关的任何纠纷或争议（包括关于本约定书条款的存在、效力或终止，或无效之后果），双方选择第×种解决方式：

（1）向有管辖权的人民法院提起诉讼；（2）提交××仲裁委员会仲裁。

十一、双方对其他有关事项的约定

本约定书一式两份，甲、乙方各执一份，具有同等法律效力。

甲方：蓝天股份有限公司（盖章）	乙方：大唐会计师事务所（盖章）
授权代表：（签名并签章）	授权代表：（签名并签章）
20×5 年×月×日	20×5 年×月×日

3.3 审计计划

审计计划是指注册会计师为了完成各项审计业务，达到预期的审计目标，在执行审计程序之前编制的工作计划。为了将审计风险降至可接受的低水平，审计计划工作针对审计业务，制定总体审计策略和具体审计计划。

3.3.1 总体审计策略

注册会计师应当为审计工作制定总体审计策略。总体审计策略用以确定审计范围、时间和方向，并指导制订具体审计计划。

1）总体审计策略的制定包括的内容

①确定审计业务的特征，包括采用的会计准则和相关会计制度、特定行业的报告要求以及被审计单位组成部分的分布等，以界定审计范围。

②明确审计业务的报告目标，以计划审计的时间安排和所需沟通的性质，包括提交审计报告的时间要求，预期与管理层和治理层沟通的重要日期等。

③考虑影响审计业务的重要因素，以确定项目组工作方向，包括确定适当的重要性水平，初步识别可能存在较高重大错报风险的领域，初步识别重要的组成部分和账户余额，评价是否需要针对内部控制的有效性获取审计证据，识别被审计单位、所处行业、财务报告要求及其他相关方面最近发生的重大变化等。

2）制定总体审计策略应考虑的事项

在制定总体审计策略时，注册会计师应当考虑初步业务活动的结果，以及为被审计单位提供其他服务时所获得的经验，还应当考虑以下主要事项，同时这些事项也会影响具体审计计划：

（1）审计范围

注册会计师应当确定审计业务的特征，包括采用的会计准则和相关会计制度、特定行业的报告要求以及被审计单位组成部分的分布等，以确定审计范围。具体来说，在确定审计范围时，注册会计师需要考虑下列事项：编制财务报表适用的会计准则和相关会计制度；特定行业的报告要求，如某些行业的监管部门要求提交的报告；预期的审计工作涵盖范围，包括需审计的集团内组成部分的数量及所在地点；母公司和集团内其他组成部分之间存在的控制关系的性质，以确定如何编制合并财务报表；其他注册会计师参与组成部分审计的范围；需审计的业务分部性质，包括是否需要具备专门知识；外币业务的核算方法及外币财务报表折算和合并方法；除对合并财务报表审计之外，是否需要对组成部分的财务报表单独进行审计；内部审计工作的可利用性及对内部审计工作的拟依赖程度；被审计单位使用服务机构的情况，及注册会计师如何取得有关服务机构内部控制设计、执行和运行有效性的证据；拟利用在以前期间审计工作中获取的审计证据的程度，如获取的与风险评估程序和控制测试相关的审计证据；信息技术对审计程序的影响，包括数据的可获得性和预期使用计算机辅助审计技术的情况；根据中期财务信息审阅及在审阅中所获信息对审计的影响，相应调整审计涵盖范围和时间安排；与为被审计单位提供其他服务的会计师事务所人员讨论可能影响审计的事项；被审计单位的人员和相关数据的可利用性。

（2）报告目标、时间安排及所需沟通

总体审计策略的制定应当包括明确审计业务的报告目标，以计划审计的时间安排和所需沟通的性质，包括提交审计报告的时间要求，预期与管理层和治理层沟通的重要日期等。

为计划报告目标、时间安排和所需沟通，注册会计师需要考虑下列事项：被审计单位的财务报告时间表；与管理层和治理层就审计工作的性质、范围和时间所举行的会议的组织工作；与管理层和治理层讨论预期签发报告和其他沟通文件的类型及提交时间，如审计报告、管理建议书和与治理层沟通函等；就组成部分的报告和其他沟通文件的类型及提交时间与负责组成部分审计的注册会计师沟通；项目组成员之间预期沟通的性质和时间安排，包括项目组会议的性质和时间安排及复核工作的时间安排；是否需要跟第三方沟通，包括与审计相关的法律法规规定和业务约定书约定的报告责任；与管理层讨论预期在整个审计过程中通报审计工作进展及审计结果的方式。

（3）审计方向

总体审计策略的制定应当包括考虑影响审计业务的重要因素，以确定项目组工作方向，包括确定适当的重要性水平，初步识别可能存在较高的重大错报风险的领域，初步识别重要的组成部分和账户余额，评价是否需要针对内部控制的有效性获取审计证据，识别被审计单位、所处行业、财务报告要求及其他相关方面最近发生的重大变化等。

在确定审计方向时，注册会计师需要考虑下列事项：在制订审计计划时确定的重要性水平；为组成部分确定重要性且与组成部分的注册会计师沟通；在审计过程中重新考虑重要性；识别重要的组成部分和账户余额；重大错报风险较高的审计领域；评估的财务报表层次的重大错报风险对指导、监督及复核的影响；项目组成员的选择（在必要时包括项目质量控制复核人员）和工作分工，包括向重大错报风险较高的审计领域分派具备适当经验的人员；项目预算，包括考虑为重大错报风险可能较高的审计领域分配适当的工作时间；向项目组成员强调在收集和评价审计证据过程中保持职业怀疑必要性的方式；以往审计中对内部控制运行有效性评价的结果，包括所识别的控制缺陷的性质及应对措施；管理层重视设计和实施健全的内部控制的相关证据，包括这些内部控制得以适当记录的证据；业务交易量规模，以基于审计效率的考虑确定是否信赖内部控制；管理层对内部控制重要性的重视程度；影响被审计单位经营的重大发展变化，包括信息技术和业务流程的变化，关键管理人员变化，以及收购、兼并和分立；重大的行业发展情况，如行业法规变化和新的报告规定；会计准则及会计制度的变化；其他重大变化，如影响被审计单位的法律环境的变化。

总体审计策略应当能够恰当地反映注册会计师考虑审计范围、时间和方向的结果。确定了总体审计策略的事项后，注册会计师应当清楚地说明下列内容：向具体审计领域调配的资源，包括向高风险领域分派有适当经验的项目组成员，就复杂的问题利用专家工作等；向具体审计领域分配资源的数量，包括安排到重要存货存放地观察存货盘点的项目组成员的数量，对其他注册会计师工作的复核范围，对高风险领域安排的审计时间预算等；何时调配这些资源，包括是在期中审计阶段还是在关键的截止日期调配资源等；如何管理、指导、监督这些资源的利用，包括预期何时召开项目组预备会和总结会，预期项目负责人和经理如何进行复核，是否需要实施项目质量控制复核等。

注册会计师还应当根据实施风险评估程序的结果对上述内容予以调整。

【例 3-2】在制定总体审计策略时，注册会计师应当考虑的主要因素是(　　)。

A. 推断的控制有效性高于其实际有效性的风险

B. 推断某一重大错报不存在而实际存在的风险

C. 潜在的重大错报风险

D. 推断某一重大错报存在而实际不存在的风险

【解析】注册会计师应考虑潜在的重大错报风险领域，从而合理安排审计范围、时间和方向。选项 A、选项 B 和选项 D 均为实施具体审计程序需要考虑的因素。

【建议】在制定总体审计策略时应当考虑的因素，应该能为总体审计策略中怎样合理安排审计范围、时间和方向提供线索，因此比较 4 个选项，选项 C 是最佳答案，其余都是在制订具体审计计划时应考虑的因素。

3.3.2 具体审计计划

总体审计策略一经制定，注册会计师应当针对总体审计策略中所识别的不同事项，制订具体审计计划，并考虑通过有效利用审计资源以实现审计目标。具体审计计划比总体审计策略更加详细，其内容包括为获取充分、适当的审计证据以将审计风险降至可接受的低水平，项目组成员拟实施的审计程序的性质、时间和范围。可以说，为获取充分、适当的审计证据，确定审计程序的性质、时间和范围是具体审计计划的核心。

具体审计计划应当包括下列内容：

(1) 风险评估程序

具体审计计划应当包括按照《中国注册会计师审计准则第 1211 号——通过了解被审

计单位及其环境识别和评估重大错报风险》的规定，为了足够识别和评估财务报表重大错报风险，注册会计师计划实施的风险评估程序的性质、时间和范围。

（2）计划实施的进一步审计程序

具体审计计划应当包括按照《中国注册会计师审计准则第 1231 号——针对评估的重大错报风险采取的应对措施》的规定，针对评估的认定层次的重大错报风险，注册会计师计划实施的进一步审计程序的性质、时间和范围。

需要强调的是，随着审计工作的推进，对审计程序的计划会一步步深入，并贯穿于整个审计过程。例如，计划风险评估程序通常在审计开始阶段进行，计划进一步审计程序则需要依据风险评估程序的结果进行。因此，为达到编制具体审计计划的要求，注册会计师需要完成风险评估程序，识别和评估重大错报风险，并针对评估的认定层次的重大错报风险，计划实施进一步审计程序的性质、时间和范围。

通常，注册会计师计划实施的进一步审计程序可以分为进一步审计程序的总体方案和拟实施的具体审计程序（包括进一步审计程序的具体性质、时间和范围）两个层次。进一步审计程序的总体方案主要是指注册会计师针对各类交易、账户余额或披露决定采用的总体方案（包括实质性方案或综合性方案）。具体审计程序则是对进一步审计程序的总体方案的延伸和细化，它通常包括控制测试和实质性程序的性质、时间和范围。在实务中，注册会计师通常单独编制一套包括这些具体程序的“进一步审计程序表”，待具体实施审计程序时，注册会计师将基于所计划的具体审计程序，进一步记录所实施的审计程序及结果，并最终形成有关进一步审计程序的审计工作底稿。

另外，完整、详细的进一步审计程序计划会包括对各类交易、账户余额或披露实施的具体审计程序的性质、时间和范围，包括抽取的样本量等。在实务中，注册会计师可以统筹安排进一步审计程序的先后顺序，如果对某类交易、账户余额或披露已经作出计划，则可以安排先行开展工作，与此同时再制定其他类别的交易、账户余额或披露的进一步审计程序。

（3）计划实施的其他审计程序

具体审计计划应当包括根据中国注册会计师审计准则的规定，注册会计师针对审计业务需要实施的其他审计程序。计划的其他审计程序可以包括上述进一步程序的计划中没有涵盖的、根据其他审计准则的要求注册会计师应当执行的既定程序。

在审计计划阶段，除了按照《中国注册会计师审计准则第 1121 号——对财务报表审计实施的质量控制》进行计划工作，注册会计师还需要兼顾其他准则中规定的、针对特定项目在审计计划阶段应执行的程序及记录要求。例如：《中国注册会计师审计准则第 1141 号——财务报表审计中与舞弊相关的责任》、《中国注册会计师审计准则第 1324 号——持续经营》、《中国注册会计师审计准则第 1142 号——财务报表审计中对法律法规的考虑》及《中国注册会计师审计准则第 1323 号——关联方》等审计准则中对注册会计师针对这些特定项目在审计计划阶段应当执行的程序及其记录作出了规定。当然，由于被审计单位所处行业、环境各不相同，特别项目可能也有所不同。例如，有些被审计单位可能涉及环境事项、电子商务等，在实务中注册会计师应根据被审计单位的具体情况确定特定项目并执行相应的审计程序。

3.3.3 总体审计策略与具体审计计划的关系

制定总体审计策略和具体审计计划的过程紧密联系，并且两者的内容也紧密相关。

总体审计策略一经制定，注册会计师应当针对总体审计策略中所识别的不同事项，制订具体审计计划，并考虑通过有效利用审计资源以实现审计目标。值得注意的是，虽然编制总体审计策略的过程通常在具体审计计划之前，但是两项计划活动并不是孤立、不连续的过程，而是紧密联系的，对其中一项的决定可能会影响甚至改变对另外一项的决定。例如，注册会计师在了解被审计单位及其环境的过程中，注意到被审计单位对主要业务的处理依赖复杂的自动化信息系统，因此计算机信息系统的可靠性及有效性对其经营、管理、决策以及编制可靠的财务报告具有重大影响。对此，注册会计师可能会在具体审计计划中制定相应的审计程序，并相应调整总体审计策略的内容，作出利用信息技术专家的工作的决定。

因此，注册会计师应当根据实施风险评估程序的结果，对总体审计策略的内容予以调整。在实务中，注册会计师将制定总体审计策略和具体审计计划相结合进行，可能会使计划审计工作更有效率并得到更好的效果，并且注册会计师也可以采用将总体审计策略和具体审计计划合并为一份审计计划文件的方式，以提高编制及复核工作的效率，增强其效果。

3.3.4 对计划审计工作的记录

注册会计师应当记录总体审计策略和具体审计计划，包括在审计工作过程中作出的任何重大更改。

1）记录的内容

（1）对总体审计策略的记录

注册会计师对总体审计策略的记录，应当包括为恰当计划审计工作和向项目组传达重大事项而作出的关键决策。例如，注册会计师可以以备忘录的形式记录总体审计策略，包括对审计的范围、时间及执行所作出的关键决策。

（2）对具体审计计划的记录

注册会计师对具体审计计划的记录，应当能够反映下列内容：

①计划实施的风险评估程序的性质、时间和范围；

②针对评估的重大错报风险计划实施的进一步审计程序的性质、时间和范围。

注册会计师对具体审计计划的记录可以使用标准的审计程序表或审计工作完成核对表，但应当根据具体审计业务的情况作出适当修改。

（3）对计划的重大修改的记录

注册会计师应当记录对总体审计策略和具体审计计划作出的重大更改及其理由，以及对导致此类更改的事项、条件或审计程序结果采取的应对措施。

由于原来的总体审计策略和具体审计计划已经制定（包括项目负责人的复核），在实务中，如果只是针对某一个或某几个方面更改审计计划，注册会计师可以保留原有的总体审计策略、具体审计计划，以及已经执行的审计程序的记录，并根据本准则的要求，将对审计计划的重大修改情况记录在进一步审计程序表和重大事项概要中。如果对计划的修改涉及整个计划的各个方面，以及多个类别的交易、账户余额或披露，为使整套审计工作底稿内容、脉络更清楚，此时注册会计师可以考虑重新编制总体审计策略和具体审计计划，并保留原有的总体审计策略和具体审计计划。

2）记录的形式和范围

注册会计师对计划审计工作记录的形式和范围，取决于被审计单位的规模和复杂程度、重要性、具体审计业务的情况以及对其他审计工作记录的范围等事项。在小型被审计单位财务报表审计中，全部审计工作可能由一个很小的审计项目组执行，项目组成员间容易沟通和协调，总体审计策略可以相对简单。

本章小结

本章介绍了审计工作基本流程、审计业务约定书、审计计划。为了将审计风险降至可接受的低水平，审计计划工作针对审计业务制定总体审计策略和具体审计计划。总体审计策略用以确定审计范围、时间和方向，并指导制订具体审计计划。具体审计计划比总体审计策略更加详细，其内容包括为获取充分、适当的审计证据以将审计风险降至可接受的低水平，项目组成员拟实施的审计程序的性质、时间和范围。

注册会计师将制定总体审计策略和具体审计计划相结合进行，可能会使计划审计工作更有效率及效果，并且注册会计师也可以采用将总体审计策略和具体审计计划合并为一份审计计划文件的方式，以提高编制及复核工作的效率，增强其效果。

课后训练

一、单项选择题

1. 会计师事务所开展初步业务活动，下列目的中，属于确保在计划审计工作时，执行审计工作的注册会计师应具备的要求的是(　　)。

A. 按适当的方式收费　　B. 对客户的商业机密保密

C. 独立性和专业胜任能力　　D. 合理利用专家的工作

2. 审计业务约定书除基本应该考虑的内容外，根据情况的需要，还应当进行特殊考虑的因素和事项是（　　）。

A. 财务报表审计的目标与范围

B. 组成部分管理层相对于母公司的独立程度

C. 注册会计师的责任

D. 管理层的责任

3. 计划审计工作中包括总体审计策略和具体审计计划，以下关于总体审计策略和具体审计计划的说法中不正确的是（　　）。

A. 总体审计策略在具体审计计划之前，执行完前一项才可以更好地执行后一项工作

B. 注册会计师应当针对总体审计策略中所识别的不同事项，制订具体审计计划，并考虑通过有效利用审计资源以实现审计目标

C. 具体审计计划包括风险评估程序、计划实施的进一步审计程序和其他审计程序

D. 进一步审计程序包括控制测试和实质性程序

二、多项选择题

1. 注册会计师可以与被审计单位签订长期审计业务约定书，但应考虑对审计业务约定条款作出修改以及提醒被审计单位注意现有的条款的情况有（　　）。

A. 有迹象表明被审计单位误解审计目标和范围

B. 高级管理人员近期发生变动

C. 编制财务报表采用的财务报告编制基础发生变更

D. 审计范围存在限制

2. 恒信达会计师事务所承接ING公司2014年度财务报表审计工作，林森注册会计师担任项目合伙人，下列关于林森注册会计师的观点不正确的有（　　）。

A. 注册会计师制定总体审计策略后，开展初步业务活动

B. 开展初步业务活动以确定实际执行的重要性水平

C. 开展初步业务活动以确定注册会计师是否具备独立性和专业胜任能力

D. 开展初步业务活动以确保注册会计师对客户的商业机密保密

三、简答题

盛达公司系恒信达会计师事务所的常年审计客户，由于其业务的性质和经营规模发生重大变化，恒信达会计师事务所正在考虑是否继续接受委托以及审计收费等问题。

（1）在连续审计的情况下，哪些情况使得注册会计师应当考虑对审计业务约定条款作出修改以及提醒被审计单位注意现有的条款？

（2）在重新签订业务约定书之前，恒信达会计师事务所开展初步业务活动的目的是什么？

（3）开展初步业务的内容一般包括哪些？

技能训练

注册会计师在对昌盛公司进行审计时，发现该公司内部控制制度具有严重缺陷。在此情况下，注册会计师能否依赖下列证据：（1）销货发票副本；（2）监盘客户的存货（不涉及检查相关的所有权凭证）；（3）律师提供的声明书；（4）管理层声明书；（5）会计记录；（6）对行业成本变化趋势的分析。

第4章　重要性与审计风险

◆ 学习任务

知识任务：了解审计重要性和审计风险；掌握重要性的评估及其与审计风险的关系；掌握重大错报风险的识别、评估与应对；掌握检查风险以及检查风险与重大错报风险的反向关系。

能力任务：能够在实践中对审计重要性进行评估和对审计风险作出评价与应对。

引导案例

Y公司为主要从事各种农业化肥的生产和销售的上市实体，Y公司日常交易采用自动化信息系统和手工控制相结合的方式，W注册会计师负责审计Y公司2014年度财务报表。

资料一：W注册会计师在审计工作底稿中记录了所了解的Y公司的情况及其环境，部分内容摘录如下：

(1) 由于2013年度生产指标未达到董事会制定的目标，Y公司于2014年2月更换了公司负责生产的副总经理及生产部门的经理。

(2) Y公司2014年6月将闲置不用的一台固定资产低价销售给母公司，固定资产原值为10万元，已计提折旧6万元，销售价格为2万元。

(3) Y公司主要竞争对手于2014年年末纷纷推出促销活动。为了巩固市场份额，Y公司于2015年元旦开始全面下调了主要产品的建议零售价，不同规格的主要产品降价幅度从5%到20%不等。

(4) 2014年，由于行业状况发生变化，银行授予Y公司的银行信贷限额从2014年之前的1 500万元调减为100万元，历年的平均贷款金额为1 000万元。供应商也降低了Y公司的信用额度，因此当年经营活动现金净流量变为负数。Y公司销售方式主要采用赊销方式。

(5) Y公司于2014年7月发现在2013年6月购入的无形资产（管理用）没有记录，由于涉及金额1 000万元，所以在管理层审批前先进行了会计调整，然后管理层于2014年12月予以批准。

(6) 2014年年初，Y公司启用存货信息系统，并计划同时使用原手工控制程序6个月。由于同时运行两个流程对Y公司相关部门人员的工作量影响很大，2个月后，Y公司决定提前停用原手工控制程序。

(7) 2014年年末，Y公司的当地政府环境管理部门根据收到的群众投诉和调查结果，可能对Y公司作出停业整顿1年的处理。

资料二：W注册会计师在审计工作底稿中记录所获取的Y公司的财务数据部分内容

摘录见表4-1。

表4-1　　Y公司财务数据　　单位：万元

项目	2014年	2013年
营业收入	64 750	58 480
营业成本	55 440	46 730
存货账面余额	8 892	8 723
减：存货跌价准备	370	480
存货账面价值	8 522	8 243

思考：请逐项指出资料一所列事项是否可能表明存在重大错报风险，并说明理由。

4.1　审计重要性

4.1.1　审计重要性的含义

审计重要性取决于在具体环境下对错报金额和性质的判断。如果一项错报单独或连同其他错报可能影响财务报表使用者依据财务报表作出的经济决策，则该项错报是重大的。

审计重要性概念的运用贯穿于整个审计过程。在计划审计工作时，审计人员应当考虑导致财务报表发生重大错报的原因，并应当在了解被审计单位及其环境的基础上，确定一个可接受的重要性水平，即首先为财务报表层次确定重要性水平，以发现在金额上的重大错报。同时，审计人员还应当评估各类交易、账户余额以及列报认定层次的重要性水平，以便确定进一步审计程序的性质、时间和范围，将审计风险降至可接受的低水平。在确定审计意见类型时，审计人员也需要考虑重要性水平。

财务报告编制基础通常从编制和列报财务报表的角度阐释重要性的概念。财务报告编制基础可能以不同的术语解释重要性，但通常而言，重要性概念可从下列方面进行理解：

①如果合理预期错报（包括漏报）单独或汇总起来可能影响财务报表使用者依据财务报表作出的经济决策，则通常认为错报是重大的。

②对重要性的判断是根据具体环境作出的，并受错报的金额或性质的影响，或受两者共同作用的影响。

③判断某事项对财务报表使用者是否重大，是在考虑财务报表使用者整体共同的财务信息需求的基础上作出的。由于不同财务报表使用者对财务信息的需求可能差异很大，因此不考虑错报对个别财务报表使用者可能产生的影响。

④重要性的确定离不开具体环境。由于不同的被审计单位面临不同的环境，不同的报表使用者有着不同的信息需求，因此注册会计师确定的重要性也不相同。某一金额的错报对某一个被审计单位的财务报表来说是重要的，而对另一个被审计单位的财务报表来说可能不重要。

⑤对重要性的评估需要运用职业判断。影响重要性的因素很多，注册会计师应当根据被审计单位面临的环境，并综合考虑其他因素，合理确定重要性水平。不同的注册会计师

在确定同一被审计单位财务报表层次和认定层次的重要性水平时，得出的结果可能不同，主要是由于对影响重要性的各因素的判断存在差异。因此，注册会计师需要运用职业判断来合理评估重要性。

需要注意的是，如果仅从数量角度考虑，重要性水平只是一个门槛或临界点。在该门槛或临界点之上的错报就是重要的；反之，该错报则不重要。重要性并不是财务信息的主要质量特征。

4.1.2　计划审计工作时对重要性水平的确定

在计划审计工作时，注册会计师应当确定一个可接受的重要性水平，以发现在金额上的重大错报。只要是影响预期财务报表使用者决策的因素，都可能对重要性水平产生影响。重要性水平是一个经验值，注册会计师只能通过职业判断来确定重要性水平。审计人员在确定计划的重要性水平时，应当考虑对被审计单位及其环境的了解、审计目标、财务报表各项目的性质及其相互关系以及财务报表项目的金额及其波动幅度等主要因素。注册会计师应当在计划阶段充分考虑这些因素，并采用合理的方法，确定重要性水平。注册会计师应当从数量和性质两个方面考虑重要性。在计划审计工作时确定的重要性（即确定的某一金额），并不必然表明单独或汇总起来低于该金额的未更正错报一定被评价为不重大。即使某些错报低于重要性，与这些错报相关的具体情形可能使注册会计师将其评价为重大。

尽管设计审计程序以发现仅因其性质而可能被评价为重大错报并不可行，但是注册会计师在评价未更正错报对财务报表的影响时，不仅要考虑错报金额的大小，还要考虑错报的性质以及错报发生的特定环境。

1）从性质方面考虑重要性

在某些情况下，金额相对较小的错报可能会对财务报表产生重大影响。例如一项不重大的违法支出或者没有遵循某项法律规定的违法行为，但该违法支出或违法行为可能导致一项重大的或有负债、重大的资产损失或者收入损失，就认为上述事项是重大的。可能构成重要性的因素包括：

①对财务报表使用者需求的感知。他们对财务报表的哪一方面最感兴趣。

②获利能力趋势。

③因没有遵守贷款契约、合同约定、法规条款和法定的或常规的报告要求而产生错报的影响。

④计算管理层报酬的依据。

⑤由于错误或舞弊而使一些账户项目对损失的敏感性。

⑥重大或有负债。

⑦通过一个账户处理大量的、复杂的和相同性质的个别交易。

⑧关联方交易。

⑨可能的违法行为、违约和利益冲突。

⑩财务报表项目的重要性、性质、复杂性和组成。

⑪可能包含了高度主观性的估计、分配或不确定性。

⑫管理层的偏见。管理层是否有动机将收益最大化或者最小化。

⑬管理层一直不愿意纠正已报告的与财务报告相关的内部控制的缺陷。

⑭与账户相关联的核算与报告的复杂性。

⑮前一个会计期间以来账户特征发生的改变（例如，新的复杂性、主观性或交易的种类）。

⑯个别极其重大但不同的错报抵消产生的影响。

2）从数量方面考虑重要性

（1）财务报表整体的重要性

由于财务报表审计的目标是注册会计师通过执行审计工作对财务报表发表审计意见，因此，注册会计师应当考虑财务报表整体的重要性。只有这样，才能得出财务报表是否公允反映的结论。注册会计师在制定总体审计策略时，应当确定财务报表整体的重要性。

确定重要性需要运用职业判断。注册会计师通常先选定一个基准，再乘以某一百分比作为财务报表整体的重要性。

注册会计师在选择基准时，需要考虑的因素包括：

①财务报表要素（如资产、负债、所有者权益、收入和费用）。

②是否存在特定会计主体的财务报表使用者特别关注的项目（如为了评价财务业绩，使用者可能更关注利润、收入或净资产）。

③被审计单位的性质、所处的生命周期阶段以及所处行业和经济环境。

④被审计单位的所有权结构和融资方式（例如，如果被审计单位仅通过债务而非权益进行融资，财务报表使用者可能更关注资产及资产的索偿权，而非被审计单位的收益）。

⑤基准的相对波动性。

适当的基准取决于被审计单位的具体情况，包括各类报告收益（如税前利润、营业收入、毛利和费用总额），以及所有者权益或净资产。对于以营利为目的的实体，通常以经常性业务的税前利润作为基准，如果经常性业务的税前利润不稳定，选用其他基准更为合适，如毛利或营业收入。

就选定的基准而言，相关的财务数据通常包括前期财务成果和财务状况、本期最新的财务成果和财务状况、本期的预算和预测结果。当然，本期最新的财务成果和财务状况、本期的预算和预测结果需要根据被审计单位情况的重大变化（如重大的企业并购）和被审计单位所处行业和经济环境情况的相关变化等作出调整。例如，当按照经常性业务的税前利润的一定百分比确定被审计单位财务报表整体的重要性时，如果被审计单位本年度税前利润因情况变化出现意外增加或减少，注册会计师可能认为按照近几年经常性业务的平均税前利润确定财务报表整体的重要性更加合适。

为选定的基准确定百分比需要运用职业判断。百分比和选定的基准之间存在一定的联系，如经常性业务的税前利润对应的百分比通常比营业收入对应的百分比要高。例如，对于以营利为目的的制造行业实体，注册会计师可能认为经常性业务的税前利润的5%是适当的；而对于非营利组织，注册会计师可能认为总收入或费用总额的1%是适当的。百分比无论是高一些还是低一些，只要符合具体情况，都是适当的。

（2）特定类别交易、账户余额或披露的重要性水平

根据被审计单位的特定情况，下列因素可能表明存在一个或多个特定类别的交易、账

户余额或披露，其发生的错报金额虽然低于财务报表整体的重要性，但合理预期将影响财务报表使用者依据财务报表作出的经济决策：

①法律法规或适用的财务报告编制基础是否影响财务报表使用者对特定项目（如关联方交易、管理层和治理层的薪酬）计量或披露的预期；

②与被审计单位所处行业相关的关键性披露（如制药企业的研究与开发成本）；

③财务报表使用者是否特别关注财务报表中单独披露的业务的特定方面（如新收购的业务）。

在根据被审计单位的特定情况考虑是否存在上述交易、账户余额或披露时，注册会计师可能发现了解治理层和管理层的看法和预期是有用的。

（3）实际执行的重要性

实际执行的重要性，是指注册会计师确定的低于财务报表整体的重要性的一个或多个金额，旨在将未更正和未发现错报的汇总数超过财务报表整体的重要性的可能性降至适当的低水平。如果适用，实际执行的重要性还指注册会计师确定的低于特定类别的交易、账户余额或披露的重要性水平的一个或多个金额。

仅为发现单项重大错报而计划审计工作将忽视这样一个事实，即单项非重大错报的汇总数可能导致财务报表出现重大错报，更不用说还没有考虑可能存在的未发现错报。

确定财务报表整体实际执行的重要性（根据定义可能是一个或多个金额），旨在将财务报表中未更正和未发现错报的汇总数超过财务报表整体重要性的可能性降至适当的低水平。

与确定特定类别的交易、账户余额或披露的重要性水平相关的实际执行的重要性，旨在将这些交易、账户余额或披露中未更正与未发现错报的汇总数超过这些交易、账户余额或披露的重要性水平的可能性降至适当的低水平。

确定实际执行的重要性并非简单的计算，需要注册会计师运用职业判断，并考虑下列因素的影响：①对被审计单位的了解（这些了解在实施风险评估程序的过程中得到更新）；②前期审计工作中识别出的错报的性质和范围；③根据前期识别出的错报对本期错报作出的预期。

通常而言，实际执行的重要性通常为财务报表整体重要性的 50% ~75%。接近财务报表整体重要性 50% 的情况有：非连续审计；以前年度审计调整较多；项目总体风险较高（如处于高风险行业，经常面临较大市场压力，首次承接的审计项目或者需要出具特殊目的报告等）。接近财务报表整体重要性 75% 的情况有：经常性审计，以前年度审计调整较少；项目总体风险较低（如处于低风险行业，市场压力较小）。

4.1.3　审计执行过程对重要性水平的调整

在审计执行阶段，随着审计过程的推进，注册会计师应当及时评价计划阶段确定的重要性水平是否仍然合理，并根据具体环境的变化或在审计执行过程中进一步获取的信息，修正计划的重要性水平，进而修改进一步审计程序的性质、时间和范围。由于存在下列原因，注册会计师可能需要修改财务报表整体的重要性水平和特定类别的交易、账户余额或披露的重要性水平（如果适用）：审计过程中情况发生重大变化（如决定处置被审计单位的一个重要组成部分）；获取新信息；通过实施进一步审计程序，注册会计师对被审计单位及其经营的了解发生变化。例如，注册会计师在审计过程中发现，实际财务成果与最初确定财务报表整体重要性时使用的预期本期财务成果相比存在很大差异，则需要修改重要性水平。

4.1.4 出具审计意见时对审计重要性的评估

1）尚未更正错报的汇总数

尚未更正错报的汇总数包括已经识别的具体错报和推断误差，分别说明如下：

（1）已经识别的具体错报

已经识别的具体错报是指注册会计师在审计过程中发现的，能够准确计量的错报，包括下列两类：一类是对事实的错报。这类错报产生于被审计单位收集和处理数据的错误，对事实的忽略或误解，或故意舞弊行为。另一类是涉及主观决策的错报。这类错报产生于两种情况：一是管理层和注册会计师对会计估计值的判断差异；二是管理层和注册会计师对选择和运用会计政策的判断差异，由于注册会计师认为管理层选用会计政策造成错报，管理层却认为选用会计政策适当，导致出现判断差异。

（2）推断误差

推断误差也称“可能误差”，是注册会计师对不能明确、具体识别的其他错报的最佳估计数。推断误差通常包括：通过测试样本估计出的总体的错报减去在测试中发现的已经识别的具体错报；通过实质性分析程序推断出的估计错报。

2）评价尚未更正错报汇总数的影响

注册会计师应当评估在审计过程中已识别但尚未更正错报的汇总数是否重大。注册会计师需要在出具审计报告之前，评估尚未更正错报单独或累积的影响是否重大。在评估时，注册会计师应当从特定的某类交易、账户余额或披露认定层次和财务报表层次考虑这些错报的金额和性质，以及这些错报发生的特定环境。

注册会计师应当分别考虑每项错报对相关交易、账户余额或披露的影响，包括错报是否超过之前为特定交易、账户余额或披露所设定的较之财务报表层次重要性水平更低的可容忍错报。此外，如果某项错报是（或可能是）由于舞弊造成的，无论其金额大小，注册会计师均应当按照《中国注册会计师审计准则第1141号——财务报表审计中与舞弊相关的责任》的规定，考虑其对整个财务报表审计的影响。

注册会计师在评估未更正错报是否重大时，不仅需要考虑每项错报对财务报表的单独影响，而且需要考虑所有错报对财务报表的累积影响及其形成原因，尤其是一些金额较小的错报，虽然单个看起来并不重大，但是其累计数却可能对财务报表产生重大的影响。

尚未更正错报的汇总数与财务报表层次重要性水平相比，可能出现以下两种情况：

①尚未更正错报的汇总数低于重要性水平（并且特定项目的尚未更正错报也低于考虑其性质所设定的更低的重要性水平，下同）。如果尚未更正错报的汇总数低于重要性水平，对财务报表的影响不重大，注册会计师可以发表无保留意见的审计报告。

②尚未更正错报的汇总数超过或接近重要性水平。如果尚未更正错报的汇总数超过了重要性水平，对财务报表的影响可能是重大的，注册会计师应当考虑通过扩大审计程序的范围或要求管理层调整财务报表来降低审计风险。在任何情况下，注册会计师都应当要求管理层就已识别的错报调整财务报表。如果管理层拒绝调整财务报表，并且扩大审计程序

范围的结果不能使注册会计师认为尚未更正错报的汇总数不重大，注册会计师应当考虑出具非无保留意见的审计报告。如果已识别但尚未更正错报的汇总数接近重要性水平，注册会计师应当考虑该汇总数连同尚未发现的错报是否可能超过重要性水平，并考虑通过实施追加的审计程序，或要求管理层调整财务报表来降低审计风险。

4.1.5　审计重要性与审计风险的关系

审计重要性与审计风险之间存在反向关系。重要性水平越高，审计风险越低；重要性水平越低，审计风险越高。这里所说的重要性水平的高低指的是金额的大小。审计风险越高，越要求注册会计师收集更多、更有效的审计证据，以将审计风险降至可接受的低水平。因此，重要性和审计证据之间也是反向变动关系。

由于重要性和审计风险存在上述反向关系，而且这种关系对注册会计师将要执行的审计程序的性质、时间和范围有直接的影响，因此，注册会计师应当综合考虑各种因素，合理确定重要性水平。

在确定审计程序后，如果注册会计师决定接受更低的重要性水平，审计风险将增加。注册会计师应当选用下列方法将审计风险降至可接受的低水平：如有可能，通过扩大控制测试范围或实施追加的控制测试，降低评估的重大错报风险，并支持降低后的重大错报风险水平；通过修改计划实施的实质性程序的性质、时间和范围，降低检查风险。

在评价审计程序结果时，注册会计师确定的重要性和审计风险，可能与计划审计工作时评估的重要性和审计风险存在差异。在这种情况下，注册会计师应当重新确定重要性和审计风险，并考虑实施的审计程序是否充分。

4.2　审计风险

4.2.1　审计风险模型

审计风险是指财务报表存在重大错报而注册会计师发表不恰当审计意见的可能性。审计风险并不包含下面这种情况，即财务报表不含有重大错报，而注册会计师错误地发表了财务报表含有重大错报的审计意见的风险。注册会计师只能对被审计单位财务报表不存在重大错报提供合理保证，所以意味着审计风险是始终存在的。

合理保证与审计风险互为补数，如果注册会计师将审计风险降至可接受的低水平，则对财务报表不存在重大错报获取了合理保证。审计风险取决于重大错报风险和检查风险。

审计风险模型为：

审计风险 = 重大错报风险 × 检查风险

1）重大错报风险

重大错报风险是指财务报表在审计前存在重大错报的可能性。在设计审计程序以确定财务报表整体是否存在重大错报时，注册会计师应当从财务报表层次和各类交易、账户余额、列报和披露认定层次考虑重大错报风险。

（1）财务报表层次的重大错报风险

财务报表层次的重大错报风险与财务报表整体存在广泛联系，它可能影响多项认定。此类风险通常与控制环境有关，如管理层缺乏诚信、治理层形同虚设而不能对管理层进行有效监督等；但也可能与其他因素有关，如经济萧条、企业所在行业处于衰退期。此类风险难以被界定于某类交易、账户余额、列报的具体认定，相反，此类风险增大了一个或多个不同认定发生重大错报的可能性，与由舞弊引起的风险特别相关。

（2）认定层次的重大错报风险

注册会计师应当评估认定层次的重大错报风险，并根据既定的审计风险水平和评估的认定层次重大错报风险确定可接受的检查风险水平。注册会计师应当考虑各类交易、账户余额、列报认定层次的重大错报风险，以便于针对认定层次计划和实施进一步审计程序。

认定层次的重大错报风险又可进一步细分为固有风险和控制风险。

固有风险是指假设不存在相关的内部控制，某一认定发生重大错报的可能性，无论该错报单独考虑还是连同其他错报构成重大错报。

控制风险是指某项认定发生了重大错报，无论该错报单独考虑，还是连同其他错报构成重大错报，而该错报没有被单位的内部控制及时防止、发现和纠正的可能性。控制风险取决于与财务报表编制有关的设计和运行的有效性。由于控制的固有局限性，某种程序的控制风险始终存在。

2）检查风险

检查风险是指某一认定存在错报，该错报单独或连同其他错报是重大的，但注册会计师未能发现这种错报的可能性。检查风险是审计风险要素中唯一可以通过注册会计师进行控制和管理的风险要素。其特点是：它独立地存在于整个审计过程中；不受重大错报风险即固有风险和控制风险的影响；检查风险与注册会计师的工作直接相关。

在实践中注册会计师就是通过收集充分的证据来降低检查风险，从而把审计风险保持在可接受的水平上。检查风险水平和重要性水平共同决定了审计人员需要实施的实质性程序的性质、时间和范围以及所需收集证据的数量。

检查风险取决于审计程序设计的合理性和执行的有效性。由于注册会计师通常并不对所有的交易、账户余额或披露进行检查，以及其他原因，检查风险不可能降低为零。其他原因包括注册会计师可能选择了不恰当的审计程序、审计程序执行不当，或者错误理解了审计结论。这些其他因素可以通过适当的计划、在项目组成员之间进行恰当的职责分配、保持职业怀疑态度以及监督、指导和复核助理人员所执行的审计工作得以解决。

根据检查风险水平的高低，决定采用实质性程序的性质、时间和范围等问题。当注册会计师有充分证据进一步降低控制风险水平时，检查风险水平在上升，这就要求注册会计师修改或减少以前决定采用的实质性程序的时间、范围，是否可能不经济。当重大错报风险的估计水平很低时，注册会计师面临的检查风险水平很高（可能接近或超过100%）。此时，可决定大幅减少以后的实质性测试程序。在实际工作中，注册会计师可以视具体情况决定不进行控制测试，直接把重大错报风险定为高水平，而把绝大部分工作放在以后的实质性测试程序上，尽可能地把检查风险降低到最低水平，使总体审计风险处于低水平。

在外勤工作结束后，注册会计师应根据具体需要对检查风险的可接受水平进行自检。其方法是：邀请其他未参加这次审计业务的注册会计师对已审查过的账户余额进行抽样审计，根据样本中发现的错误金额推断总体错误金额或累计数，并以此计算检查风险。

4.2.2　重大错报风险的识别与评估

《中国注册会计师审计准则第 1211 号——通过了解被审计单位及其环境识别和评估重大错报风险》对注册会计师如何评估财务报表层次和认定层次的重大错报风险提出了详细的要求。

1）在识别和评估重大错报风险时，注册会计师应当实施的审计程序

①在了解被审计单位及其环境（包括与风险相关的控制）的整个过程中，结合对财务报表中各类交易、账户余额或披露的考虑，识别风险。注册会计师应当运用各项风险评估程序，在了解被审计单位及其环境的整个过程中识别风险，并将识别的风险与各类交易、账户余额或披露相联系。

②评估识别出的风险，并评价其是否更广泛地与财务报表整体相关，进而潜在地影响多项认定。

③结合对拟测试的相关控制的考虑，将识别出的风险与认定层次可能发生错报的领域相联系。

④考虑发生错报的可能性（包括发生多项错报的可能性），以及潜在错报的重大程度是否足以导致重大错报。

注册会计师应当利用实施风险评估程序获取的信息，包括在评价控制设计和确定其是否得到执行时获取的审计证据，作为支持风险评估结果的审计证据。注册会计师应当根据风险评估结果，确定实施进一步审计程序的性质、时间和范围。

在计划审计工作时，注册会计师应当考虑导致财务报表发生重大错报的原因。注册会计师应当在了解被审计单位及其环境的基础上确定重要性，并随着审计过程的推进，评价对重要性的判断是否仍然合理。注册会计师应当对各类交易、账户余额或披露认定层次的重要性进行评估，以有助于确定进一步审计程序的性质、时间和范围，将审计风险降至可接受的低水平。

2）识别两个层次的重大错报风险

在对重大错报风险进行识别和评估后，注册会计师应当确定，识别的重大错报风险是与特定的某类交易、账户余额或披露的认定相关，还是与财务报表整体广泛相关，进而影响多项认定。

某些重大错报风险可能与特定的各类交易、账户余额或披露的认定相关，某些重大错报风险可能与财务报表整体广泛相关，进而影响多项认定。注册会计师应当考虑对识别的各类交易、账户余额或披露认定层次的重大错报风险予以汇总和评估，以确定进一步审计程序的性质、时间和范围。

4.2.3　重大错报风险的应对

《中国注册会计师审计准则第 1231 号——针对评估的重大错报风险采取的应对措施》规定，注册会计师应对重大错报风险，应当遵循以下规定：注册会计师针对财务报表层次的重大错报风险制定总体应对措施，包括向审计项目组强调保持职业怀疑态度的必要性；指派更有经验或具有特殊技能的审计人员，或利用专家的工作；向审计项目组提供更多的督导等；注册会计师应当针对认定层次的重大错报风险设计和实施进一步审计程序，包括测试控制的执行有效性以及实施实质性程序；注册会计师应当评价风险评估的结果是否适当，并确定是否已经获取充分、适当的审计证据；注册会计师应当将实施关键的程序形成审计工作记录。

因此，注册会计师应当针对评估的财务报表层次重大错报风险确定总体应对措施，并针对评估的认定层次重大错报风险设计和实施进一步审计程序，以将审计风险降至可接受的低水平。

1）财务报表层次重大错报风险与总体应对措施

注册会计师应当针对评估的财务报表层次重大错报风险确定下列总体应对措施：

①向项目组强调保持职业怀疑的必要性。

②指派更有经验或具有特殊技能的审计人员，或利用专家的工作。由于各行业在经营业务、经营风险、财务报告、法规要求等方面具有特殊性，注册会计师的专业分工细化成为一种趋势。审计项目组成员中应有一定比例的人员曾经参与过被审计单位以前年度的审计，或具有被审计单位所处特定行业的相关审计经验。必要时，要考虑利用信息技术、税务、评估、精算师等方面专家的工作。

③提供更多的督导。对于财务报表层次重大错报风险较高的审计项目，项目组的高级别成员，如项目负责人、项目经理等经验较丰富的人员，要对其他成员提供更详细、更经常、更及时的指导和监督并加强项目质量复核。

④在选择拟实施的进一步审计程序时融入了更多的不可预见的因素。被审计单位人员，尤其是管理层，如果熟悉注册会计师的审计套路，就可能采取种种规避手段，掩盖财务报告中的舞弊行为。因此，在设计拟实施审计程序的性质、时间和范围时，为了避免既定思维对审计方案的限制，避免对审计效果的人为干涉，从而使得针对重大错报风险的进一步审计程序更加有效，注册会计师要考虑使某些程序不被被审计单位管理层预见或事先了解。

在实务中，注册会计师可以通过以下方式提高审计程序的不可预见性：对某些未测试过的低于设定的重要性水平或风险较小的账户余额和认定实施实质性程序；调整实施审计程序的时间，使被审计单位不可预期；采取不同的审计抽样方法，使当期抽取的测试样本与以前有所不同；选取不同的地点实施审计程序，或预先不告知被审计单位所选定的测试地点。

⑤对拟实施审计程序的性质、时间和范围作出总体修改，如在期末而非期中实施实质性程序，或修改审计程序的性质以获取更具有说服力的审计证据。财务报表层次的重大错报风险很可能源于薄弱的控制环境。薄弱的控制环境带来的风险可能对财务报表产生广泛影响，难以限于某类交易、账户余额、列报，注册会计师应当采取总体应对措施。相应地，注册会计师对控制环境的了解影响其对财务报表层次重大错报风险的评估。有效的控制环境可以使注册会计师增强对内部控制和被审计单位内部产生的证据的信赖程度。如果控制环境存在缺陷，注册会计师在对拟实施审计程序的性质、时间和范围作出总体修改时应当考虑：

A. 在期末而非期中实施更多的审计程序。控制环境的缺陷通常会削弱期中获得的审计证据的可信赖程度。

B. 通过实施实质性程序获取更广泛的审计证据。良好的控制环境是其他控制要素发挥作用的基础。控制环境存在缺陷通常会削弱其他控制要素的作用，导致注册会计师可能无法信赖内部控制，而主要依赖实施实质性程序获取审计证据。

C. 增加拟纳入审计范围的经营地点的数量。

财务报表层次重大错报风险难以限于某类交易、账户余额、列报的特点，意味着此类风险可能对财务报表的多项认定产生广泛影响，并相应增加注册会计师对认定层次重大错报风险的评估难度。因此，注册会计师评估的财务报表层次重大错报风险以及采取的总体应对措施，对拟实施进一步审计程序的总体方案具有重大影响。

拟实施进一步审计程序的总体方案包括实质性方案和综合性方案。其中，实质性方案是指注册会计师实施的进一步审计程序以实质性程序为主；综合性方案是指注册会计师在实施进一步审计程序时，将控制测试与实质性程序结合使用。当评估的财务报表层次重大错报风险属于高风险水平（并相应采取更强调审计程序不可预见性、重视调整审计程序的性质、时间和范围等总体应对措施）时，拟实施进一步审计程序的总体方案往往更倾向于实质性方案。

2）针对认定层次重大错报风险的进一步审计程序

注册会计师应当针对所评估的认定层次重大错报风险来设计和实施进一步审计程序，包括审计程序的性质、时间和范围。注册会计师设计和实施的进一步审计程序的性质、时间和范围，应当与评估的认定层次重大错报风险具备明确的对应关系。要求注册会计师实施的审计程序具有目的性和针对性，有的放矢地配置审计资源，提高审计效率和效果。

需要说明的是，尽管在应对评估的认定层次重大错报风险时，拟实施的进一步审计程序的性质、时间和范围都应当确保其具有针对性，但其中进一步审计程序的性质是最重要的。例如，注册会计师评估的重大错报风险越高，实施进一步审计程序的范围通常越大；但是只有首先确保进一步审计程序的性质与特定风险相关时，扩大审计程序的范围才是有效的。

进一步审计程序相对风险评估程序而言，是指注册会计师针对评估的各类交易、账户余额、列报认定层次重大错报风险实施的审计程序，包括控制测试和实质性程序。

本章小结

重要性取决于在具体环境下对错报金额和性质的判断。如果一项错报单独或连同其他错报可能影响财务报表使用者依据财务报表作出的经济决策，则该项错报是重大的。

审计重要性概念的运用贯穿于整个审计过程。在计划审计工作时，注册会计师应当考虑导致财务报表发生重大错报的原因，并应当在了解被审计单位及其环境的基础上，确定一个可接受的重要性水平；在确定审计意见类型时，注册会计师也需要考虑重要性水平。

审计风险是指财务报表存在重大错报而注册会计师发表不恰当审计意见的可能性。审计业务是一种保证程度高的鉴证业务，可接受的审计风险应当足够低，以使注册会计师能够合理保证所审计财务报表不存在重大错报。审计风险取决于重大错报风险和检查风险。重大错报风险是指财务报表在审计前存在重大错报的可能性；检查风险是指某一认定存在错报，该错报单独或连同其他错报是重大的，但注册会计师未能发现这种错报的可能性。在既定的审计风险水平下，可接受的检查风险水平与认定层次重大错报风险的评估结果存在反向关系。

课后训练

一、单项选择题

1. 以下说法中，不正确的是(　　)。

A. 重要性与审计风险之间存在反向关系

B. 重要性和审计证据的数量之间存在反向变动关系

C. 审计风险与审计证据的数量之间存在反向变动关系

D. 注册会计师可以通过调高重要性水平来降低审计风险

2. 审计重要性与审计风险存在(　　)关系。

A. 正向　　B. 反向　　C. 正比例　　D. 反比例

3. 注册会计师可以根据被审计单位的性质和环境来具体确定重要性的基准，以下说法中，注册会计师不认同的是(　　)。

A. 由于销售收入和总资产具有相对稳定性，注册会计师经常将其用作确定计划重要性水平的基准

B. 对于收益不稳定的被审计单位或非营利组织来说，选择税前利润或税后净利润作为判断重要性水平的基准可能比较合适

C. 对于以营利为目的的被审计单位而言，来自经常性业务的税前利润或税后净利润可能是一个适当的基准

D. 对于资产管理公司来说，净资产可能是一个适当的基准

4. 注册会计师应当根据审计风险及其要素与审计中其他因素的关系决定审计的导向，以下论断中，不正确的是(　　)。

A. 对于不重要的财务报表项目，其错报、漏报的可能性越高，相应的重要性水平就越高，以便降低成本

B. 账户余额或交易错报、漏报的可能性越高，其固有风险与控制风险的综合水平就越高

C. 账户余额或交易错报、漏报的可能性越高，其相应的重要性水平就越低，这样可以提高审计的效率

D. 重要性与审计风险存在反向关系，即重要性水平越低，审计风险就越高；反之，重要性水平越高，审计风险就越低

5. 在既定的审计风险水平下，下列表述中错误的是(　　)。

A. 评估的重大错报风险越低，可接受的检查风险越高

B. 可接受的检查风险水平与认定层次重大错报风险的评估结果存在反向关系

C. 评估的重大错报风险越高，可接受的检查风险越低

D. 可接受的检查风险水平与认定层次重大错报风险的评估结果存在正向关系

6. 重要性与审计证据之间存在(　　)关系。

A. 正向变动　　B. 反向变动　　C. 正比例　　D. 反比例

7. 审计风险取决于重大错报风险和(　　)。

A. 检查风险　　B. 固有风险　　C. 控制风险　　D. 内控风险

二、多项选择题

1. 重大错报风险是审计风险的组成部分，下列关于重大错报风险的说法中，正确的有(　　)。

A. 重大错报风险难以界定于某类交易、账户余额、列报的具体认定

B. 财务报表层次重大错报风险与财务报表整体存在广泛联系，可能影响多项认定

C. 重大错报风险与审计项目组成员的学识、技术和能力有关

D. 重大错报风险通常与控制环境有关，但也可能与其他因素有关

2. 注册会计师应当在总体审计策略中清楚地说明下列(　　)内容。

A. 向具体审计领域调配的资源，包括向高风险领域分派有适当经验的项目组成员，就复杂的问题利用专家的工作等

B. 如何管理、指导、监督这些资源的利用，包括预期何时召开项目组预备会和总结会，预期项目负责人和经理如何进行复核，是否需要实施项目质量控制复核等

C. 何时调配这些资源，包括是在期中审计阶段还是在关键的截止日期调配资源等

D. 向具体审计领域分配资源的数量，包括安排到重要存货存放地观察存货盘点的项目组成员的数量，对其他注册会计师工作的复核范围，对高风险领域安排的审计时间预算等

3. 在制定 W 公司 2014 年度财务报表审计的总体策略时，审计项目组应当考虑影响审计业务的下列(　　)重要因素，以确定审计项目组的工作方向。

A. 识别 W 公司及其所在行业最近发生的重大变化

B. 项目组人员的选择和工作分工

C. 管理层重视设计和实施健全的内部控制的相关证据，包括这些内部控制得以适当记录的证据

D. 预期与 W 公司管理层和治理层沟通的关键日期

4. 重要性取决于在具体环境下对错报金额和性质的判断，在以下关于重要性的说法中，正确的有(　　)。

A. 财务报表错报包括财务报表金额的错报和财务报表披露的错报

B. 重要性的确定离不开具体环境

C. 不同的注册会计师在确定同一被审计单位财务报表层次和认定层次的重要性水平时，得出的结果可能不同

D. 如果财务报表中的某项错报足以改变或影响被审计单位管理层或治理层的相关决策，则该项错报就是重要的

5. 在确定审计程序后，如果注册会计师决定接受更低的重要性水平，审计风险将增加。注册会计师应选用下列(　　)方法将审计风险降至可接受的低水平。

A. 如有可能，通过实施追加的控制测试，降低评估的重大错报风险，并支持降低后的重大错报风险水平

B. 如有可能，通过扩大控制测试范围，降低评估的重大错报风险，并支持降低后的重大错报风险水平

C. 提高重要性水平来降低审计风险

D. 通过修改计划实施的实质性程序的性质、时间和范围，降低检查风险

6. 下列事项中表明被审计单位很可能存在重大错报风险的有(　　)。

A. 在高度波动的市场开展业务

B. 被审计单位的供应链发生变化

C. 被审计单位从基础设施行业转做风险投资行业

D. 经常与控股股东发生交易

7. 询问管理层和被审计单位内部其他人员是注册会计师了解被审计单位及其环境的一个重要信息来源，注册会计师可以考虑向管理层和财务负责人询问下列(　　)事项。

A. 管理层所关注的主要问题

B. 被审计单位最近的财务状况、经营成果和现金流量

C. 可能影响财务报告的交易和事项

D. 被审计单位发生的其他重要变化，如所有权结构、组织结构的变化，以及内部控制的变化

三、简答题

1. 如何更好地理解审计风险模型?

2. 如何更好地理解审计重要性与审计风险之间的关系?

技能训练

1. A 和 B 注册会计师负责审计林肯公司 2014 年度财务报表。在审计工作底稿中，A 和 B 注册会计师记录了所了解的林肯公司及其环境的情况，部分内容摘录如下：

在 2013 年度实现销售收入增长 10% 的基础上，林肯公司董事会确定的 2014 年度销售收入增长目标为 20%。林肯公司管理层实行年薪制，总体薪酬水平根据上述目标的完成情况上下浮动。林肯公司所处行业 2014 年的年平均销售增长率是 12%。

要求：指出所列事项是否可能表明存在重大错报风险。如果认为存在，说明该风险是属于财务报表层次还是认定层次。如认为属于认定层次，请指出相关事项与何种交易或账户的何种认定相关。

2. 公信会计师事务所正在准备接受甲公司的委托审计其 2014 年的财务报表。甲公司以前年度是由荣正会计师事务所审计的，并对 2013 年的财务报表出具了带强调事项段的保留意见的审计报告。在接受委托之前，主管此项业务的公信会计师事务所合伙人 A 注册会计师经甲公司的允许与荣正会计师事务所进行了沟通，了解到一些其对这个客户的审计经验。以下是 A 注册会计师了解到的一些主要信息：

(1) 甲公司是一家集团公司，有多个子公司从事药品生产，同时也投资房地产、服装、酒店、软件等产业。

(2) 日益激烈的竞争与我国药品市场管制使公司受到变现能力和盈利能力恶化的压力。

(3) 公司的管理层最大限度地“挤压利润”，竭尽全力地使报告的收入和每股收益最大化。在 2013 年度，甲公司的收入被荣正会计师事务所的注册会计师调减 1200 万元，占原报告收入的 30%。

(4) 甲公司管理层不愿意接受审计调整；董事会中缺少审计委员会，致使审计人员的工作开展得比较困难。

（5）甲公司大多数交易采用计算机管理系统进行核算，核算系统内部控制政策和程序是比较健全的，但对存货的控制很差；最近实现的电算化系统中的永续盘存记录并不是很准确。而且，该公司没有内部审计人员，银行账户也没有定期调整。

（6）甲公司 2013 年财务报表附注中提到了一起由该公司药物使用者所提起的诉讼，该药物被检查发现有可能导致癌症。荣正会计师事务所在 2013 年度审计报告中增加了一个说明段，表示了对甲公司持续经营能力的怀疑。

（7）甲公司过去 3 年的收益水平持续下降，但 2014 年度未经审计的净收入比 2013 年度大幅上升。

要求：请结合上述材料回答以下问题：

（1）你认为甲公司的重大错报风险水平是高、中还是低？为什么？

（2）你认为甲公司认定层次的重大错报风险集中的领域有哪些？

第5章　控制测试与实质性程序

◆ 学习任务

知识任务：了解内部控制、控制测试与实质性程序的含义；掌握内部控制的要素；掌握控制测试和实质性程序；理解审计抽样的步骤，掌握审计抽样技术。

能力任务：能够对被审计单位实施有效、恰当的控制测试与实质性程序；能够熟练地应用审计抽样技术。

引导案例

广夏（银川）实业股份有限公司由广夏（四川）磁技术有限公司、深圳广夏微型软盘有限公司、深圳广夏录像器材有限公司合并改组，吸收其他6家发起人于1993年8月28日成立，主营业务为生产经营3.5寸软盘及配件。1993年11月26日获准发行股票3 000万股，其中境内2 700万股，内部职工股300万股，股票简称“银广夏A”，编码“0557”，每股发行价为3.98元。1994年6月17日，在深圳股票交易所上市。1996年，公司完成产业结构调整，成为拥有27家全资、控股公司和分公司的跨行业实业公司，原来的主业已退居辅业。从1999年开始，股价连创新高。1999年12月30日，每股13.97元；2000年4月19日，每股35.83元；次日实施10赠10；2000年12月29日完全行权后，每股37.99元。全年折合上涨440%。2000年以后，公司步入高速成长期，形成以高新技术为主导，特色生物资源开发为基础，天然产物萃取、生物制药与特色保健品生产、优质葡萄酒酿造为主干的产业体系。

1998年，虚增利润1 776万元；1999年，虚增利润17 782万元，实际亏损5 003万元；2000年，虚增利润56 705万元，实际亏损14 940万元；2001年1—6月，虚增利润894万元，实际亏损2 557万元。虚构主营业务收入、伪造购销合同、伪造出口报送单、虚开增值税专用发票、隐瞒重大事项。2001年8月3日，中国证监会对广夏（银川）实业股份有限公司（以下简称银广夏）正式立案调查。2001年8月6日，调查组进驻银广夏，对公司整体情况进行调查，初步认定银广夏存在造假问题，“重灾区”是银广夏控股公司天津广夏公司。天津广夏公司从原料购进到生产、销售、出口伪造了全部单据，包括采购原料合同、购货发票、银行汇款单、出口销售合同等100多份关键财务文件。银广夏董事长张吉生承认，天津广夏造假始于1995年，造假利润从1995年的200余万元开始，发展到2000年的5亿多元，创下了惊人的利润“业绩”。而实际情况是：最近几年，天津广夏每年亏损1 500万元至2 000万元。2001年9月10日，停牌一个月的银广夏以跌停板价格复牌，一路狂跌。经过史无前例的15个连续跌停后，才在2001年10月8日止住跌停。股价从停牌前的30.79元跌至6.59元，近68亿元的流通市值无形蒸发，持有银广夏股票的投资者遭受重创，特别是中小散户欲哭无泪。银广夏公司原董事局副主席、总裁李有强等 4 名公司管理人员因涉嫌提供虚假财务报告罪被刑事拘留。被刑事拘留的还有原董事局秘书、财务总监、总会计师丁功民，天津广夏（集团）有限公司原董事长董博、原总经理阎金岱等。

真租赁，假收购，欺骗投资：1994 年 3 月 15 日，银广夏董事会发布决议公告称，银广夏董事局决议出资 1 000 万元收购深圳广夏软件配件有限公司，控股比例为 75%。事实上，此前银广夏已与大股东深圳广夏文化有限公司、香港中昌国际有限公司签订资产承包合同，将大股东下属全资公司深圳广夏软盘配件有限公司的资产由银广夏承包经营。这也许可以算作银广夏欺骗投资者的开始。

隐瞒重大事项，虚假披露：1997 年 3 月 17 日，银广夏董事局作出对深圳广夏软盘配件有限公司、深圳广夏微型软盘有限公司、深圳广夏录像器材有限公司注销的决定，但此重大事项却未予披露。更奇怪的是，在被工商部门依法吊销法人资格后，这三家公司却依然堂而皇之地出现在银广夏 1999 年、2000 年年报和 2001 年中报中。

实施非法关联交易，损害小股东利益：1997 年 3 月 18 日，银广夏在未履行资产收购相关程序的情况下，非法收购大股东深圳广夏文化实业有限公司的资产——已关停的深圳广夏软盘配件有限公司。这笔交易使银广夏被大股东"抽血"960 万元，直接侵害了中小投资者的合法权益。此重大事项也未履行相关信息披露的义务。

随意变更配股资金用途：银广夏 1999 年年报、2000 年年报均披露，1999 年筹集的配股资金 3 亿多元已全部投入承诺的配股资金项目，而实际仅投入 1.78 亿元，其余被银广夏董事局及其控股子公司占用及借款，其中支付董事局经费 1 200 万元。

虚构关联交易：银广夏在 2000 年年报中披露，以价值 4 351 万元的超临界萃取设备作为投资，对芜湖广夏华东玻璃制品股份有限公司进行增资扩股，并设立了芜湖广夏生物技术股份有限公司，公司注册资本为 7 535 万元，其中，银广夏持股 44.29%，天津广夏持股 35%。事实上，直至 2001 年 3 月 6 日芜湖广夏生物技术股份有限公司才成立，注册资本仅为 3 184 万元，银广夏持股比例为 30%，天津广夏根本没有出资。

隐瞒合并主体，虚增资产与利润：银广夏在编制合并报表时，未抵销与子公司之间的关联交易，也未按股权协议的比例合并子公司，从而虚增巨额资产和利润。未合并报表的控股公司达 26 家，共有 1.5 亿元的关联款未予披露。

思考：注册会计师应该如何实施对银广夏的审计工作？

5.1　控制测试

5.1.1　企业内部控制

1）内部控制的含义

内部控制是被审计单位为了合理保证财务报告的可靠性、经营的效率和效果以及对法律法规的遵守情况，由治理层、管理层和其他人员设计与执行的政策及程序。

2）内部控制的要素

（1）控制环境

控制环境是指对企业控制的建立和实施有重大影响的因素的统称，包括治理职能和管理职能，以及治理层和管理层对内部控制及其重要性的态度、认识和措施。控制环境设定了被审计单位的内部控制基调，影响员工对内部控制的认识和态度。良好的控制环境是实施有效内部控制的基础。主要包括诚信和道德价值观念、对胜任能力的重视程度、治理层的参与程度、管理层的理念和经营风格、组织结构及职权与责任的分配以及人力资源政策与实务。

（2）风险评估过程

任何经济组织在经营活动中都会面临各种各样的风险，风险对其生存和竞争能力产生影响。很多风险并不为经济组织所控制，但管理层应当确定可以承受的风险水平，识别这些风险并采取一定的应对措施。

风险评估过程的作用是识别、评估和管理影响被审计单位实现经营目标能力的各种风险。而针对财务报告目标的风险评估过程则包括识别与财务报告相关的经营风险，评估风险的重大性和发生的可能性，以及采取措施管理这些风险。例如：风险评估可能会涉及被审计单位如何考虑对某些交易未予记录的可能性，或者识别和分析财务报告中的重大会计估计发生错报的可能性。与财务报告相关的风险也可能与特定事项和交易有关。

被审计单位的风险评估过程包括识别与财务报告相关的经营风险，以及针对这些风险所采取的措施。注册会计师应当了解被审计单位的风险评估过程和结果。

（3）与财务报告相关的信息系统与沟通

与财务报告相关的信息系统，包括用以生成、记录、处理和报告交易、事项和情况，对相关资产、负债和所有者权益履行经营管理责任的程序和记录。交易可能通过人工或自动化程序生成。记录包括识别和收集与交易、事项有关的信息。处理包括编辑、核对、计量、估价、汇总和调节活动，可能由人工或自动化程序来执行。报告是指用电子或书面形式编制财务报告和其他信息，供被审计单位用于衡量和考核财务及其他方面的业绩。

与财务报告相关的信息系统应当与业务流程相适应。业务流程是指被审计单位开发、采购、生产、销售、发送产品和提供服务、保证遵守法律法规、记录信息等一系列活动。与财务报告相关的信息系统所生成信息的质量，对管理层能否作出恰当的经营管理决策以及编制可靠的财务报告具有重大影响。

（4）控制活动

控制活动是指有助于确保管理层的指令得以执行的政策和程序，包括与授权、业绩评价、信息处理、实物控制和职责分离等相关的活动。

①授权。授权的目的在于保证交易在管理层授权范围内进行，有一般授权和特别授权之分。

一般授权是指管理层制定的要求组织内部遵守的普遍适用于某类交易或活动的政策。特别授权是指管理层针对特定类别的交易或活动逐一设置的授权，如重大资本支出和股票发行等。特别授权也可能用于超过一般授权限制的常规交易。例如：同意因某些特别原因，对某个不符合一般信用条件的客户赊销商品。

②业绩评价。业绩评价主要包括被审计单位分析评价实际业绩与预算（或预测、前

期业绩）的差异，综合分析财务数据与经营数据的内在关系，将内部数据与外部信息来源相比较，评价职能部门、分支机构或项目活动的业绩（如银行客户信贷经理复核各分行、地区和各种贷款类型的审批和收回），以及对发现的异常差异或关系采取必要的调查与纠正措施。

③信息处理。信息处理控制可以是人工的、自动化的，或是基于自动流程的人工控制。信息处理控制分为两类，即信息技术的一般控制和应用控制。

信息技术一般控制是指与多个应用系统有关的政策和程序，有助于保证信息系统持续恰当地运行（包括信息的完整性和数据的安全性），支持应用控制作用的有效发挥，通常包括数据中心和网络运行控制，系统软件的购置、修改及维护控制，接触或访问权限控制，应用系统的购置、开发及维护控制。例如：程序改变的控制、限制接触程序和数据的控制、与新版应用软件包实施有关的控制等都属于信息系统一般控制。

信息技术应用控制是指主要在业务流程层次运行的人工或自动化程序，与用于生成、记录、处理、报告交易或其他财务数据的程序相关，通常包括检查数据计算的准确性，审核账户和试算平衡表，设置对输入数据和数字序号的自动检查，以及对例外报告进行人工干预。

④实物控制。实物控制主要包括对资产和记录采取适当的安全保护措施，对访问计算机程序和数据文件设置授权，以及定期盘点并将盘点记录与会计记录相核对。例如：库存现金、有价证券和存货的定期盘点控制。实物控制的效果影响资产的安全，从而对财务报表的可靠性及审计产生影响。

⑤职责分离。职责分离主要包括被审计单位如何将交易授权、交易记录以及资产保管等职责分配给不同员工，以防范同一员工在履行多项职责时可能发生的舞弊或错误。当信息技术运用于信息系统时，职责分离可以通过设置安全控制来实现。

（5）对控制的监督

对控制的监督是实现建立和维护控制并保证其持续有效运行这一目标的有效方法。对控制的监督是指被审计单位评价内部控制在一段时间内运行有效性的过程，该过程包括及时评价控制的设计和运行，以及根据情况的变化采取必要的纠正措施。例如：管理层对是否定期编制银行存款余额调节表进行复核，内部审计人员评价销售人员是否遵守公司关于销售合同条款的政策，法律部门定期监控公司的道德规范和商务行为准则是否得以遵循等。监督对控制的持续有效运行十分重要。例如：没有对银行存款余额调节表是否得到及时和准确的编制进行监督，该项控制可能无法得到持续的执行。

3）内部控制的目标

①保证国家法律法规、政策及企业经营方针、计划的贯彻落实与执行。国家的政策和法律法规是企业经营活动的依据。管理者制定的企业经营方针、计划等是为了实现企业的目标。内部控制规定了企业的生产经营活动必须按照一定的制度和程序去办理，这些制度和程序是按照国家的法律法规、方针、政策及企业的经营计划等制定的。

②保证企业业务活动按照适当的授权进行，促使企业的生产经营活动协调、有序、高效运行。管理者制定一定的程序和规则是为了实现企业的目标。内部控制可以在一定程度上保证企业的全体员工遵守这些程序和规则。内部控制设计的目标之一就是要保证下属员工正确履行各级管理人员所授予的职责。

③保证对资产和记录的接触、处理均经过适当的授权，维护企业财产物资的安全与完整。财产物资是企业开展各项生产经营活动的物质基础。企业的各种财产物资，特别是货币资金、有价证券、存货等变现性较强的资产，很容易被挪用或盗窃，对于这些资产并非任何人都可以随意接触、处理的，只有经过授权，方可接触或处理，以保证资产的安全与完整。同样，各项业务活动记录（包括统计计量、会计记录等）在未经授权的情况下，任何人不得随意篡改、删除记录，以保证账账相符、账实相符。

4）内部控制存在的固有局限性

内部控制存在的固有局限性主要包括：

（1）在决策时人为判断可能出现错误和由于人为失误而导致内部控制失效。

（2）可能由于两个或更多的人员进行串通或管理层凌驾于内部控制之上而被规避。

此外，如果被审计单位内部行使控制职能的人员素质不适应岗位要求，也会影响内部控制功能的正常发挥。

5.1.2　了解企业内部控制

注册会计师审计的目标是对财务报表是否不存在重大错报发表审计意见，要求注册会计师在财务报表审计中考虑与财务报表编制相关的内部控制，但目的并非对被审计单位内部控制的有效性发表意见。注册会计师需要通过了解和评价被审计单位的内部控制，为进一步审计打下良好的基础。

了解和评价内部控制时注册会计师应当考虑下列因素：注册会计师确定的重要性水平；被审计单位的性质，包括组织结构和所有制性质；被审计单位的规模；被审计单位经营的多样性和复杂性；法律法规和监管要求；作为内部控制组成部分的系统（包括利用服务机构）的性质和复杂性。具体做法主要有：

1）评价内部控制的设计

注册会计师在了解内部控制时，应当评价控制的设计，并确定其是否得到执行。评价控制的设计是指考虑一项控制单独或连同其他控制是否能够有效防止或发现并纠正重大错报。控制得到执行是指某项控制存在且被审计单位正在使用。设计不当的控制可能表明内部控制存在重大缺陷，注册会计师在确定是否考虑控制是否得到执行时，应当首先考虑控制的设计。如果控制设计不当，不需要再考虑控制是否得到执行。

2）获取内部控制设计和执行的审计证据

注册会计师通常实施下列风险评估程序，以获取有关控制设计和执行的审计证据：①询问被审计单位的人员；②观察特定控制的运用；③检查文件和报告；④追踪交易在财务报告信息系统中的处理过程（穿行测试）。这些程序是风险评估程序在了解被审计单位内部控制方面的具体运用。

3）了解内部控制与测试控制运行有效性的关系

除非存在某些可以使控制得到一贯运行的自动化控制，注册会计师对控制的了解并不能够代替对控制运行有效性的测试。

4）了解和评价内部控制的内容

（1）对控制环境的了解和评价

在审计业务承接阶段，注册会计师就需要对控制环境作出初步了解和评价。在评价控制环境的设计和实施情况时，注册会计师应当了解管理层在治理层的监督下，是否营造并保持了诚实守信和合乎道德的文化，以及是否建立了防止或发现并纠正舞弊和错误的恰当控制。

（2）对风险评估过程的了解和评价

在评价被审计单位风险评估过程的设计和执行时，注册会计师应当确定管理层如何识别与财务报告相关的经营风险，如何估计该风险的重要性，如何评估风险发生的可能性，以及如何采取措施管理这些风险。如果被审计单位的风险评估过程符合其具体情况，了解被审计单位的风险评估过程和结果有助于注册会计师识别财务报表存在重大错报的风险。

注册会计师可以通过了解被审计单位及其环境的其他方面信息，评价被审计单位风险评估过程的有效性。在对业务流程的了解中，注册会计师还可能进一步获得被审计单位有关业务流程风险评估过程的信息。注册会计师应当询问管理层识别出的经营风险，并考虑这些风险是否可能导致重大错报。

在审计过程中，如果发现与财务报表有关的风险因素，注册会计师可通过向管理层询问和检查有关文件确定被审计单位的风险评估过程是否也发现了该风险。在审计过程中，如果识别出管理层未能识别的重大错报风险，注册会计师应当考虑被审计单位的风险评估过程为何没有识别出这些风险，以及评估过程是否适合于具体环境。

（3）对与财务报告相关的信息系统的了解

注册会计师应当从下列方面了解与财务报告相关的信息系统：

①在被审计单位经营过程中，对财务报表具有重大影响的各类交易。

②在信息技术和人工系统中，交易生成、记录、处理和报告的程序。在了解时，注册会计师应当同时考虑被审计单位将交易处理系统中的数据过入总分类账和财务报告的程序。

③与交易生成、记录、处理和报告有关的会计记录、支持性信息和财务报表中的特定项目。企业信息系统通常包括使用标准的会计分录，以记录销售、购货和现金付款等重复发生的交易，或记录管理层定期作出的会计估计，如应收账款可回收金额的变化。信息系统还包括使用非标准的分录，以记录不重复发生的、异常的交易或调整事项，如企业合并、资产减值等。

④信息系统如何获取除各类交易之外的对财务报表具有重大影响的事项和情况，如对固定资产和长期资产计提折旧或摊销、对应收账款计提坏账准备等。

⑤被审计单位编制财务报告的过程，包括作出的重大会计估计和披露。编制财务报告的程序应当同时确保适用的会计准则和相关会计制度要求披露的信息得以收集、记录、处理和汇总，并在财务报告中得到充分披露。

⑥管理层凌驾于账户记录控制之上的风险。在了解与财务报告相关的信息系统时，注册会计师应当特别关注由于管理层凌驾于账户记录控制之上，或规避控制行为而产生的重大错报风险，并考虑被审计单位如何纠正不正确的交易处理。自动化程序和控制可能降低了发生无意错误的风险，但是并没有消除个人凌驾于控制之上的风险，例如：某些高级管理人员可能篡改自动过入总分类账和财务报告系统的数据金额。当被审计单位运用信息技术进行数据的传递时，发生篡改可能不会留下痕迹或证据。

（4）对与财务报告相关的沟通的了解

注册会计师应当了解被审计单位内部如何对财务报告的岗位职责，以及与财务报告相关的重大事项进行沟通。注册会计师还应当了解管理层与治理层（特别是审计委员会）之间的沟通，以及被审计单位与外部（包括监管部门）的沟通。具体包括：

①管理层就员工的职责和控制责任是否进行了有效沟通。

②针对可疑的不恰当事项和行为是否建立了沟通渠道。

③组织内部沟通的充分性是否能够使人员有效地履行职责。

④对于与客户、供应商、监管者和其他外部人士的沟通，管理层是否及时采取适当的进一步行动。

⑤被审计单位是否受到某些监管机构发布的监管要求的约束。

⑥外部人士如客户和供应商在多大程度上获知被审计单位的行为守则。

（5）对控制活动的了解

在了解控制活动时，注册会计师应当重点考虑一项控制活动单独或连同其他控制活动，是否能够以及如何防止或发现并纠正各类交易、账户余额、列报存在的重大错报。注册会计师的工作重点是识别和了解针对重大错报可能发生的领域的控制活动。如果多项控制活动能够实现同一目标，注册会计师不必了解与该目标相关的每项控制活动。

注册会计师对被审计单位整体层面的控制活动进行的了解和评估，主要是针对被审计单位的一般控制活动，特别是信息技术的一般控制。在了解和评估一般控制活动时考虑的主要因素可能包括：

①被审计单位的主要经营活动是否都有必要的控制政策和程序。

②管理层对预算、利润和其他财务和经营业绩方面是否都有清晰的目标，在被审计单位内部，是否对这些目标加以清晰地记录和沟通，并且积极地对其进行监控。

③是否存在计划和报告系统，以识别与目标业绩的差异，并向适当层次的管理层报告该差异。

④是否由适当层次的管理层对差异进行调查，并及时采取适当的纠正措施。

⑤不同人员的职责应在何种程度上相分离，以降低舞弊和不当行为发生的风险。

⑥会计系统中的数据是否与实物资产定期核对。

⑦是否建立了适当的保护措施，以防止未经授权接触文件、记录和资产。

⑧是否存在信息安全职能部门负责监控信息安全政策和程序。

（6）了解对内部控制的监督

注册会计师在对被审计单位整体层面的监督进行了解和评估时，考虑的主要因素可能包括：

①被审计单位是否定期评价内部控制。

②被审计单位人员在履行正常职责时，能够在多大程度上获得内部控制是否有效运行的证据。

③与外部的沟通能够在多大程度上证实内部产生的信息或者指出存在的问题。

④管理层是否采纳内部审计人员和注册会计师有关内部控制的建议。

⑤管理层是否及时纠正控制运行中的偏差。

⑥管理层是否根据监管机构的报告及建议及时采取纠正措施。

⑦是否存在协助管理层监督内部控制的职能部门（如内部审计部门）。如存在，对内部审计职能需进一步考虑的因素包括：独立性和权威性；向谁报告，例如，直接向董事

会、审计委员会或类似机构报告，对接触董事会、审计委员会或类似机构是否有限制；是否有足够的人员、培训和特殊技能，例如，对于复杂的高度自动化的环境应安排有经验的信息系统审计人员；是否坚持适用的专业准则；活动的范围，例如，财务审计和经营审计工作的平衡，在分散经营情况下内部审计的覆盖程度和轮换程度；计划、风险评估和执行工作的记录和形成结论的适当性；是否不承担经营管理责任。

5.1.3 企业内部控制测试

1）控制测试的含义及要求

控制测试是测试控制运行的有效性，即控制是否能够在各个不同时点按照既定设计得以一贯执行。这种测试主要是出于成本效益的考虑，其前提是注册会计师通过了解内部控制以后认为某项控制存在着被信赖和利用的可能。注册会计师只有认为控制设计合理、能够防止或发现和纠正认定层次的重大错报，才有必要对控制运行的有效性实施测试。

在测试控制运行的有效性时，注册会计师应当从下列方面获取关于控制是否有效运行的审计证据：①控制在所审计期间的不同时点是如何运行的；②控制是否得到一贯执行；③控制由谁执行；④控制以何种方式运行（如人工控制或自动化控制）。在测试控制运行的有效性时，注册会计师需要抽取足够量的交易进行检查或对多个时点进行观察。

2）控制测试的性质

控制测试的性质是指控制测试所使用的审计程序的类型及组合，通常包括询问、观察、检查、穿行测试和重新执行。

（1）询问

询问是指注册会计师向被审计单位的相关员工进行问询，以获取与内部控制运行情况相关的信息的一种方法。例如：向负责复核银行存款余额调节表的人员询问如何进行复核，包括复核的要点是什么，发现不符合事项如何进行处理等。然而，仅仅通过询问是不能为控制运行的有效性提供充分证据的，注册会计师通常还要通过向其他多个工作人员的询问或是检查执行控制所使用的报告、手册或是其他文件来印证先前问询的结果。因此，该方法需和其他测试方法结合使用才能发挥作用，在询问过程中注册会计师也应保持职业怀疑态度。

（2）观察

观察是测试不留下书面记录的控制的运行情况的一种有效方法。例如：观察库存现金盘点控制的执行情况。在通常情况下，注册会计师通过观察直接获取的证据比间接获取的证据更可靠。但是，注册会计师还应考虑到当其未在现场时该控制是否未被有效执行的可能性。

（3）检查

检查是对执行控制时所使用的书面说明或是复核时留下的各种记号、记录文件等实施的方法。例如：检查销售发票是否有复核人签字，是否附有客户订购单和出库单等。该方法对运行情况留有书面证据的控制非常有效。

（4）穿行测试

穿行测试是通过追踪交易在财务报告信息系统中的处理过程，来证实注册会计师对控制的了解、评价控制设计有效性以及确定控制是否得到执行。

(5) 重新执行

通过重新执行来证实控制是否有效运行。例如：为了合理保证计价认定的准确性，被审计单位的一项控制是由复核人员核对销售发票上的价格与统一价格是否一致。但是要检查复核人员有没有认真执行核对，仅仅检查复核人员是否在相关文件上签字是不够的，注册会计师还需要自己选取一部分销售发票进行核对，这就是重新执行。一般只有当询问、观察、检查等方法结合在一起使用仍无法获取充分的审计证据时才考虑通过重新执行来证实控制是否有效运行。如果需要大量的重新执行时，注册会计师就要考虑通过实施控制测试以缩小实质性程序的范围以提高效率。

询问本身不足以测试控制运行的有效性，需将询问与其他审计程序结合使用，以获取有关控制运行有效性的审计证据。观察提供的证据仅限于观察发生的时点，本身也不足以测试控制运行的有效性；将询问、检查与重新执行结合使用，通常能够比仅实施询问和观察获取更高的保证。例如，被审计单位针对处理收到的邮政汇款单设计和执行了相关的内部控制，注册会计师通过询问和观察程序往往不足以测试此类控制运行的有效性，还需要检查能够证明此类控制在所审计期间的其他时段有效运行的文件和凭证，以获取充分、适当的审计证据。

【例 5-1】永华会计师事务所对 ABC 有限责任公司 20×4 年 6 月 30 日与财务报表相关的内部控制运行有效性进行审核。张斌和郑同注册会计师接受指派实施该项审核。

张斌和郑同注册会计师通常应当实施以下审核程序：

①询问被审计单位的有关人员；

②检查内部控制生成的文件和记录；

③观察被审计单位的经营管理活动；

④重新执行有关内部控制。

审核工作底稿中记载的有关 ABC 有限责任公司内部控制设计和运行的部分内容摘录如下：为统一财务管理、提高会计核算水平，设置内部审计部门，与财务部一并由财务总监分管。内部审计的主要职责是对公司内部控制的健全、有效，会计及相关信息的真实、合法、完整，资产的安全、完整，经营绩效以及经营合规性等进行检查、监督和评价。该项记录中显示其存在缺陷。

【解析】内部审计是一项独立的自我评价活动，为使内部审计独立，必须做到机构独立、工作独立、人员独立，财务总监分管内部审计部将影响内部审计工作的独立性。审计与会计属于不相容职务，应分开。内部审计部门由越高级别的人员或组织负责，就能够越具有独立性。

【建议】将 ABC 有限责任公司的内部审计部门由总经理以上的人员或组织负责管理。

3) 控制测试的时间

控制测试的时间包含两层含义：一是何时实施控制测试；二是测试所针对的控制适用的时点或期间。一个基本的原理是，如果测试特定时点的控制，注册会计师仅得到该时点控制运行有效性的审计证据；如果测试某一期间的控制，注册会计师可获取控制在该期间有效运行的审计证据。因此，注册会计师应当根据控制测试的目的确定控制测试的时间，并确定拟信赖的相关控制的时点或期间。

根据控制测试的目的确定控制测试的时间，如果仅需要测试控制在特定时点的运行有效性（如对被审计单位期末存货盘点进行控制测试），注册会计师只需要获取该时点的审计证据。如果需要获取控制在某一期间有效运行的审计证据，仅获取与时点相关的审计证据是不充分的，注册会计师应当辅以其他控制测试，包括测试被审计单位对控制的监督。换言之，关于控制在多个不同时点的运行有效性的审计证据的简单累加并不能构成控制在某期间的运行有效性的充分、适当的审计证据；而所谓的“其他控制测试”应当具备的功能是，能够提供相关控制在所有相关时点都运行有效的审计证据；被审计单位对控制的监督起到的就是一种检验相关控制在所有相关时点是否都有效运行的作用，因此注册会计师测试这类活动能够强化控制在某期间运行有效性的审计证据的效力。

4）控制测试的范围

在确定某项控制的测试范围时通常考虑以下因素：

①在整个拟信赖的期间，被审计单位执行控制的频率。控制执行的频率越高、控制测试的范围越大。

②在所审计期间，注册会计师拟信赖控制运行有效性的时间长度。拟信赖控制运行有效性的时间长度不同，在该时间长度内发生的控制活动次数也不同。注册会计师需要根据拟信赖控制的时间长度确定控制测试的范围。拟信赖期间越长，控制测试的范围越大。

③为证实控制能够防止或发现并纠正认定层次重大错报，所需获取审计证据的相关性和可靠性。对审计证据的相关性和可靠性要求越高，控制测试的范围越大。

④通过测试与认定相关的其他控制获取的审计证据的范围。针对同一认定，可能存在不同的控制。当针对其他控制获取审计证据的充分性和适当性较高时，测试该控制的范围可适当缩小。

⑤在风险评估时拟信赖控制运行有效性的程度。注册会计师在风险评估时对控制运行有效性的拟信赖程度越高，需要实施控制测试的范围越大。

⑥控制的预期偏差。预期偏差可以用控制未得到执行的预期次数占控制应当得到执行次数的比率加以衡量（也可称为预期偏差率）。考虑该因素，是因为在考虑测试结果是否可以得出控制运行有效性的结论时，不可能只要出现任何控制执行偏差就认定控制运行无效，所以需要确定一个合理水平的预期偏差率。控制的预期偏差率越高，需要实施控制测试的范围越大。如果控制的预期偏差率过高，注册会计师应当考虑控制可能不足以将认定层次的重大错报风险降至可接受的低水平，从而针对某一认定实施的控制测试可能是无效的。

5.2　实质性程序

5.2.1　实质性程序概述

实施实质性程序的目的是发现认定层次的重大错报，实质性程序是风险导向审计基本程序的必备程序。

1）实质性程序的内涵和要求

实质性程序是指注册会计师针对评估的重大错报风险实施的直接用以发现认定层次重

大错报的审计程序，包括对各类交易、账户余额、列报的细节测试以及实质性分析程序。

由于注册会计师对重大错报风险的评估是一种判断，可能无法充分识别所有的重大错报风险，并且由于内部控制存在固有局限性，无论评估的重大错报风险结果如何，注册会计师都应当针对所有重大的各类交易、账户余额、列报实施实质性程序。

中国注册会计师审计准则对注册会计师实施实质性程序提出了总体要求，即注册会计师实施的实质性程序应当包括下列与财务报表编制完成阶段相关的审计程序：

①将财务报表与其所依据的会计记录相核对。

②检查财务报表编制过程中作出的重大会计分录和其他会计调整。

注册会计师对会计分录和其他会计调整检查的性质和范围，取决于被审计单位财务报告过程的性质和复杂程度以及由此产生的重大错报风险。

如果认为评估的认定层次重大错报风险是特别风险，注册会计师应当专门针对该风险实施实质性程序。例如：如果认为管理层面临实现盈利指标的压力而可能提前确认收入，注册会计师在设计询证函时不仅应当考虑函证应收账款的账户余额，还应当考虑函证销售协议的细节条款，如交货、结算及退货条款；注册会计师还可考虑在实施函证的基础上针对销售协议及其变动情况询问被审计单位的非财务人员。

如果针对特别风险仅实施实质性程序，注册会计师应当使用细节测试，或将细节测试和实质性分析程序结合使用，以获取充分、适当的审计证据。

2）实质性程序的时间

实质性程序的时间是指何时实施实质性程序。换言之就是注册会计师需要考虑实质性程序是在期中实施，还是到期末实施，还是两者兼而有之。

（1）对是否在期中实施实质性程序的考虑

如果在期中实施了实质性程序，注册会计师为了将期中测试得出的结论合理延伸至期末，有两种方法可供选择：一是针对剩余期间实施进一步的实质性程序；二是将实质性程序和控制测试结合使用。不管选择哪一种方法，注册会计师为使期中审计证据能够合理延伸至期末都需进一步消耗审计资源，因此，在期中实施实质性程序所消耗掉的审计资源和注册会计师为使期中审计证据能够合理延伸至期末而进一步消耗的审计资源之和是否能够显著小于完全在期末实施实质性程序所消耗的审计资源，成为注册会计师需要权衡的问题。

（2）对期中实质性程序取得的审计证据的考虑

如果注册会计师在期中实施了实质性程序，并拟将期中测试得出的结论延伸至期末，那么注册会计师应当考虑针对剩余期间仅实施实质性程序是否足够。如果认为实施实质性程序本身不充分，注册会计师还应测试剩余期间相关控制运行的有效性或针对期末实施实质性程序。

如果已识别出由于舞弊导致的重大错报风险，为将期中得出的结论延伸至期末而实施的审计程序通常是无效的，注册会计师应当考虑在期末或者接近期末实施实质性程序。因为由于舞弊导致的重大错报风险作为一类重要的特别风险，被审计单位存在故意错报或操纵的可能性。

如果已在期中实施了实质性程序，或将控制测试与实质性程序相结合，并拟信赖期中测试得出的结论，注册会计师应当将期末信息和期中的可比信息进行比较、调节，识别和调查出现的异常金额，并针对剩余期间实施实质性分析程序或细节测试。

在确定针对剩余期间拟实施的实质性程序时，注册会计师应当考虑是否已在期中实施控制测试，并考虑与财务报告相关的信息系统能否充分提供与期末账户余额及剩余期间交易有关的信息。

在针对剩余期间实施实质性程序时，注册会计师应当重点关注并调查重大的异常交易或分录、重大波动以及各类交易或账户余额在构成上的重大或异常变动。

如果拟针对剩余期间实施实质性分析程序，注册会计师应当考虑某类交易的期末累计发生额或账户期末余额在金额、相对重要性及构成方面能否被合理预期。

如果在期中检查出某类交易或账户余额存在错报，注册会计师应当考虑修改与该类交易或账户余额相关的风险评估以及针对剩余期间拟实施实质性程序的性质、时间和范围，或考虑在期末扩大实质性程序的范围或重新实施实质性程序。

（3）对在以前审计中实施实质性程序获取的审计证据的考虑

在以前审计中实施实质性程序获取的审计证据，通常对本期只有很弱的证据效力或没有证据效力，不足以应对本期的重大错报风险。因此，只有当以前获取的审计证据及其相关事项未发生重大变动时，以前获取的审计证据才可能用作本期的有效审计证据，而且注册会计师应当在本期实施审计程序，以确定这些审计证据是否具有持续相关性。

3）实质性程序的范围

确定实质性程序的范围重点需要考虑两个因素：一是评估的认定层次重大错报风险；二是实施控制测试的结果。注册会计师评估的认定层次重大错报风险越高，需要实施实质性程序的范围就越广。如果对控制测试结果不满意，注册会计师就应当考虑扩大实质性程序的范围。

此外，确定实质性程序的范围时，除了考虑样本量外，还要考虑选样方法的有效性和已记录金额与预期值之间可接受的差异额的大小。

5.2.2　细节测试

注册会计师应当根据各类交易、账户余额、列报的性质选择实质性程序的类型。实质性程序的性质是指实质性程序的类型及组合，主要包括细节测试和实质性分析程序两种类型。

细节测试是对各类交易、账户余额、列报的具体细节进行测试，目的在于直接识别财务报表认定是否存在错报。

细节测试适用于对各类交易、账户余额、列报认定的测试，尤其是对存在或发生、计价认定的测试。

注册会计师需要根据不同的认定层次重大错报风险设计有针对性的细节测试。在针对存在或发生认定设计细节测试时，注册会计师应当选择包含在财务报表金额中的项目，并获取相关审计证据；在针对完整性认定设计细节测试时，注册会计师应当选择有证据表明应包含在财务报表金额中的项目，并调查这些项目是否确实包括在内。

【例 5-2】某被审计单位是一家生产和销售高端清洁用品的外商独资企业，其产品主要用于星级酒店和大型饭店。除了在北京、上海直接向终端客户销售外，在全国其他地区均向省级或市级经销商销售。

该公司提供的财务报表显示：2014 年度销售收入为 112 655 260 元，比上一年度增长 21%（董事会制定的当年预算目标是增长 20%）。2014 年 12 月 31 日应收账款余额为 39 560 810元，组成情况如下：共有 226 家客户，其中 9 家客户（均为省级经销商）的余额在 100 万元以上，占应收账款总额的 38%，其余客户的余额均小于 30 万元。此外余额为 10 万元以上且账龄超过 1 年的客户有 15 家。

2014 年 12 月 31 日坏账准备余额为 1 879 830 元。该公司采用账龄分析法和个别认定法相结合的方式计提坏账准备，其中账龄分析法为：账龄 6 个月以上 1 年以下的计提比例为 10%；1 年以上 2 年以下的计提比例为 50%；2 年以上的计提比例为 100%。销售收入、应收账款及坏账准备比较数据见表 5-1。

表 5-1 **销售收入、应收账款及坏账准备比较数据表** 金额单位：元

项目	2014 年度	2013 年度
应收账款	39 560 810.00	27 765 338.00
坏账准备	(1 879 830.00)	(1 707 400.00)
销售收入	112 655 260.00	93 103 520.00
应收账款周转天数（天）	108	92

该公司 2014 年度的税前利润为 8 475 623 元，总体重要性水平为 423 781 元（税前利润的 5%）。

【解析】

1. 应收账款函证。假设由于从控制测试中获得了较高程度的信赖，注册会计师只需要从细节测试中获取较低程度的保证。所以，注册会计师决定采用选取特定项目进行测试的方法选取函证样本，符合下列条件之一的选为样本：①应收账款余额 100 万元以上的客户；②年购买 500 万元以上的客户；③余额 10 万元以上且账龄超过 1 年的应收账款的客户。有 35 家客户符合上述条件，总金额为 18 593 581 元，覆盖率为 47%。函证结果如下：

（1）26 家回函确认无误；

（2）3 家回函存在付款时间性差异，即年末客户已付款而被审计单位尚未收到，经核查次年 1 月初银行对账单确认无误；

（3）6 家没有回函。

前两项 29 家回函总金额为 13 272 566 元，函证的实际覆盖率为 34%。

2. 对上述没有回函的应收账款余额 5 321 015 元实施替代程序，查看了期后收款情况。截至审计现场工作结束，共收回货款 2 866 390 元，对剩余的金额 2 454 625 元查看了相应的原始凭证（订购单、发货单、发票；还款协议；与客户的往来信件等），没有发现差异。替代程序的实际覆盖率为 13%。

3. 应收账款余额函证及替代程序的总体覆盖率为 47%。对于没有函证的 53%，由于相关控制是有效运行的，实施实质性分析程序未发现误差，注册会计师判断重大错报风险水平较低，因而可接受一个较高的检查风险水平。对于未函证的 53%，注册会计师采用审计抽样（一个相对较小的样本即可）的方法予以函证，结果是推断的错报未超过应收账款可容忍错报。

4. 验证应收账款账龄分析报告的准确性。注册会计师采取审计抽样的方法，选取 40

笔交易检查销售发票并验证是否归入正确的账龄期间。测试结果没有发现错误，可以证实账龄分析报告的准确性。

5. 向总经理和销售经理询问他们对应收账款可回收性的评估；重新计算坏账准备的计提；对账龄较长而未计提坏账准备的应收账款余额，查看还款协议和实际付款记录。注册会计师发现有一笔 339 465 元账龄超过 2 年的应收账款，该客户签订还款协议承诺 2014 年 12 月 31 日之前支付 100 000 元，到审计现场工作结束时仍未支付，目前被审计单位已停止向对方供货；另一笔 133 287 元账龄未满 6 个月的应收账款，该客户是一家连锁餐厅，最近因资金链出现问题，拖欠租金和供应商货款而被起诉，该笔货款很可能无法收回。对上述 2 笔可能无法收回的应收账款共计 472 752 元被审计单位均未计提坏账准备。注册会计师建议作审计调整并计划向被审计单位管理层报告该事项。

【建议】基于以前年度对该公司的了解，以及本年度对该公司环境、经营状况、内部控制等情况的了解和评估，注册会计师应对应收账款采取综合性方案。注册会计师建议作审计调整，并计划向公司管理层报告该事项，同时根据调整情况判断其对审计意见的影响。

5.2.3　实质性分析程序

实质性分析程序从技术特征上看仍然是分析程序，主要是通过研究数据间的关系来评价信息，只是将该技术用作实质性程序，即用以识别各类交易、账户余额、列报及相关认定是否存在错报。

对在一段时期内存在可预期关系的大量交易，注册会计师可以考虑实施实质性分析程序。

在设计实质性分析程序时，注册会计师应当考虑下列因素：

①对特定认定使用实质性分析程序的适当性；

②对已记录的金额或比率作出预期时，所依据的内部或外部数据的可靠性；

③作出预期的准确程度是否足以在计划的保证水平上识别重大错报；

④已记录金额与预期值之间可接受的差异额。

【例 5-3】永华会计师事务所对 ABC 有限责任公司 2014 年度财务报表进行审计。该公司未发生购并、分立和债务重组行为，供产销形势与上年相当。该公司坏账核算采用备抵法，按期末应收账款余额的 5‰计提。2014 年度应收账款与坏账准备的余额分别为 16 553万元、52.77 万元。应收账款账龄分析见表 5-2。

表 5-2　**应收账款账龄分析表**　单位：万元

账龄	年初数	年末数
1 年以内	8 392	10 915
1 ~ 2 年	1 186	1 399
2 ~ 3 年	1 161	1 365
3 年以上	1 421	2 874
合计	12 160	16 553

张斌和郑同注册会计师拟实施实质性分析程序，来识别表 5-2 中是否存在错报。

【解析】

1. 坏账准备年末余额为 52.77 万元，应收账款年末余额为 16 553 万元，坏账实际计提比例为3.2‰（52.77÷16 553×100%），与会计政策规定的5‰的坏账准备计提比例不符。

2. 分析各年数据间的关系，2～3年和3年以上这两部分的年初数之和仅为2 582万元，而3年以上的年末数却为2 874万元。在通常情况下，该公司在2014年度未发生购并、分立和债务重组行为的前提下是不可能的。一般情况下，上年账龄为n年的应收账款余额大于本年账龄为n+1年的应收账款余额。

【建议】将应收账款、坏账准备作为审计重点，审查应收账款明细账、坏账准备明细账及相关资料。

【例5-4】某企业2014年度的供产销形势与上年度相当，其2013年度、2014年度主营业务收入及主营业务成本数据见表5-3。

表5-3　　某企业主营业务收入及主营业务成本数据表　　单位：元

品名	主营业务收入发生额		主营业务成本发生额	
	2013年度	2014年度	2013年度	2014年度
X产品	400 000	410 000	380 000	338 000
Y产品	200 000	200 200	190 000	190 190
合计	600 000	610 200	570 000	528 190

【解析】通过计算，X产品2014年度销售毛利率为17.56%，远远高于2013年度的5%。既然该企业2014年度的供产销形势与上年度相当，那么在通常情况下，也应该维持大致相当的销售毛利率水平。

【建议】将主营业务收入与主营业务成本作为审计重点，审查其相关资料。

5.3　审计抽样在审计测试中的应用

5.3.1　选取测试项目的方法

注册会计师在实施审计测试时可以使用选取全部项目、选取特定项目和审计抽样三种方法确定测试的项目。注册会计师可以根据与所测试认定有关的重大错报风险和审计效率的要求，单独或综合使用选取测试项目的方法，以获取充分、适当的审计证据，实现审计程序的目标。

1）选取全部项目

选取全部项目是指对总体中的全部项目进行检查。对全部项目进行检查，通常更适用于细节测试，而不适合控制测试。实施细节测试时，在某些情况下，基于重要性水平或风险的考虑，注册会计师可能认为需要测试总体中的全部项目。

2）选取特定项目

选取特定项目是指对总体中的特定项目进行有针对性的测试。根据对被审计单位的了解、评估的重大错报风险以及所测试总体的特征等，注册会计师可以确定从总体中选取特定项目进行测试。

3）审计抽样

审计抽样是指注册会计师对某类交易或账户余额中低于百分之百的项目实施审计程

序，使所有抽样单元都有被选取的机会。审计抽样使注册会计师能够获取和评价与被选取项目的某些特征有关的审计证据，以形成或帮助形成对从中抽取样本的总体结论。总体是指注册会计师从中选取样本并据此得出结论的整套数据，总体可分为多个层或子总体。每一层或子总体可分别予以检查。

审计抽样应当具备三个基本特征：对某类交易或账户余额中低于百分之百的项目实施审计程序；所有抽样单元都有被选取的机会；审计测试的目的是为了评价该账户余额或交易类型的某一特征。

注册会计师获取审计证据时可能使用三种目的的审计程序：风险评估程序；控制测试（必要时或决定测试时）；实质性程序。有些审计程序可以使用审计抽样，有些审计程序则不宜使用审计抽样。

5.3.2　审计抽样概述

1）审计抽样的由来

20 世纪以来，企业规模的迅速扩大使得注册会计师对被审计单位审计期间的全部交易进行逐笔审查不再现实，另外企业内部控制的建立和完善，以及概率论和数理统计的发展使抽样在审计中的应用成为可能。按照审计抽样的产生和发展过程，审计抽样可分为非统计抽样和统计抽样。统计抽样是指运用概率论原理，遵循随机的原则，从被审查总体中抽取样本进行审查，再根据样本审查结果推断总体特征的一种审计方法。统计抽样包括属性抽样和变量抽样。属性抽样是一种用来对总体中某一事件的发生率得出结论的统计方法。它最常见的用途是测试某一控制的偏差率，以支持注册会计师评估的控制测试有效性和重大错报风险。变量抽样是一种用来对总体金额得出结论的统计抽样方法，在审计中的主要用途是进行实质性细节测试，以确定记录金额是否合理。一般而言，属性抽样得出的结论与总体的发生率有关，而变量抽样得出的结论与总体的金额有关。非统计抽样可以分为任意抽样和判断抽样。

2）抽样风险与非抽样风险

抽样风险是指注册会计师根据样本得出的结论，与对总体全部项目实施与样本同样的审计程序得出的结论存在差异的可能性。抽样风险分为两种类型：一种是影响审计效果的抽样风险；另一种是影响审计效率的抽样风险。但在控制测试和细节测试中，这两类抽样风险的表现形式有所不同。

在实施控制测试时，注册会计师要关注的两类抽样风险是信赖过度风险和信赖不足风险。信赖过度风险是指推断的控制有效性高于其实际有效性的风险。信赖过度风险与审计的效果有关。信赖不足风险是指推断的控制有效性低于其实际有效性的风险。信赖不足风险与审计的效率有关。

在实施细节测试时，注册会计师也要关注两类抽样风险：误受风险和误拒风险。误受风险是指注册会计师推断某一重大错报不存在而实际上存在的风险。与信赖过度风险类似，误受风险影响审计效果，容易导致注册会计师发表不恰当的审计意见。误拒风险是指注册会计师推断某一重大错报存在而实际上不存在的风险。与信赖不足风险类似，误拒风险影响审计效率。只要使用了审计抽样，抽样风险就总会存在。但注册会计师可以通过扩大样本规模来降低抽样风险。对特定样本而言，抽样风险与样本规模反方向变动：样本规模越小，抽样风险越大；样本规模越大，抽样风险越小。非抽样风险是指由于某些与样本规模无关的因素导致注册会计师得出错误结论的可能性。非抽样风险是由人为错误造成的，因而可以降低、消除或防范。

3）审计抽样的基本步骤

注册会计师在控制测试和实质性细节测试中使用审计抽样方法，主要分三个阶段：第一阶段是样本设计阶段，旨在根据测试的目标和抽样总体，制订选取样本的计划。第二阶段是选取样本阶段，旨在按照适当的方法从相应的抽样总体中选取所需的样本。第三阶段是评价样本结果阶段，旨在根据对误差的性质和原因的分析，将样本结果推至总体，形成对总体的结论。

第一阶段：样本设计阶段。

（1）确定测试目标

审计抽样必须紧紧围绕审计测试的目标展开，如果测试目标不同则所采用的审计抽样方法也就不一样。

（2）定义总体与抽样单元

①总体。总体代表了注册会计师希望对其作出结论的数据集合。在实施抽样之前，注册会计师必须仔细定义总体，确定抽样总体的范围。总体可以包括构成某类交易或账户余额的所有项目，也可以只包括某类交易或账户余额中的部分项目。注册会计师在定义总体时应当确保总体的适当性和完整性。适当性，即总体对审计程序目标而言是适当的。完整性，包括代表总体的实物的完整性。

②抽样单元。抽样单元是总体中的个体项目，注册会计师在定义总体时通常都指明了适当的抽样单元。在控制测试中，抽样单元通常是能够提供控制运行证据的资料；而在细节测试中，抽样单元可能是一个账户余额、一笔交易或交易中的一项记录，甚至为每个货币单位。

（3）定义误差构成条件

如果注册会计师事先没有准确定义构成误差的条件，则执行审计程序时就没有识别误差的标准。在控制测试中，误差是指控制偏差。注册会计师应仔细定义所要测试的控制及可能出现偏差的情况。在细节测试中，误差是指错报，注册会计师应根据审计目标，确定什么构成错报。此外，注册会计师还应将被审计单位自己发现并已在适当期间予以更正的错报排除在外。

（4）确定审计程序

注册会计师必须确定能够最好地实现测试目标的审计程序组合。例如，如果注册会计师的审计目标是通过测试某一阶段的适当授权证实交易的有效性，审计程序就是检查特定人员已在某文件上签字以示授权的书面证据。注册会计师预计样本中每一张该文件都有适当的签名。

第二阶段：选取样本阶段。

（1）确定样本规模

样本规模是指从总体中选取样本项目的数量。在审计抽样中，如果样本规模过小，就不能反映出总体的特征，无法获取充分的审计证据；如果样本规模过大，则会增加审计工作量，造成不必要的时间和人力的浪费，降低审计效率。注册会计师确定样本规模受到多种因素的影响，且在控制测试和细节测试中的影响因素有所不同。

①可接受的抽样风险。在实施控制测试时，因抽样风险中的信赖过度风险影响审计效果，故注册会计师更关注信赖过度风险。可接受的信赖过度风险与样本规模反向变动。注册会计师愿意接受的信赖过度风险越低，样本规模就越大；反之，则越小。在非统计抽样中，注册会计师不需要量化该风险，而是将其评估为高、中、低水平；但在统计抽样中，注册会计师则需赋予具体的数值，通常是指 5% ~10% 的信赖过度风险。

细节测试中的抽样风险有误受风险和误拒风险。在实务中，注册会计师愿意承担的审计风险通常为 5% ~10%。在细节测试中，误拒风险与审计的效率有关，如果注册会计师决定接受一个较高的误拒风险，则所需的样本规模降低。在设计样本时，注册会计师对误拒风险关注程度通常很高。可接受的误拒风险越高，所需的样本规模越小。

②可容忍误差。可容忍误差是指注册会计师能够容忍的最大误差。在其他因素既定的条件下，可容忍误差越大，所需的样本规模越小。

在控制测试中，可容忍误差是指可容忍偏差率。可容忍偏差率是指注册会计师在不改变其计划评估的控制有效性，从而不改变其计划评估的重大错报风险水平的前提下，愿意接受的对于设定控制的最大偏差率。可容忍偏差率与样本规模反向变动。计划评估的控制有效性越低，注册会计师确定的可容忍偏差率通常越高，所需的样本规模就越小。在实务中，注册会计师通常认为，当偏差率为 3% ~7% 时，控制有效性的估计水平较高；可容忍偏差率最高为 20%，偏差率超过 20% 时，由于估计控制运行无效，注册会计师不需进行控制测试。

在细节测试中，可容忍误差是指可容忍错报，其与注册会计师计划的重要性水平有关。某账户的可容忍错报实际上就是该账户的重要性水平。重要性水平越高，所需的样本规模就越小。

③预计总体误差。预计总体误差即注册会计师预期在审计过程中发现的误差。在控制测试中，预计总体误差是指预计总体偏差率。预计总体偏差率和样本规模是同向变动关系。

表 5-4 列示了审计抽样中影响样本规模的因素，并分别说明了这些影响因素在控制测试和细节测试中的表现形式。

表 5-4　　影响样本规模的因素

影响因素	控制测试	细节测试	与样本规模的关系
可接受的抽样风险	可接受的信赖过度风险	可接受的误受风险	反向变动
可容忍误差	可容忍偏差率	可容忍错报	反向变动
预计总体误差	预计总体偏差率	预计总体错报	同向变动

（2）选取样本

选取样本是指从总体中选取样本项目，分为概率选样和非概率选样。在概率选样中，每个总体项目被选取的概率都是已知的，且具体选样是随机的。在非概率选样中，注册会计师运用职业判断而不是概率的方法来选取样本项目。

概率选样主要有随机选样、系统选样、分层选样和概率规模比率（简称 PPS）选样。

①随机选样，是指对审计总体的所有项目，按随机规则选取样本的一种选样方法。运

用随机选样需以总体的每一项目都有不同的编号为前提。采用随机选样，审计对象总体中的每个项目均有被抽出的可能，且每个项目被抽出的概率相同。随机选样通常是运用随机数表或计算机生成的随机数来进行。随机数选样不仅使总体中每个抽样单元被选取的概率相等，而且使相同数量的抽样单元组成的每种组合被选取的概率相等，而且能够计量实际样本被选取的概率，这种方法尤其适合于统计抽样。

②系统选样，也叫等距选样，是指按照相同的间隔从审计对象总体中等距离地选取样本的一种选样方法。采用系统选样法，首先要计算选样间距，确定选样起点，然后再根据间距顺序地选取样本。选样间距的计算公式如下：

选样间距 = 总体规模 ÷ 样本规模

系统选样方法简便易行，不需要对总体中的项目预先编号，注册会计师只要简单数出每一个间距即可。但要求总体必须是随机排列的，否则会影响样本的代表性。这种方法适用于总体特征随机分布、总体容量较大的项目。

③概率规模比率选样。在审计中，经常会出现选择样本时侧重于选取记录金额较大的总体项目的情况。此时，可以使用分层选样，也可以使用概率规模比率选样。PPS 选样使用属性抽样来评价。该方法的使用我们将在细节测试中审计抽样的应用中介绍。

（3）对样本实施审计程序

注册会计师应针对选取的每个样本项目，实施适合于具体审计目标的审计程序。对选取的样本项目实施审计程序旨在发现并记录样本中存在的误差。

如果选取的项目不适合实施审计程序，注册会计师通常使用替代项目。如果因凭证缺失等原因导致注册会计师无法对所选取的项目实施已设计的审计程序，且不能针对该项目实施适当的替代审计程序，注册会计师通常考虑将该项目视作误差。

第三阶段：评价样本结果阶段。

（1）分析样本误差

注册会计师应当考虑样本的结果、已识别的所有误差的性质和原因，及其对具体审计目标和审计的其他方面可能产生的影响。

无论是统计抽样还是非统计抽样，对样本结果的定性评估和定量评估一样重要。即使样本的统计评价结果在可以接受的范围内，注册会计师也应对样本中的所有误差（包括控制测试中的控制偏差和细节测试中的金额错报）进行定性分析。

（2）推断总体误差

在实施控制测试时，由于样本的误差率就是整个总体的推断误差率，注册会计师无需推断总体误差率。

在控制测试中，注册会计师将样本中发现的偏差数量除以样本规模，就计算出样本偏差率。无论使用统计抽样或非统计抽样方法，样本偏差率都是注册会计师对总体偏差率的最佳估计，但注册会计师必须考虑抽样风险。

当实施细节测试时，注册会计师应当根据样本中发现的误差金额推断总体误差金额，并考虑推断误差对特定审计目标及审计的其他方面的影响。

（3）形成审计结论

审计抽样的最终目的不在于抽取和审查样本，而是希望通过审查样本，根据样本特征推断总体特征，从而形成针对总体的审计结论。注册会计师将推断的总体误差与预先确定的可容忍误差相比较，并考虑抽样风险。

在控制测试中，若采用统计抽样，则注册会计师通常使用表格或计算机程序计算抽样风险。经量化的抽样风险被称为抽样风险允许限度，它代表抽样风险对样本评价结果的影响，用百分数表示。其与总体偏差率之和即为估计的总体偏差率上限。如果估计的总体偏差率上限低于可容忍偏差率，则总体可以接受。这时注册会计师对总体作出结论，样本结果支持计划评估的控制有效性，从而支持计划的重大错报风险评估水平。

如果估计的总体偏差率上限大于或等于可容忍偏差率，则总体不能接受。这时注册会计师对总体作出结论，样本结果不支持计划评估的控制有效性，从而不支持计划的重大错报风险评估水平。注册会计师应当修正重大错报风险评估水平，并增加实质性程序的数量。注册会计师也可以对影响重大错报风险评估水平的其他控制进行测试，以支持计划的重大错报风险评估水平。

如果估计的总体偏差率上限低于但接近可容忍偏差率，注册会计师应当结合其他审计程序的结果，考虑是否接受总体，并考虑是否需要扩大测试范围，以进一步证实计划评估的控制有效性和重大错报风险水平。

在细节测试中，注册会计师首先必须根据样本中发现的实际错报要求被审计单位调整账面记录金额。将被审计单位已更正的错报从推断的总体错报金额中减掉后，注册会计师应当将调整后的推断总体错报与该类交易或账户余额的可容忍错报相比较，但必须考虑抽样风险。将计算的总体错报上限与可容忍错报比较。计算的总体错报上限等于推断的总体错报（调整后）与抽样风险允许限度之和。

如果计算的总体错报上限低于可容忍错报，则总体可以接受。这时注册会计师对总体作出结论，所测试的交易或账户余额不存在重大错报。

如果计算的总体错报上限大于或等于可容忍错报，则总体不能接受。这时注册会计师对总体作出结论，所测试的交易或账户余额存在重大错报。在评价财务报表整体是否存在重大错报时，注册会计师应将该类交易或账户余额的错报与其他审计证据一起考虑。通常，注册会计师会建议被审计单位对错报进行调查，且在必要时调整账面记录。

5.3.3　审计抽样在控制测试中的应用

我们以统计抽样为例，介绍在控制测试中使用统计抽样时，如何确定抽样规模、实施抽样和评价样本结果，样本规模见表 5-5。

例如：某注册会计师对某单位的内部控制情况实施控制测试，测试现金支付的运行。如果注册会计师实施控制测试的目标是确认现金支付授权控制的运行有效性，以支持对库存现金账户确定的重大错报风险评估水平，那么根据审计目标注册会计师将特定时期的所有现金支付定义为总体，则代表总体的实物就是该时期的所有现金支付单据。

依据前述，注册会计师可以将现金支付单据作为抽样单元，也可将现金支付单据上的每一行作为抽样单元。但出于提高审计效率，在本例中注册会计师定义的抽样单元为现金支付单据上的每一行。

注册会计师在评估该企业控制运行的有效性时，考虑到所认为必要的所有环节后，将误差定义为没有授权人签字的发票和验收报告等证明文件的现金支付。

表 5-5 控制测试中统计抽样样本规模——信赖过度风险 10%（括号内是可接受的偏差数）

预计总体偏差率（%）	可容忍偏差率										
	2%	3%	4%	5%	6%	7%	8%	9%	10%	15%	20%
0.00	114 (0)	76 (0)	57 (0)	45 (0)	38 (0)	32 (0)	28 (0)	25 (0)	22 (0)	15 (0)	11 (0)
0.25	194 (1)	129 (1)	96 (1)	77 (1)	64 (1)	55 (1)	48 (1)	42 (1)	38 (1)	25 (1)	18 (1)
0.50	194 (1)	129 (1)	96 (1)	77 (1)	64 (1)	55 (1)	48 (1)	42 (1)	38 (1)	25 (1)	18 (1)
0.75	265 (2)	129 (1)	96 (1)	77 (1)	64 (1)	55 (1)	48 (1)	42 (1)	38 (1)	25 (1)	18 (1)
1.00	*	176 (2)	96 (1)	77 (1)	64 (1)	55 (1)	48 (1)	42 (1)	38 (1)	25 (1)	18 (1)
1.25	*	221 (3)	132 (2)	77 (1)	64 (1)	55 (1)	48 (1)	42 (1)	38 (1)	25 (1)	18 (1)
1.50	*	*	132 (2)	105 (2)	64 (1)	55 (1)	48 (1)	42 (1)	38 (1)	25 (1)	18 (1)
1.75	*	*	166 (3)	105 (2)	88 (2)	55 (1)	48 (1)	42 (1)	38 (1)	25 (1)	18 (1)
2.00	*	*	198 (4)	132 (3)	88 (2)	75 (2)	48 (1)	42 (1)	38 (1)	25 (1)	18 (1)
2.25	*	*	*	132 (3)	88 (2)	75 (2)	65 (2)	42 (2)	38 (2)	25 (1)	18 (1)
2.50	*	*	*	158 (4)	110 (3)	75 (2)	65 (2)	58 (2)	38 (2)	25 (1)	18 (1)
2.75	*	*	*	209 (6)	132 (4)	94 (3)	65 (2)	58 (2)	52 (2)	25 (1)	18 (1)
3.00	*	*	*	*	132 (4)	94 (3)	65 (2)	58 (2)	52 (2)	25 (1)	18 (1)
3.25	*	*	*	*	153 (5)	113 (4)	82 (3)	58 (2)	52 (2)	25 (1)	18 (1)
3.50	*	*	*	*	194 (7)	113 (4)	82 (3)	73 (3)	52 (2)	25 (1)	18 (1)
3.75	*	*	*	*	*	131 (5)	98 (4)	73 (3)	52 (2)	25 (1)	18 (1)
4.00	*	*	*	*	*	149 (6)	98 (4)	73 (3)	65 (3)	25 (1)	18 (1)
5.00	*	*	*	*	*	*	160 (8)	115 (6)	78 (4)	34 (2)	18 (1)
6.00	*	*	*	*	*	*	*	182 (11)	116 (7)	43 (3)	25 (2)
7.00	*	*	*	*	*	*	*	*	199 (14)	52 (4)	25 (2)

注：* 表示样本规模太大，因而在多数情况下不符合成本效益原则。

在本例中注册会计师确定的可接受的信赖过度风险为 10%，并预期现金支付授权控制运行有效，确定的可容忍偏差率为 7%。通过注册会计师对上年测试结果和对控制的初步了解，预计总体的偏差率为 1.75%。

在本例中以固定样本量抽样。如前所述，注册会计师确定的可接受的信赖过度风险为 10%，可容忍偏差率为 7%，预计总体偏差率为 1.75%。在信赖过度风险为 10% 时所使用的表 5-5 中，7% 可容忍偏差率与 1.75% 预计总体偏差率的交叉处为 55，即所需的样本规模为 55。

在本例中，我们完成了样本设计之后，注册会计师应采用适当的方法选取样本并对选取样本项目实施检查，以确定其是否存在对设定控制的偏离情况。

1）确定样本量

在实施控制测试时，注册会计师通常使用属性抽样方法。属性抽样有三种基本方法：

固定样本量抽样、停走抽样和发现抽样。

2）对样本项目实施审计程序

样本选取可以使用前述的任何一种方法，但注意若采用统计抽样则一定使用概率选样。在选取样本项目时，注册会计师通常多选几个备用。如果其余样本的数量不足以实现审计目标，注册会计师可以使用备用项目。

在对选取的样本项目实施审计程序时可能出现无效单据、未使用或不适用的单据。例如，在测试与被审计单位的收据（发票）有关的控制时，注册会计师可能将随机数与总体中收据的编号对应。但是，某一随机数对应的收据可能是无效的（比如空白收据）。此时，如果注册会计师能够合理确信该收据的无效是正常的且不构成对设定控制的偏差，就要用另外的收据替代。

3）评价样本结果

在实务中，注册会计师对样本结果进行总体评价时首先计算样本偏差率即用样本中发现的偏差数量除以样本规模；再考虑抽样风险，此时注册会计师通常使用公式、表格或计算机程序直接计算在确定的信赖过度风险水平下可能发生的偏差率上限，即估计的总体偏差率与抽样风险允许限度之和。表 5-6 列示了在控制测试中常用的风险系数。

表 5-6　**控制测试中常用的风险系数表**

预期发生偏差的数量	信赖过度风险	
	5%	10%
0	3.0	2.3
1	4.8	3.9
2	6.3	5.3
3	7.8	6.7
4	9.2	8.0
5	10.5	9.3
6	11.9	10.6
7	13.2	11.8
8	14.5	13.0
9	15.7	14.2
10	17.0	15.4

（1）使用统计公式评价样本结果

假定本例中，注册会计师对 55 个项目实施了既定的审计程序，且未发现偏差，则在既定的可接受信赖过度风险下，根据样本结果计算总体最大偏差率如下：

总体偏差率上限（MDR）= $R \div n \times 100\%$ = 风险系数 ÷ 样本量 × 100% = $2.3 \div 55 \times 100\% = 4.18\%$

本例中的风险系数，根据可接受的信赖过度风险为 10%，且偏差数量为 0，在表 5-6 中查得为 2.3。

这意味着，如果样本量为 55 且无一例偏差，总体实际偏差率超过 4.18% 的风险为 10%，即有 90% 的把握保证总体实际偏差率不超过 4.18%。由于注册会计师确定的可容忍偏差率为7%，因此可以得出结论，总体的实际偏差率超过可容忍偏差率的风险很小，总体可以接受。也就是说，样本结果证实注册会计师对控制运行有效性的估计和评估的重大错报风险水平是适当的。

如果在55个样本中有两个偏差，则在既定的可接受信赖过度风险下，按照公式计算的总体偏差率上限如下：

总体偏差率上限（MDR）＝R÷n×100%＝风险系数÷样本量×100%＝5.3÷55×100%＝9.64%

这意味着，如果样本量为55且有两个偏差，总体实际偏差率超过9.64%的风险为10%。在可容忍偏差率为7%的情况下，注册会计师可以得出结论，总体的实际偏差率超过可容忍偏差率的风险很大，因而不能接受总体。也就是说，样本结果不支持注册会计师对控制运行有效性的估计和评估的重大错报风险水平。注册会计师应当扩大控制测试范围，以证实初步评估结果，或提高重大错报风险评估水平，并增加实质性程序的数量，或者对影响重大错报风险评估水平的其他控制进行测试，以支持计划的重大错报风险评估水平。

（2）使用样本结果评价表

注册会计师也可以使用样本结果评价表评价统计抽样的结果。表5-7列示了可接受的信赖过度风险为10%时的总体偏差率上限。

表5-7　**控制测试中统计抽样结果评价——信赖过度风险为10%时的偏差率上限**

样本规模	实际发现的偏差数										
	0	1	2	3	4	5	6	7	8	9	10
20	10.9	18.1	*	*	*	*	*	*	*	*	*
25	8.8	14.7	19.9	*	*	*	*	*	*	*	*
30	7.4	12.4	16.8	*	*	*	*	*	*	*	*
35	6.4	10.7	14.5	18.1	*	*	*	*	*	*	*
40	5.6	9.4	12.8	16.0	19.0	*	*	*	*	*	*
45	5.0	8.4	11.4	14.3	17.0	19.7	*	*	*	*	*
50	4.6	7.6	10.3	12.9	15.4	17.8	*	*	*	*	*
55	4.1	6.9	9.4	11.8	14.1	16.3	18.4	*	*	*	*
60	3.8	6.4	8.7	10.8	12.9	15.0	16.9	18.9	*	*	*
70	3.3	5.5	7.5	9.3	11.1	12.9	14.6	16.3	17.9	19.6	*
80	2.9	4.8	6.6	8.2	9.8	11.3	12.8	14.3	15.8	17.2	18.6
90	2.6	4.3	5.9	7.3	8.7	10.1	11.5	12.8	14.1	15.4	16.6
100	2.3	3.9	5.3	6.6	7.9	9.1	10.3	11.5	12.7	13.9	15.0
120	2.0	3.3	4.4	5.5	6.6	7.6	8.7	9.7	10.7	11.6	12.6
160	1.5	2.5	3.3	4.2	5.0	5.8	6.5	7.3	8.0	8.8	9.5
200	1.2	2.0	2.7	3.4	4.0	4.6	5.3	5.9	6.5	7.1	7.6

注：①*表示超过20%。

②本表以百分比表示偏差率上限，且假设总体足够大。

在本例中，注册会计师应当选择可接受的信赖过度风险为10%的表（即表5-7）评价样本结果。样本规模为55。当样本中未发现偏差时，应选择偏差数为0的那一列，两者交叉处的4.1%即为总体的偏差率上限，与利用公式计算的结果4.18%相近。此时，由于总体偏差率上限小于本例中的可容忍偏差率7%，总体可以接受。也就是说，样本结果证实注册会计师对控制运行有效性的估计和评估的重大错报风险水平是适当的。

当样本中发现两个偏差时，应选择偏差数为2的那一列，两者交叉处的9.4%即为总体的偏差率上限，与利用公式计算的结果9.64%相近。此时，总体偏差率上限大于可容忍偏差率，因此不能接受总体。也就是说，样本结果不支持注册会计师对控制运行有效性的估计和评估的重大错报风险水平。注册会计师应当扩大控制测试范围，以证实初步评估结果，或提高重大错报风险评估水平，并增加实质性程序的数量，或者对影响重大错报风险评估水平的其他控制进行测试，以支持计划的重大错报风险评估水平。

5.3.4　审计抽样在细节测试中的应用

在实质性细节测试中，注册会计师通常使用两种统计抽样方法，即变量抽样和PPS抽样。这两种方法都能够实现审计目标并提供充分的审计证据。我们分别介绍这两种方法。

1）变量抽样

变量抽样主要有三种具体方法：均值估计抽样、差额估计抽样和比率估计抽样。每种方法推断总体错报的方法各不相同。

（1）均值估计抽样

均值估计抽样是指通过抽样审查确定样本的平均值，再根据样本平均值推断总体的平均值和总值的一种变量抽样方法。使用这种方法时，注册会计师先计算样本中所有项目审定金额的平均值，然后用这个样本平均值乘以总体规模，得出总体金额的估计值。总体估计金额和总体账面金额之间的差额就是推断的总体错报。

（2）差额估计抽样

差额估计抽样是以样本实际金额与账面金额的平均差额来估计总体实际金额与账面金额的平均差额，然后再以这个平均差额乘以总体规模，从而求出总体的实际金额与账面金额的差额（即总体错报）的一种方法。差额估计抽样的计算公式如下：

平均错报=样本实际金额与账面金额的差额÷样本规模

推断的总体错报=平均错报×总体规模

使用这种方法时，注册会计师先计算样本项目的平均错报，然后根据这个样本平均错报推断总体错报。

（3）比率估计抽样

比率估计抽样是指以样本的实际金额与账面金额之间的比率关系来估计总体实际金额与账面金额之间的比率关系，然后再以这个比率去乘总体的账面金额，从而求出估计的总体实际金额的一种抽样方法。比率估计抽样的计算公式如下：

比率=样本审定金额÷样本账面金额

估计的总体实际金额=总体账面金额×比率

推断的总体错报=估计的总体实际金额-总体账面金额

如果未对总体进行分层，注册会计师通常不使用均值估计抽样，因为此时所需的样本规模可能太大，以至于对一般的审计而言不符合成本效益原则。比率估计抽样和差额估计抽样都要求样本项目存在错报。如果样本项目的审定金额和账面金额之间没有差异，这两种方法使用的公式所隐含的机理就会导致错误的结论。如果注册会计师决定使用统计抽样，且预计只发现少量差异，就不应使用比率估计抽样和差额估计抽样，而考虑使用其他的替代方法，如均值估计抽样。

2）PPS **抽样**

PPS 抽样是一种运用属性抽样原理对货币金额而不是对发生率得出结论的统计抽样方法，这种方法以货币单位作为抽样单元进行选样，有时也被称为金额加权抽样、货币单位抽样、累计货币金额抽样，以及综合属性变量抽样等。在该方法下，总体中的每个货币单位被选中的机会相同，所以总体中某一项目被选中的概率等于该项目的金额与总体金额的比率。项目金额越大，被选中的概率就越大。

本章小结

内部控制是被审计单位为了合理保证财务报告的可靠性、经营的效率和效果以及对法律法规的遵守情况，由治理层、管理层和其他人员设计与执行的政策及程序。

控制测试与实质性程序都是审计程序中的主要审计程序。控制测试主要针对企业内部控制执行的有效性实施测试，它通常建立在成本效益的基础之上，其前提是注册会计师通过了解内部控制以后认为某项控制存在着被信赖和利用的可能。可实施的审计程序主要包括询问、观察、检查、穿行测试、重新执行等。

实质性程序是指注册会计师针对评估的重大错报风险实施的直接用以发现认定层次重大错报的审计程序，包括对各类交易、账户余额、列报的细节测试以及实质性分析程序。细节测试是对各类交易、账户余额、列报的具体细节进行测试，目的在于直接识别财务报表认定是否存在错报，适用于对各类交易、账户余额、列报认定的测试，尤其是对存在或发生、计价认定的测试。实质性分析程序主要是通过研究数据间的关系来评价信息，用以识别各类交易、账户余额、列报及相关认定是否存在错报。

审计抽样是指注册会计师对某类交易或账户余额中低于百分之百的项目实施审计程序，使所有抽样单元都有被选取的机会，大多应用于控制测试和细节测试中。审计抽样的步骤一般分为三个阶段，即样本设计阶段、选取样本阶段、评价样本结果阶段。

课后训练

一、单项选择题

1. 注册会计师希望从 4000 张编号为 0001 至 4000 的支票中抽取 80 张进行审计，下列做法中错误的是(　　)。

A. 选样间距为 50

B. 选取的抽样起点可以为 0052 号支票

C. 如果选 20 作为抽样起点，第一个样本项目是编号为 0070 的支票

D. 如果选 30 作为抽样起点，第一个样本项目是编号为 0080 的支票

2. 下列有关样本选取的说法中，错误的是(　　)。

A. 在选取样本项目时，注册会计师应当使总体中每个抽样单元被选取的概率相等

B. 随机数选样方法在统计抽样和非统计抽样中均适用

C. 随意选样法不能在统计抽样中使用

D. 系统选样法既可以在非统计抽样中使用，也可以在总体随机分布的统计抽样中使用

3. 下列各项中，不直接影响控制测试样本规模的因素是(　　)。

A. 可容忍偏差率

B. 注册会计师在评估风险时对相关控制的依赖程度

C. 控制所影响账户的可容忍错报

D. 拟测试总体的预期偏差率

4. 下列关于“在细节测试中使用非统计抽样方法”的说法中，不正确的是(　　)。

A. 注册会计师应确信抽样总体适合于特定的审计目标

B. 识别单个重大项目（超过可容忍错报应当单独测试的项目）和极不重要的项目

C. 注册会计师利用模型确定样本规模时，应在“剔除百分之百检查的所有项目后估计总体的账面金额”方面运用职业判断

D. 在非统计抽样中，根据样本中发现的错报金额推断总体错报金额的方法主要有均值估计抽样和差额估计抽样

5. 注册会计师执行控制测试时，下列抽样方法中最有用的是(　　)。

A. 分层抽样

B. 属性抽样

C. 比率估计抽样

D. 变量抽样

6. 在控制测试中，注册会计师遇到以下与审计抽样相关的事项，其中正确的判断是(　　)。

A. 在采用询问的方式进行控制测试时，采用统计抽样比采用非统计抽样更为有效

B. 如果抽样结果有95%的可信赖程度，则抽样结果有5%的可容忍误差

C. 对控制测试的结果进行分析时，应以样本的误差率推断总体误差率，并考虑推断误差对特定审计目标及审计其他方面的影响

D. 计划评估的控制有效性越高，注册会计师确定的可容忍偏差率通常越低，所需的样本规模就越大

7. 在进行控制测试时，注册会计师如认为抽样结果无法达到预期信赖程度，则应当(　　)。

A. 增加样本量或执行替代审计程序

B. 增加样本量或执行追加审计程序

C. 增加样本量，扩大测试范围

D. 增加样本量或修改实质性程序

二、多项选择题

1. 在控制测试中使用非统计抽样方法，确定样本规模时，考虑的因素有(　　)。

A. 总体变异性　　B. 可接受的抽样风险

C. 可容忍错报　　　　　　　　　D. 预计总体偏差率

2. 在细节测试中使用非统计抽样方法，注册会计师在样本设计阶段必须完成的工作包括(　　)。

A. 确定测试目标　B. 定义总体　　　C. 定义抽样单元　　D. 界定错报

3. 在控制测试中运用审计抽样，注册会计师将测试期间定为从年初到期中为截止日，在确定是否需要针对剩余期间获取额外证据时应考虑的因素有(　　)。

A. 自期中以来控制发生的任何变化　　B. 控制改变实质性程序的程度

C. 剩余期间的长短　　　　　　　　D. 所涉及的认定的重要性

4. 在控制测试中，如果总体偏差率上限大于可容忍偏差率，则表示总体不能接受，此时注册会计师应该采取的措施有(　　)。

A. 扩大控制测试的范围

B. 提高重大错报风险评估水平，并增加实质性程序的数量

C. 发表保留意见或否定意见

D. 对影响重大错报风险评估水平的其他控制进行测试，以支持计划的重大错报风险评估水平

5. 注册会计师必须事先准确定义构成误差的条件，下列对误差的描述正确的有(　　)。

A. 在控制测试中，误差是指控制偏差

B. 在控制测试中，误差是指内部控制的缺陷

C. 在细节测试中，误差就是可容忍错报

D. 在细节测试中，误差是指错报

6. 有关审计抽样的下列表述中，注册会计师不能认同的有(　　)。

A. 审计抽样适用于所有审计程序

B. 统计抽样的产生并不意味着非统计抽样的消亡

C. 统计抽样能够客观地计量抽样风险，并通过调整样本规模精确地控制风险，因此不涉及注册会计师的专业判断

D. 对可信赖程度要求越高，需选取的样本量就应越大

7. 在对内部控制进行测试时，注册会计师利用非统计抽样的方法对抽样结果进行评价时，下列判断不正确的有(　　)。

A. 如果样本偏差率高于可容忍偏差率，则总体可以接受

B. 如果样本偏差率大大低于可容忍偏差率，则总体可以接受

C. 如果样本偏差率低于但接近可容忍偏差率，则总体可以接受

D. 如果样本偏差率低于可容忍偏差率，相差不大也不小，则总体可以接受

三、简答题

1. 控制测试中可实施的审计程序包括哪些？

2. 审计抽样的步骤一般分为几个阶段？

3. 在审计执行过程中，重要性水平是否需要调整，为什么？

技能训练

当您和您的家人到永和豆浆店吃早点时，会发现该店有一套特殊的控制方法。您先到点菜台点菜，服务小姐问您一共几位、坐哪一桌，点好菜后，她用电脑打印出一张清单，上面列出桌号、客人数、点的各种菜的数量、价格以及最后的总金额。然后，您就可以坐到座位上，等待服务员将各种菜肴送过来供您和您的家人享用。后来，您想再加几个菜。结果，您又来到点菜台。服务小姐又打印出一张类似的清单，并让您拿出原来的清单，将它们装订在一起交给您。当您和您的家人用餐完毕要离开时，您将两张清单交给收银台，收银台的服务小姐对清单进行核对复核后，加计出总金额，让您付款。

要求：

(1) 永和豆浆店设立的控制措施属于何种类型？

(2) 永和豆浆店的老板应如何评价该控制措施的效果？

(3) 永和豆浆店设立这些控制措施有哪些成本和收益？

第 6 章　销售与收款循环审计

◆ 学习任务

知识任务：了解销售与收款循环的特征；掌握销售与收款循环的主要业务活动和审计目标；掌握销售与收款循环的关键内部控制及控制测试；掌握销售与收款循环中主营业务收入、应收账款及其他相关费用账户的实质性程序。

能力任务：能够熟练地对销售与收款循环中所涉及的主要账户进行审计。

引导案例

西安达尔曼实业股份有限公司于 1993 年以定向募集方式设立，主要从事珠宝、玉器的加工和销售。1996 年 12 月，公司在上交所挂牌上市，并于 1998 年、2001 年两次配股，在股市募集资金共计 7.17 亿元。西安翠宝首饰集团公司一直是达尔曼的第一大股东，翠宝集团名为集体企业，实际上完全由许宗林一手控制。

从公司报表数据来看：1997—2003 年间，达尔曼销售收入合计为 18 亿元；净利润合计为 4.12 亿元；资产总额比上市时增长 5 倍，达到 22 亿元；净资产增长 4 倍，达到 12 亿元。在 2003 年之前，公司各项财务数据呈现均衡增长。然而，2003 年公司首次出现净利润亏损，主营业务收入由 2002 年的 3.16 亿元下降到 2.14 亿元，亏损达 1.40 亿元，每股收益为-0.49 元；同时，公司的重大违规担保事项浮出水面，涉及人民币 3.45 亿元、美元 133.50 万元；还有重大质押事项，涉及人民币 5.18 亿元。

2004 年 5 月 10 日，达尔曼被上交所实行特别处理，变更为“ST 达尔曼”，同时证监会对公司涉嫌虚假陈述行为立案调查。2004 年 9 月，公司公告显示，截至 2004 年 6 月 30 日，公司总资产锐减为 13 亿元，净资产为-3.46 亿元，仅半年时间亏损高达 14 亿元，不仅抵销了上市以来大部分业绩，而且濒临退市破产。此后，达尔曼股价一路狂跌，2004 年 12 月 30 日跌破 1 元面值。2005 年 3 月 25 日，达尔曼被终止上市。

2005 年 5 月 17 日，证监会公布了对达尔曼及相关人员的行政处罚决定书（证监罚字［2005］10 号），指控达尔曼虚构销售收入、虚增利润，通过虚签建设施工合同和设备采购合同、虚假付款、虚增工程设备价款等方式虚增在建工程，重大信息（主要涉及公司对外担保、重大资产的抵押和质押、重大诉讼等事项）未披露或未及时披露。同时，证监会还处罚了担任达尔曼审计工作的 3 名注册会计师，理由是注册会计师在对货币资金、存货项目的审计过程中，未能充分勤勉尽责，未能揭示 4.27 亿元大额定期存单质押情况和未能识别 1.06 亿元虚假钻石毛坯。

调查表明，达尔曼从上市到退市，在长达 8 年之久的时间里都是靠造假过日子的。这场造假圈钱骗局的“导演”就是公司原董事长许宗林。经查明，1996—2004 年期间，许宗林等人以支付货款、虚构工程项目和对外投资等多种手段，将十几亿元的上市公司资金腾挪转移，其中有将近 6 亿元的资金被转移至国外隐匿。监守自盗了大量公司资产后，许宗林携妻儿等移民加拿大。到 2004 年年初公司显现败落时，许宗林以出国探亲和治病的借口出国到加拿大，从此一去不回。2004 年 12 月 1 日，西安市人民检察院认定，许宗林涉嫌职务侵占罪和挪用资金罪，应依法逮捕。2005 年 2 月，证监会对许宗林开出“罚单”：给予警告和罚款 30 万元，并对其实施永久性市场禁入的处罚。

思考：注册会计师在审计过程中应如何识别虚假销售？

审计测试包括控制测试和对交易、账户余额实施的实质性程序。控制测试和对交易、账户余额实施实质性程序通常按照业务循环组织实施。所谓业务循环是指处理某类经济业务的程序和先后顺序。运用业务循环法了解、审查和评价被审计单位内部控制系统及执行情况，从而对被审计单位会计报表的合法性和公允性进行审计，即为业务循环审计。采用业务循环审计的目的在于确保审计工作质量，提高审计工作效率。因为业务循环审计不仅可按业务循环的控制测试直接联系，加深注册会计师对被审计单位经济业务的理解，而且更便于注册会计师的合理分工，将特定业务循环所涉及的财务报表项目分配给一个或若干个注册会计师，能够提高审计工作效率与效果。

在财务报表审计中可将被审计单位的所有交易划分为销售与收款循环、采购与付款循环、存货与仓储循环、筹资与投资循环等若干个业务循环。由于各被审计单位的业务性质和规模不同，其业务循环的划分也就不同。

6.1　销售与收款循环概述

6.1.1　销售与收款循环的特征

销售与收款业务循环是指企业销售商品或提供劳务而收取款项的经营活动。销售与收款循环从接受客户订购单开始，经过批准赊销、发货、装运、开具发票、确认收入、登记应收账款或应收票据等环节，最终收取货币资金而结束。该循环是企业最主要的业务循环之一，也是审计风险较大的环节。其可能存在的错误或可能发生的舞弊主要表现在以下几点：

①可能销售商品给未经授权的客户。

②赊销可能未经信用批准。

③仓库可能对未经批准的销售单发出商品。

④所装运货物与客户订货不符或未经授权。

⑤可能对虚构交易开单或重复开单。

⑥已装运的货物未开单。

⑦销售发票计价可能有误。

⑧已开具发票的销售可能未入账，或入账错误。

⑨货币资金失窃或收款记录错误。

⑩可能有虚假销货退回或折扣折让。

⑪未经授权注销坏账。

⑫提取坏账准备有误。

6.1.2 销售与收款循环的主要业务活动

销售与收款循环的主要业务活动有：

1）接受顾客订购单

顾客提出订货要求是整个销售与收款循环的起点。但顾客订购单只有在符合企业管理层的授权标准时才能被接受。如果该顾客未被列入准予销售的顾客名单中，需要由销售单管理部门的主管来决定是否同意销售。

企业取得顾客订单后，就可以据此来编制一式多联的销售单了。销售单是证明管理层有关销售交易“发生”认定的凭据之一，也是此笔销售交易轨迹的起点。

2）批准赊销信用

对于赊销业务，赊销批准是由信用管理部门根据管理层的赊销政策在每个顾客已授权的信用额度内进行的。信用管理部门的工作人员在收到销售单管理部门的销售单后执行信用检查，对新顾客进行必要的信用调查。无论批准赊销与否都要求被授权的信用管理部门的工作人员在销售单上签署意见，再送回销售单管理部门。

设计信用批准控制的目的是为了降低坏账风险，因此这些控制与应收账款账面余额的“计价和分摊”认定有关。

3）按销售单供货

仓库部门只有在收到经过批准的销售单后方能供货。该项控制是为了防止仓库在未经授权的情况下擅自发货。因此，已批准的销售单一联送交仓库作为仓库发货给装运部门的授权依据。

4）按销售单装运货物

将按批准的销售单供货与按销售单装运货物职责分离，有助于避免负责装运货物的职员在未经授权的情况下装运商品。此外，装运部门职员在装运之前，还必须进行独立验证，以确定从仓库提取的商品都附有经批准的销售单，并且所提取商品的内容与销售单一致。

装运凭证是指一式多联的、连续编号的提货单，通常由装运部门保管。装运凭证提供了商品确实已装运的证据，因此，它是证实销售交易“发生”认定的另一种形式的凭据。定期检查在编的装运凭证后是否均附有相应的销售发票，进行销售交易“完整性”的认定。

5）向顾客开具账单

开具账单包括编制和向顾客寄送事先连续编号的销售发票。主要设计以下控制：

①开具账单部门人员在开具发票前独立检查是否附有装运凭证和经批准的销售单。

②依据已授权批准的商品价目表开具发票并独立检查销售发票计价和计算的正确性。

③将装运凭证上的商品总数与销售发票上的商品总数进行比较。该控制程序有助于确保开具销售发票的正确性，其与销售交易的“发生”、“完整性”以及“准确性”认定有关。

6）记录销售

根据销售发票编制转账凭证、现金或银行存款收款凭证，再据以登记应收账款明细账、库存现金日记账或银行存款日记账。

记录销售的控制程序主要包括以下内容：

①只根据附有有效装运凭证和销售单的销售发票记录销售。

②控制所有事先连续编号的销售发票，销售发票存根一般由开具账单部门保管。

③独立检查已处理销售发票上的销售金额同会计记录金额的一致性。

④记录销售的职责应与处理销售交易的其他功能相分离。

⑤对记录过程中所涉及的有关记录的接触予以限制，以减少未经授权批准的记录发生。

⑥定期独立检查应收账款的明细账与总账一致性。

⑦定期向顾客寄送对账单，并要求顾客将任何例外情况直接向指定的未执行或记录销售交易的会计主管报告。

上述控制与“发生”、“完整性”、“准确性”以及“计价和分摊”认定有关。

7）办理和记录库存现金、银行存款收入

该项功能主要涉及有关货款收回、库存现金、银行存款增加以及应收账款减少的活动。在办理和记录库存现金、银行存款收入时最关心的是货币资金失窃的可能性，所以处理货币资金收入时最重要的是保证全部货币资金都必须如数、及时地记入库存现金、银行存款日记账或应收账款明细账，并如数、及时地将库存现金存入银行。

8）办理和记录销售退回、销售折扣与折让

当顾客对企业的商品不满意时会出现退货或是给予折扣、折让。此类事件必须经授权批准，并应确保与办理此事件有关的部门和职员各司其职，分别控制实物流和会计处理。

9）注销坏账与提取坏账准备

在有确凿证据确认应收账款无法收回时，经批准企业均将其转为坏账注销，并冲减相应的应收账款总账和明细账记录。根据稳健性原则，年末根据应收账款的余额、账龄或本期销售收入来分析确定本期应计提的坏账准备金额。恰当、正确的坏账计提方式和比例，有助于企业能够抵补以后无法收回的本期销货款。

6.1.3　销售与收款循环的主要凭证、记录

销售与收款循环通常要经过“订购单—批准赊销—发货—装运—开票—收款”这样的程序，在内部控制较为健全的企业中，在处理上述业务循环过程中通常需要使用很多凭证和会计记录。典型的销售与收款循环所涉及的主要业务活动及对应的凭证和会计记录见表 6-1。

6.1.4　销售与收款循环的内部控制

1）销售与收款循环的关键控制点

为了实现各个业务活动中的具体认定，需要确定各业务活动的关键控制，以期对其采取控制措施，实现控制目标。销售与收款循环的关键控制点见表 6-2。

表6-1 销售与收款循环中的主要业务活动及对应的凭证、会计记录

主要业务活动	对应的凭证及会计记录	相关的被审计单位管理层的认定
1. 接受顾客订购单	顾客订购单	发生
2. 批准赊销信用	销售单	计价和分摊
3. 按销售单供货	销售单、出库单	完整性
4. 按销售单装运货物	发运凭证	发生、完整性
5. 向顾客开具账单	销售发票	发生、完整性、计价和分摊
6. 记录销售	主营业务收入明细账、应收账款明细账、顾客月末对账单等	
7. 办理和记录库存现金、银行存款收入	库存现金日记账、银行存款日记账、收款凭证	
8. 办理和记录销售退回、销售折扣与折让	贷项通知单	
9. 注销坏账与提取坏账准备	坏账审批表、转账凭证	计价和分摊

表6-2 销售与收款循环的关键控制点

主要业务活动	关键控制点
1. 接受顾客订购单	顾客订购单只有在符合企业管理层的授权标准时才能被接受
2. 批准赊销信用	无论批准赊销与否都要求被授权的信用管理部门的工作人员在销售单上签署意见
3. 按销售单供货	只有在收到经过批准的销售单后方能供货
4. 按销售单装运货物	按销售单供货与装货职责分离；装运职员独立验证；装运凭证连续编号
5. 向顾客开具账单	应独立检查是否附有装运凭证和经批准的销售单；依据已授权批准的商品价目表开具发票；独立检查销售发票计价和计算的正确性；装运凭证上的商品总数应与销售发票上的商品总数进行比较；销售发票连续编号
6. 记录销售	只根据附有有效装运凭证和销售单的销售发票记录销售；独立检查已处理销售发票上的销售金额同会计记录金额的一致性；记录销售的职责应与处理销售交易的其他功能相分离；独立检查应收账款明细账与总账的一致性；定期向顾客寄送对账单
7. 办理和记录库存现金、银行存款收入	全部货币资金必须如数、及时地记入库存现金、银行存款日记账和应收账款明细账；现金如数、及时地存入银行
8. 办理和记录销售退回、销售折扣与折让	经授权批准；与相关人员职责分离
9. 注销坏账与提取坏账准备	经授权批准

2）销售与收款循环的内部控制程序

（1）职责分离控制

适当的职责分离有助于防止各种有意或无意的错误。《企业内部控制应用指引第 9 号——销售业务》中规定：单位应当将办理销售、发货、收款三项业务的部门（或岗位）分别设立；单位在销售合同订立前，应当指定专门人员就销售价格、信用政策、发货及收款方式等具体事项与客户进行谈判。谈判人员至少应有两人以上，并与订立合同的人员相分离；编制销售发票通知单的人员与开具销售发票的人员应相互分离；销售人员应当避免接触销货现款；单位应收票据的取得和贴现必须经由保管票据以外的主管人员书面批准。这些都是对单位提出的、有关销售与收款业务相关职责适当分离的基本要求，以确保办理销售与收款业务的不相容岗位相互分离、制约和监督。

（2）授权审批控制

对于授权审批问题，表现为以下 4 个关键点上的审批程序：其一，在销售发生之前，赊销已经正确审批。其二，非经正当审批，不得发出货物。该两项控制可以防止企业因向虚构的或者无力支付货款的顾客发货而蒙受损失。其三，销售价格、销售条件、运费、折扣等必须经过审批，可以保证销售交易按照企业定价政策规定的价格开票收款。其四，审批人应当根据销售与收款授权批准制度的规定，在授权范围内进行审批，不得超越审批权限。对于超过单位既定销售政策和信用政策规定范围的特殊销售交易，单位应当进行集体决策。该项控制可以防止因审批人决策失误而造成严重损失。

（3）凭证和记录

对于每个企业交易的产生、处理和记录都要求具备充分的记录手续。只有具备充分的记录手续，才有可能实现其他各项控制目标。例如，有的企业在收到顾客订购单后，就立即编制一份预先编号的一式多联的销售单，分别用于批准赊销、审批发货、记录发货数量以及向顾客开具账单等。在这种制度下，只要定期清点销售发票，漏开账单的情形几乎不会发生。相反的情况是，有的企业只在发货以后才开具账单，如果没有其他控制措施，在这种制度下漏开账单的情况就很可能会发生。

（4）对凭证预先编号

对凭证预先进行编号，旨在防止销售以后忘记向顾客开具账单或登记入账，也可防止重复开具账单或重复记账。当然，如果对凭证的编号不进行清点，预先编号就会失去其控制意义。由收款员对每笔销售开具账单后，将发运凭证按顺序归档，而由另一位职员定期检查全部凭证的编号，并调查凭证缺号的原因，就是实施这项控制的一种方法。

（5）按月寄出对账单

由不负责现金出纳和销售及应收账款记账的人员按月向顾客寄发对账单，能促使顾客在发现应付账款余额不正确后及时反馈有关信息，因而这是一项有用的控制。为了使这项控制更加有效，最好将账户余额中出现的所有核对不符的账项，指定一位不掌管货币资金也不登记主营业务收入和应收账款账户的主管人员处理。

（6）内部核查程序

《企业内部控制应用指引第 9 号——销售业务》中规定，销售与收款内部控制监督检查的内容主要包括：销售与收款业务相关岗位及人员的设置情况，重点检查是否存在销售与收款业务不相容职务混岗的现象；销售与收款业务授权批准制度的执行情况，重点检查授权批准手续是否健全、是否存在越权审批的行为；销售的管理情况，重点检查信用政策、销售政策的执行是否符合规定；收款的管理情况，重点检查单位销售收入是否及时入账、应收账款的催收是否有效、坏账核销和应收票据的管理是否符合规定；销售退回的管理情况，重点检查销售退回手续是否齐全、退回货物是否及时入库。

3）收款业务的内部控制

单位应当按照《中华人民共和国现金管理暂行条例》、《支付结算办法》和《企业内部控制应用指引第6号——资金活动》等规定及时办理销售收款业务。单位应将销售收入及时入账，不得账外设账，不得擅自坐支现金。销售人员应当避免接触销售现款。单位应当建立应收账款账龄分析制度和逾期应收账款催收制度。销售部门应当负责应收账款的催收，财会部门应当督促销售部门加紧催收。对催收无效的逾期应收账款可通过法律程序予以解决。单位应当按客户设置应收账款台账，及时登记每一个客户应收账款余额增减变动情况和信用额度使用情况。对长期往来客户应当建立起完善的客户资料，并对客户资料实行动态管理，及时更新。单位对于可能成为坏账的应收账款应当报告有关决策机构，由其进行审查，确定是否确认为坏账。单位发生的各项坏账，应查明原因，明确责任，并在履行规定的审批程序后作出会计处理。单位注销的坏账应当进行备查登记，做到账销案存。已注销的坏账又收回时应当及时入账，防止形成账外款。单位应收票据的取得和贴现必须经由保管票据以外的主管人员书面批准。应有专人保管应收票据，对于即将到期的应收票据，应及时向付款人提示付款；已贴现票据应在备查簿中登记，以便日后追踪管理；应制定逾期票据的冲销管理程序和逾期票据追踪监控制度。单位应当定期与往来客户通过函证等方式核对应收账款、应收票据、预收款项等往来款项。如有不符，应查明原因，及时处理。

6.2 销售与收款循环控制测试与实质性程序

6.2.1 销售与收款循环的审计目标

销售与收款循环的审计目标总的来说是评价与该循环有关的交易事项是否按企业会计准则和会计制度的要求作出公允的表达。销售与收款循环审计的目标见表6-3。

6.2.2 了解、评价销售与收款循环内部控制

注册会计师应对被审计单位销售与收款循环的内部控制进行了解和评价，以决定是否实施进一步审计程序。

1）了解销售与收款循环内部控制

对销售与收款循环内部控制的了解，注册会计师可通过查阅被审计单位的有关规章制度、文件资料，或向有关人员口头询问、现场调查等方式进行了解，并运用适当的方法进行描述，记录在审计工作底稿中。注册会计师了解销售与收款循环内部控制可编制内部控制调查表来执行，主要内容有：

①销售、发货、收款等部门的职责以及不相容职务是否分离。

表 6-3　　　　　　　　　　**销售与收款循环审计的目标**

一般审计目标	销售与收款循环审计的具体目标
总体合理性	确定各项销售与收款循环的相关项目从总体上无重大异常
真实性	确定已记录的销售确属本期已实现收入；确定已记录的现金收入确实是被审计期间内收到的现销和赊销的现金；确定已记录的销售调整项目是被审计期间经过授权的销售折扣、折让、退回及坏账
完整性	确定本期发生的所有与销售有关的事项均已记录入账，包括现销、赊销、销售调整事项；确定应收款项包括了在资产负债表日被审计单位客户所欠账款的全部余额
所有权	确定应收账款代表被审计单位要求客户付款的法定权利
计价	确定现销、赊销和销售调整均按正确金额入账；确定已记录的应收账款余额是资产负债表日被审计单位客户所欠金额的公允价值；确定坏账准备是对应收账款和相关账户总额与其净值之间的合理估计数
截止	确定销售收入已正确记录于相应的会计期间
准确性	确定销售收入、应收账款等账户的相关明细账、总账及报表数核对一致
表达与披露	确定应收账款在资产负债表日及资产负债表附注中已进行适当确认和分类；确定已抵押的应收账款已作适当披露；确定主营业务收入，销售折扣、折让、退回及坏账费用已在利润表上作出正确的确认与分类

②是否有客户信用限额控制制度。

③产品的单价、销售折扣、销售折让、退回是否经授权批准。

④是否所有的销售发票都开出提货单（送货单）并交给客户。

⑤发货单是否连续编号。

⑥销售收入记账凭证是否以发票、提（送）货单为依据。

⑦是否建立销售人员货款回笼考核制度。

⑧应收账款是否有核对、催收制度。

⑨财务和业务部门是否向总经理报送应收账款账龄分析报告或大额逾期账款清单。

⑩销售与收款中是否有充分的凭证和记录以及相应的管理制度。

2）评价销售与收款循环内部控制

注册会计师在完成上述了解程序后，应根据所搜集的审计证据结合自己的专业分析和判断，对被审计单位销售与收款循环的内部控制的风险性作出评价，以确定实质性测试的时间、性质和范围。注册会计师应着重从以下方面评价被审计单位销售与收款循环内部控制的风险性：

①销售与收款内部控制是否建立健全。

②销售与收款内部控制是否存在薄弱环节。

③销售与收款内部控制的可信度。

6.2.3　销售与收款循环控制测试

为了保证销售过程中各项经济业务活动能够按秩序有效进行，并防止和揭露业务处理过程中的差错和舞弊，保证各有关记录的真实可靠性，企业需要建立健全内部控制，注册会计师在对企业的销售业务进行审计时，首先应对销售业务的内部控制实施控制测试，获取销售业务内部控制是否有效运行的证据，以评价其控制风险，从而确定对销售与收款业务进行实质性测试的范围和程序。

销售与收款循环的主要控制测试程序有：

①审计已批准的顾客清单和销售单。

②询问对新顾客进行信用调查的程序；核对信用额度与销售情况；审计赊销信用是否经适当的授权批准。

③观察发运、装运货物的职责分工情况；审查装运凭证及独立核查的证据。

④检查销售单是否预先编号，并清点各种凭证是否齐全、完整。

⑤将发票核对至装运凭证和已批准的销售单；追查装运凭证至销售发票；检查和计算发票的计价。

⑥观察不负责现金出纳和主营业务收入及应收账款记账的人员按月向顾客寄发对账单并审查顾客复函档案。

⑦核对发运凭证与相关的销货发票和主营业务收入明细账及应收账款中的分录；审查银行存款余额调节表。

值得说明的是，作为进一步审计程序的类型之一，控制测试并非在任何情况下都需要实施。但当存在下列情形之一时，注册会计师应当实施控制测试：①在评估认定层次重大错报风险时，预期控制的运行是有效的；②仅实施实质性程序不足以提供认定层次充分、适当的审计证据。

【例 6-1】注册会计师高静、玛丽受会计师事务所的安排于 2014 年 10 月 25 日至 11 月 10 日对 X 公司销售与收款循环的内部控制通过调查问卷等形式进行了解、测试，在审计工作底稿中进行如下记录：

（1）销售部门收到顾客的订购单后，由经理甲对品种、规格、数量、价格、付款条件、结算方式等详细审核后签章，交仓库办理发货手续。

（2）仓库在发运商品出库时，均必须由管理员乙根据经批准的订购单填制一式四联的销售单。在各联上签章后，第一联作为发货单，由工作人员配货并随货交给顾客；第二联交会计部；第三联送交应收账款专管员丙；第四联则由乙按编号顺序连同订购单一并归档保存，作为盘存的依据。

（3）会计部收到销售单后，根据销售单中所列资料，开具统一的销售发票，将顾客联寄送顾客，将销售发票交应收账款专管员丙，作为记账和收款的凭证。

（4）应收账款专管员丙收到发票后，将发票与销售单核对，如无错误，据以登记应收账款明细账，并将发票和销售单按顾客顺序归档保存。

【解析】X 公司销售与收款循环的内部控制存在以下缺陷：第一，没有根据批准的订购单编制销售通知单；第二，销售单不应由仓库部门编制，也不能代替装运凭证；第三，货物的发货与装运职责不应由同一部门承担；第四，会计部门开具销售发票时没有核对装运凭证、销售单和商品价目表；第五，登记应收账款明细账和收款两项不相容职务不应由一人办理；第六，没有对销售与收款循环进行独立稽核。

【建议】针对上述问题应提出的改善措施如下：第一，销售部门必须根据批准的订购单编制一式多联、连续编号的销售通知单，分别用于批准赊销、审核发货与装运货物、记录发货数量及向顾客开具账单；第二，运输部门必须根据已批准的销售单编制一式多联、连续编号的提货单，装运货物；第三，仓库部门校对经批准的销售单与提货单后发货；第四，会计部门必须在核对装运凭证（提货单）、销售单和商品价目表无误的情况下，才能开具销售发票；第五，将收款业务和负责登记应收账款明细账的业务分开；第六，设置独立稽核人员专门审核销售发票的单价、加总、入账日期等。

6.2.4　销售与收款循环的实质性程序

交易实质性程序是证明具体审计目标的证据，目的在于确定交易中与该控制目标有关的金额是否有错误。交易实质性程序虽然与关键的控制及控制测试没有直接的关系，但交易实质性程序实施的范围在一定程度上取决于关键控制是否存在和控制测试的结果。销售与收款业务的主要实质性程序见表 6-4。事先需要指出两点：一是这些实质性程序并未包含销售交易全部的实质性程序；二是其中有些实质性程序可以实现多项控制目标，而非仅能实现一项控制目标。

表 6-4　　**销售交易的控制目标、关键内部控制和测试一览表**

内部控制目标	关键内部控制	常用的内部控制测试	常用的交易实质性程序
登记入账的销售交易确系已经发货给真实的顾客（发生）	销售交易是以经过审核的发运凭证及经过批准的顾客订购单为依据登记入账的； 在发货前，顾客的赊购已经被授权批准； 销售发票均经事先编号并已恰当地登记入账； 每月向顾客寄送对账单，对顾客提出的意见作专门追查	检查销售发票副联是否附有发运凭证（或提货单）及顾客订购单； 检查顾客的赊购是否经授权批准； 检查销售发票连续编号的完整性； 观察是否寄发对账单并检查顾客回函档案	复核主营业务收入总账、明细账以及应收账款明细账中的大额或异常项目； 追查主营业务收入明细账中的分录至销售单、销售发票副联及发运凭证； 将发运凭证与存货永续盘存记录中的发运分录进行核对； 将主营业务收入明细账中的分录与销售单中的赊销审批和发运审批进行核对
所有销售交易均已登记入账（完整性）	发运凭证（或提货单）均经事先编号并已经登记入账； 销售发票均经事先编号并已登记入账	检查发运凭证连续编号的完整性； 检查销售发票连续编号的完整性	将发运凭证与相关的销售发票和主营业务收入明细账及应收账款明细账中的分录进行核对
登记入账的销售数量确系已发货的数量，已正确开具账单并登记入账（计价和分摊）	销售价格、付款条件、运费和销售折扣的确定已经适当的授权批准； 由独立人员对销售发票的编制进行内部核查	检查销售发票是否经适当的授权批准； 检查有关凭证上的内部核查标记	复算销售发票上的数据； 追查主营业务收入明细账中的分录至销售发票； 追查销售发票上的详细信息至发运凭证、经批准的商品价目表和顾客订购单

续表

内部控制目标	关键内部控制	常用的内部控制测试	常用的交易实质性程序
销售交易的分类恰当（分类）	采用适当的会计科目表； 内部复核和核查	检查会计科目表是否适当； 检查有关凭证上内部复核和核查的标记	检查证明销售交易分类正确的原始证据
销售交易的记录及时（截止）	采用能在销售发生时开具收款账单和登记入账的控制方法； 内部核查	检查尚未开具销售账单的发货和尚未登记入账的销售交易； 检查有关凭证上内部核查的标记	将销售交易登记入账的日期与发运凭证的日期比较核对
销售交易已经正确地记入明细账并经正确汇总（计价和分摊）	每月定期给顾客寄送对账单； 由独立人员对明细账进行内部核查； 将明细账余额合计数与其总账余额进行比较	观察对账单是否已经寄出； 检查内部核查标记； 检查将明细账余额合计数与其总账余额	将主营业务收入明细账加总，追查其至总账的过账

6.3 销售与收款循环的主要账户审计

6.3.1 主营业务收入审计

主营业务收入项目用来核算企业销售商品、提供劳务等主营业务活动所产生的收入。企业通常会采用提前确认收入或虚构收入来高估资产，粉饰其财务状况。为此，主营业务收入是导致财务报告出现重大错报的主要根源。

1）审计目标

主营业务收入的审计目标一般包括：

①确定利润表中记录的营业收入是否已发生，且与被审计单位有关。

②确定所有应当记录的营业收入均已记录。

③确定与营业收入有关的金额及其他数据是否已恰当记录，包括对销售退回、销售折扣与折让的处理是否适当。

④确定营业收入是否已记录于正确的会计期间。

⑤确定营业收入已按照企业会计准则的规定在财务报表中作出恰当的列报。

2）主营业务收入的实质性程序

（1）获取或编制主营业务收入明细表。

①复核加计是否正确，并与总账数和明细账合计数核对是否相符。

②检查外币收入折算汇率是否正确。

③检查销售退回、销售折扣与折让业务是否真实、内容是否完整、相关手续是否符合

规定，折扣与折让的计算和会计处理是否正确。

（2）查明主营业务收入的确认原则、方法，检查有无特殊的销售行为。

①按照《企业会计准则第 14 号——收入》的要求，企业销售商品收入，应在下列条件均满足时予以确认：第一，企业已将商品所有权上的主要风险和报酬转移给购货方；第二，企业既没有保留通常与所有权相联系的继续管理权，也没有对已售出的商品实施有效控制；第三，收入的金额能够可靠地计量；第四，相关的经济利益很可能流入企业；第五，相关的已发生或将发生的成本能够可靠地计量。因此对主营业务收入的实质性程序，主要测试企业是否依据上述五个条件确认产品销售收入。

②特殊的销售行为，如附有销售退回条件的商品销售、委托代销、售后回购、以旧换新、商品需要安装和检验的销售、分期收款销售、出口销售、售后租回等。

（3）根据被审计单位的实际情况，选择以下方法对主营业务收入执行实质性分析程序。

①将本期与上期的主营业务收入进行比较，分析产品销售的结构和价格的变动是否正常，并分析异常变动的原因。

②比较本期各月各种主营业务收入的波动情况，分析其变动趋势是否正常，是否符合被审计单位季节性、周期性的经营规律，并查明异常现象和重大波动的原因。

③计算本期重要产品的毛利率，分析比较本期与上期同类产品毛利率的变化情况，注意收入与成本是否配比，并查清重大波动和异常的原因。

④计算对重要客户的销售额及产品毛利率，分析比较本期与上期有无异常变化。

⑤将上述分析结果与同行企业本期相关资料进行比对分析，检查是否存在异常。

（4）检查主营业务收入是否记录于正确的会计期间，是否存在被推延到下期或提前到本期的主营业务收入。

①以账簿记录为起点。从资产负债表日前后若干天的账簿记录追查至记账凭证，检查发票存根与发运凭证，目的是证实已入账收入是否在同一会计期间已开具发票并发货，有无多记收入。

②以销售发票为起点。从资产负债表日前后若干天的发票存根追查至发运凭证与账簿记录，确定已开具发票的货物是否已发货并于同一会计期间确认收入。具体做法是抽取若干张在资产负债表日前后开具的销售发票的存根，追查至发运凭证和账簿记录，查明有无漏记收入现象。

③以发运凭证为起点。从资产负债表日前后若干天的发运凭证追查至发票开具情况与账簿记录，确定主营业务收入是否已记录于恰当的会计期间。

（5）获取产品价格目录，抽查售价是否符合定价政策，并注意销售给关联方或关系密切的重要客户的产品价格是否合理，有无低价或高价结算以转移收入和利润的现象。

（6）抽取本期一定数量的销售发票，检查开票、记账、发货日期是否相符，品名、数量、单价、金额等是否与发运凭证、销售合同或协议、记账凭证等一致。

（7）抽取本期一定数量的记账凭证，检查入账日期、品名、数量、单价、金额等是否与销售发票、发运凭证、销售合同或协议等一致。

（8）结合对应收账款的审计，选择主要客户函证本期销售额。

3）被审计单位通常采用的收入确认舞弊手段

了解被审计单位通常采用的收入确认舞弊手段，有助于注册会计师更加有针对性地实施审计程序。被审计单位通常采用的收入确认舞弊手段有以下几种：

（1）为了达到粉饰财务报表的目的而虚增收入或提前确认收入。

①利用与未披露关联方之间的资金循环虚构交易。

②通过未披露的关联方进行显失公允的交易。例如，以明显高于其他客户的价格向未披露的关联方销售商品。

③通过出售关联方的股权，使之从形式上不再构成关联方，但仍与之进行显失公允的交易，或与未来或潜在的关联方进行显失公允的交易。

④通过虚开商品销售发票虚增收入，而将货款挂在应收账款中，并可能在以后期间计提坏账准备，或在期后冲销。

⑤为了虚构销售收入，将商品从某一地点移送至另一地点，凭出库单和运输单据为依据记录销售收入。

⑥在与商品相关的风险和报酬尚未全部转移给客户之前确认销售收入。例如，销售合同中约定被审计单位的客户在一定时间内有权无条件退货，而被审计单位隐瞒退货条款，在发货时全额确认销售收入。

⑦通过隐瞒售后回购或售后租回协议，而将以售后回购或售后租回方式发出的商品作为销售商品确认收入。

⑧采用完工百分比法确认劳务收入时，故意低估预计总成本或多计实际发生的成本，以通过高估完工百分比的方法实现当期多确认收入。

⑨在采用代理商的销售模式时，在代理商仅向购销双方提供帮助接洽、磋商等中介代理服务的情况下，按照相关购销交易的总额而非净额（扣除佣金和代理费等）确认收入。

⑩当存在多种可供选择的收入确认会计政策或会计估计方法时，随意变更所选择的会计政策或会计估计方法。

⑪选择与销售模式不匹配的收入确认会计政策。

（2）为了达到报告期内降低税负或转移利润等目的而少计收入或延后确认收入。

①被审计单位将商品发出、收到货款并满足收入确认条件后，不确认收入，而将收到的货款作为负债挂账，或转入本单位以外的其他账户。

②被审计单位采用以旧换新的方式销售商品时，以新旧商品的差价确认收入。

③在提供劳务或建造合同的结果能够可靠估计的情况下，不在资产负债表日按完工百分比法确认收入，而推迟到劳务结束或工程完工时确认收入。

【例6-2】2014年2月1日，注册会计师张强在审查Y公司2013年“主营业务收入”明细账时，注意到一笔销售业务，是将自己生产的半成品销售给A公司并确认1 000万元的主营业务收入，时间不长，又从A公司处购回该批货物，并支付货款且作为存货处理。账务处理如下（金额单位：万元）：

借：银行存款	1 170	
贷：主营业务收入		1 000
应交税费——应交增值税（销项税额）		170
借：主营业务成本	900	

贷：库存商品　　900

借：库存商品　　1 100

应交税费——应交增值税（进项税额）　　187

贷：银行存款　　1 287

注册会计师发现该业务为：销售给 A 公司的产品系 Y 公司生产的半成品，其成本为 900 万元，Y 公司已开具增值税专用发票且已经收到货款；A 公司对其购进的上述半成品进行加工后又以 1 287 万元的价格（含税，增值税税率为 17%）销售给 Y 公司，A 公司已开具增值税专用发票且已收到货款，Y 公司已作存货购进处理。

【解析】该业务应属于委托加工业务，因而不应该确认 1 000 万元的收入。如果确认收入，则会导致收入虚增。

企业正确的账务处理为：

借：委托加工物资　　1 070

贷：库存商品　　900

应交税费——应交增值税（销项税额）　　170

加工后收回：

借：库存商品　　1 000

应交税费——应交增值税（进项税额）　　187

贷：委托加工物资　　1 070

银行存款　　117

【建议】注册会计师应提请该公司会计人员作调账处理。

借：主营业收入　　1 000

贷：库存商品　　100

主营业务成本　　900

6.3.2 应收账款审计

应收账款是指企业因销售商品、提供劳务而形成的债权，即由于企业销售商品、提供劳务等原因，应向购货客户或接受劳务的客户收取的款项或代垫的运杂费，是企业在信用活动中所形成的各种债权性资产。由于应收账款在流动资产中所占比重很大，且与企业经营结果息息相关，所以往往成为审计的重点。

1）应收账款的审计目标

应收账款的审计目标一般包括：

①确定资产负债表中记录的应收账款是否存在。

②确定所有应当记录的应收账款是否均已记录。

③确定记录的应收账款是否由被审计单位拥有或控制。

④确定应收账款是否可回收，坏账准备的计提方法和比例是否恰当，计提是否充分。

⑤确定应收账款及其坏账准备期末余额是否正确。

⑥确定应收账款及其坏账准备是否已按照企业会计准则的规定在财务报表中作出恰当列报。

2）应收账款的实质性程序

（1）取得或编制应收账款明细表

①复核加计是否正确，并与总账数和明细账合计数核对是否相符；结合坏账准备科目与报表数核对相符。

②检查非记账本位币应收账款的折算汇率及折算是否正确。

③分析有贷方余额的项目。查明原因，必要时，建议作重分类调整。

④结合预收款项等往来项目的明细余额，查明有无同挂的项目或与销售无关的其他款项，如有，应作出记录，必要时提出调整建议。

⑤标识重要的欠款单位，计算其欠款合计数占应收账款余额的比例。

（2）取得或编制应收账款账龄分析表

①对于由被审计单位编制的应收账款账龄分析表，测试其计算的准确性。

②将应收账款账龄分析表中的合计数与应收账款总分类账余额相比较，并调查重大调节项目。

③检查原始凭证，如销售发票、运输记录等，测试账龄核算的准确性。

④请被审计单位协助，在应收账款明细表上标出至审计时已收回的应收账款金额，对已收回金额较大的款项进行常规检查，如核对收款凭证、银行对账单、销货发票等，并注意凭证发生日期的合理性，分析收款时间是否与合同相关要素一致。

（3）向债务人函证应收账款

函证是注册会计师获取审计证据的一项重要审计程序，其目的在于证实应收账款账户余额的真实性、正确性，防止或发现被审计单位及其有关人员在销售交易中发生的错误或舞弊行为。通过函证应收账款，可以比较有效地证明被询证者（即债务人）的存在和被审计单位记录的可靠性。

除非有充分证据表明应收账款对被审计单位财务报表而言是不重要的，或者函证很可能是无效的，否则，注册会计师应当对应收账款进行函证。如果注册会计师不对应收账款进行函证，应当在审计工作底稿中说明理由。

一般情况下，注册会计师应选择大额或账龄较长的项目、与债务人发生纠纷的项目、关联方项目、主要客户（包括关系密切的客户）项目、交易频繁但期末余额较小甚至余额为零的项目或可能产生重大错报或舞弊的非正常项目作为函证对象。

①函证方式的选择。

A. 积极的函证方式：是指要求被询证者直接向注册会计师回复，表明是否同意询证函所列示的信息，或填列所要求的信息的一种询证方式。采用积极的函证方式时，只有注册会计师收到回函，才能为财务报表认定提供审计证据。注册会计师没有收到回函，可能是由于被询证者根本不存在，或是由于被询证者没有收到询证函，也可能是由于询证者没有理会询证函，因此，无法证明所函证信息是否正确。

B. 消极的函证方式：是指要求被询证者只有在不同意询证函所列示的信息时才直接向注册会计师回复的一种询证方式。采用消极的函证方式时，如果收到回函，能够为财务报表认定提供说服力强的审计证据。未收到回函可能是因为被询证者已收到询证函且核对无误，也可能是因为被询证者根本就没有收到询证函。因此，积极的函证方式通常比消极的函证方式提供的审计证据可靠。因而在采用消极的方式函证时，注册会计师通常还需辅之以其他审计程序。

当同时存在下列情况时，注册会计师可考虑采用消极的函证方式：重大错报风险评估为低水平；涉及大量余额较小的账户；预期不存在大量的错误；没有理由相信被询证者不认真对待函证。

②函证时间的选择。

最佳时间应是与资产负债表日接近的时间，尽可能做到在审计工作结束前取得函证的全部资料。

③函证的控制。

注册会计师应当直接控制询证函的发送和回收；对于无法投递退回的信函要查明原因；对于采用肯定式函证方式而没有得到答复的，应采用追查程序，发第二、三封询证函。若得不到答复，应采用替代审计程序，例如检查与销售有关的文件，以验证这些应收账款的真实性或检查资产负债表日后已转销的应收账款。

通过编制函证结果汇总表来控制函证的实施。

④函证结果差异的分析。

收回的询证函若有差异，注册会计师要进行分析，查找原因。必要时，要求被审计单位作适当调整。产生差异的原因主要有：购销双方记录的时间不同；一方或双方记账错误；被审计单位的舞弊行为。

⑤对函证结果的总结和评价。

函证不可能发现应收账款中存在的所有问题。函证得到了债务人的确认，也并不意味着债务人一定会付款。

A. 重新考虑过去对内部控制的评估和控制测试结果是否恰当，分析性复核的结果是否适当及相关风险评价是否适当。

B. 若函证结果表明无审计差异，则可合理推论全部应收账款总体是正确的。

C. 如果存在差异，则应估算应收账款总额中可能的累计差错数额，必要时，可扩大函证范围。

【例 6-3】注册会计师高静在 2014 年 2 月 20 日审查 A 公司 2013 年度应收账款账户时发现以下信息，见表 6-5。

表 6-5　**账龄分析表**　金额单位：元

单位名称	金额	账龄	备注
B 公司	10 000 000	2.5 年	
C 公司	100 000	1 年以内	
D 公司	20 000	2 年	2011 年 D 公司因产品质量问题与 A 公司发生纠纷
E 公司	5 000		E 公司是 A 公司的子公司
G 公司	100 000	1.5 年	

于是，（1）根据“除非有充分证据表明应收账款对被审计单位财务报表而言是不重要的，或者函证很可能是无效的，否则，注册会计师应当对应收账款进行函证”，高静选择函证。

（2）根据“一般情况下，注册会计师应选择大额或账龄较长的项目、与债务人发生纠纷的项目、关联方项目、主要客户（包括关系密切的客户）项目、交易频繁但期末余额较小甚至余额为零的项目或可能产生重大错报或舞弊的非正常项目作为函证对象”，高静选择B、D、E三家公司实施积极式函证。

（3）根据“当同时存在下列情况时，注册会计师可考虑采用消极的函证方式：①重大错报风险评估为低水平；②涉及大量余额较小的账户；③预期不存在大量的错误；④没有理由相信被询证者不认真对待函证”，高静选择C、G两家公司实施消极式函证。

回函结果如下：B公司回函，证实业务的真实性；E公司以传真的方式证实金额的准确性，但传真到A公司，由A公司办公人员接收；D公司没有回函。

高静根据回函结果，对D公司再次发函，仍未收到回函。于是，高静认为应收账款中很可能没有问题。

【解析】

（1）如果被询证者以传真、电子邮件等方式回函，注册会计师应当直接接收，并要求被询证者寄回询证函原件。

（2）对于采用积极式函证方式而没有得到答复的，应采用追查程序，发第二、三封询证函。若得不到答复，应采用替代审计程序。

【建议】

（1）注册会计师应当亲自接收E公司发来的传真并要求E公司寄回询证函原件。

（2）在仍得不到D公司回函的情况下，注册会计师应考虑检查与D公司往来的销售合同、销售订购单、销售发票副本及发运凭证等相关的销售文件。

3）坏账准备的实质性程序

①取得或编制坏账准备明细表，复核加计正确，与坏账准备总账数、明细账合计数核对相符。

②将应收账款坏账准备本期计提数与资产减值损失相应明细项目的发生额核对相符。

③检查应收账款坏账准备计提和核销的批准程序，评价坏账准备所依据的资料、假设及计提方法。

④实际发生坏账损失的，检查转销依据是否符合有关规定，会计处理是否正确。

⑤检查应收账款明细账及相关原始凭证，查找有无资产负债表日后仍未收回的长期挂账应收账款，如有，应提请被审计单位作适当处理。

⑥检查函证结果，对债务人回函中反映的例外事项及存在争议的余额，应查明原因并记录。

⑦实施分析程序，通过计算坏账准备余额占应收账款余额的比例并和以前期间的相关比例比较，评价应收账款坏账准备计提的合理性。

⑧确定应收账款坏账准备的披露是否恰当，是否在财务报表附注中清晰地说明坏账的确认标准、坏账准备的计提方法和计提比例等。

6.3.3 销售费用审计

销售费用是指企业在销售商品过程中发生的费用。

1）销售费用的审计目标

销售费用的审计目标一般包括：

①确定利润表中记录的销售费用是否已发生，且与被审计单位有关。

②确定所有应当记录的销售费用是否均已记录。

③确定与销售费用有关的金额及其他数据是否已恰当记录。

④确定销售费用是否已记录于正确的会计期间。

⑤确定销售费用是否已记录于恰当的账户。

⑥确定销售费用是否已按照企业会计准则的规定在财务报表中作出恰当的列报。

2）销售费用的实质性程序

（1）获取或编制销售费用明细表。

①复核加计是否正确，并与报表数、总账数和明细账合计数核对是否相符。

②将销售费用中的工资、折旧等与相关的资产、负债科目核对，检查其勾稽关系的合理性。

（2）对销售费用实行分析程序。

①计算分析各个月份销售费用总额及主要项目金额占主营业务收入的比率，并与上一年度进行比较，判断变动的合理性。

②计算分析各个月份销售费用中主要项目发生额及其占销售费用总额的比率，并与上一年度进行比较，判断其变动的合理性。

（3）检查各明细项目是否与被审计单位销售商品和材料、提供劳务以及专设的销售机构发生的各种费用有关，是否合规、合理，计算是否正确。注意需经外汇管理部门审批的费用项目，是否经过批准。

（4）检查销售佣金支出是否符合规定，审批手续是否健全，是否取得有效的原始凭证；如超过规定，是否按规定进行了纳税调整。

（5）检查广告费、宣传费、业务招待费的支出是否合理，审批手续是否健全，是否取得有效的原始凭证；如超过规定限额，应在计算应纳税所得额时调整。

（6）检查由产品质量保证产生的预计负债，是否按确定的金额进行会计处理。

（7）选择重要或异常的销售费用，检查销售费用各项目开支标准是否符合有关规定，开支内容是否与被审计单位的产品销售或专设销售机构的经费有关，计算是否正确，原始凭证是否合法，会计处理是否正确。

（8）抽取资产负债表日前后一定数量的凭证，实施截止测试，若存在异常迹象，应考虑是否有必要追加审计程序，对于重大跨期项目的应作必要调整。

（9）如果被审计单位系商品流通企业且已将管理费用科目的核算内容并入本科目核算，应同时实施管理费用审计程序。

（10）检查销售费用是否已按照企业会计准则在财务报表中作出恰当的列报。

本章小结

销售与收款循环是企业的主要业务循环之一。销售与收款交易通常是经过“接受订购单、发货、开票、收款”这样的程序，所涉及的主要内容包括确认收入、核算应收账款等方面。

销售与收款循环的内部控制程序主要包括：职责分离控制、授权审批控制、凭证和记录、对凭证预先编号、按月寄出对账单、内部核查程序。

主营业务收入的实质性程序包括：取得或编制主营业务收入明细表；检查特殊的销售行为；根据被审计单位情况，选择适用方法执行分析程序；检查主营业务收入入账期间是否正确；抽查售价是否符合定价政策；抽查销售发票和记账凭证；函证主要客户。

应收账款的实质性程序包括：取得或编制应收账款明细表；取得或编制应收账款账龄分析表；向债务人函证应收账款。

课后训练

一、单项选择题

1. 2013 年 11 月海洋公司与和平医院签订合同，销售本公司研发的机器给和平医院，全部价款为 100 万元，合同约定 12 月 1 日开始调试，调试前支付价款的 10%，12 月 31 日又支付了价款的 10%，2014 年 1 月 1 日试运行，试用期 3 个月，期满后，如果运行良好支付剩余 80% 的款项，如不满意，则退货，海洋公司应退回全部货款。在审计结束前，公司仅收到 20 万元的款项。海洋公司对此项业务的收入没有在 2013 年的账目中反映。助理人员提出的以下处理措施正确的是(　　)。

A. 不用调整 2013 年的财务报表

B. 建议调整 2013 年的财务报表，确认收入 10 万元

C. 建议调整 2013 年的财务报表，确认收入 20 万元

D. 建议调整 2013 年的财务报表，确认收入 100 万元

2. 注册会计师通过比较前期坏账准备计提数和实际发生数，以及检查期后事项，主要是为了评价(　　)。

A. 应收账款期末余额是否正确　　B. 应收账款计提坏账准备金额是否正确

C. 应收账款的可收回性　　D. 应收账款计提坏账准备的合理性

3. 注册会计师在运用销售与收款循环中的各种凭证时应注意，商品价目表对于主营业务收入来说一般只能证明(　　)认定，而不能证明其他认定。

A. 发生　　B. 准确性　　C. 完整性　　D. 权利和义务

4. 在确认商品房销售收入时，以下条件中不是必要的是(　　)。

A. 商品房已经有关部门验收合格，商品房的钥匙已交付给了购买方

B. 与商品房相关的主要风险和报酬已经转移给了购买方

C. 已经收到了房款或对方已经取得了收取房款的权力

D. 办理完毕房屋所有权证书及土地使用权证书

5. 应收账款询证函应当由(　　)签章。

A. 注册会计师　　B. 会计师事务所　　C. 被审计单位　　D. 项目合伙人

6. 在对应收账款进行函证时，注册会计师采用的以下做法不正确的是(　　)。

A. 对个别欠款金额较大的账户采用积极式函证

B. 对多数金额较小的账户考虑采用消极式函证

C. 以被审计单位的名义发函，并要求回函直接寄至会计师事务所

D. 将回函不符的金额汇总后要求被审计单位调整

7. 注册会计师在对被审计单位销售交易进行风险评估时，怀疑发票上的金额可能出现计算错误，为此，注册会计师应该实施的控制测试不包括(　　)。

A. 检查与发票计算金额正确性相关的人员的签名

B. 重新计算发票金额，证实其是否正确

C. 询问发票生成程序更改的一般控制情况，确定是否经授权以及现有的版本是否在被正确使用

D. 检查有关程序更改的复核审批程序

二、多项选择题

1. 为有效防止漏开账单的情况发生，企业在收到顾客订货单之后，立即编制一份预先编号、一式多联的销售单，分别用于(　　)方面，则漏开账单的情形就较少发生。

A. 批准赊销　　B. 批准发货　　C. 记录发货数量　　D. 向顾客开具账单

2. 为了证实被审计单位登记入账的销货是否均经正确地计价，适当的计价测试有(　　)。

A. 复算销售发票上的数据

B. 追查主营业务收入明细账中的金额至销售发票

C. 追查销售发票上的详细资料至发运凭证、经批准的商品价目表和顾客订货单

D. 检查发运凭证连续编号的完整性

3. 为了防止因向无力支付货款的顾客发货而使企业财产蒙受损失，企业应当严格把握以下(　　)关键控制点上的审批程序。

A. 未经批准，不得赊销　　B. 未经批准，不得发货

C. 销售价格和条件须经批准　　D. 运费、折扣折让须经批准

4. 注册会计师在函证应收账款时，需要考虑选择函证的时间，下列有关函证时间的表述中正确的有(　　)。

A. 如果重大错报风险评估为低水平，注册会计师可选择资产负债表日前适当日期为截止日实施函证，并对所函证项目自该截止日起至资产负债表日止发生的变动实施实质性程序

B. 注册会计师通常以资产负债表日为截止日，在资产负债表日前适当时间内实施函证

C. 注册会计师通常以资产负债表日为截止日，在资产负债表日后适当时间内实施函证

D. 如果重大错报风险评估为低水平，注册会计师可选择资产负债表日前适当日期为截止日实施函证，对截止日后到资产负债表日止的情况不进行任何测试

5. 以下关于截止测试的说法中，正确的有(　　)。

A. 截止测试的方法一般是审查所审计业务的凭证与记账的日期

B. 截止测试是由被审计单位对财务报表的分类和可理解性认定推论得来的

C. 截止测试是由被审计单位对财务报表的计价和分摊认定推论得来的

D. 截止测试的范围是审查结账日前后若干天的业务，看是否有跨期现象

6. 下列关于销售与收款循环中涉及的主要凭证与会计记录，说法不正确的有(　　)。

A. 销售单是作为销售方外部处理客户订购单的凭证

B. 货项通知单是一种用来表示由于销售退回或经批准的折让而引起的应收销货款减少的凭证

C. 通常，应收账款账龄分析表应该按月编制，反映月末尚未收回的应收账款总额的账龄，详细反映每个客户月末尚未偿还的应收账款数额和账龄

D. 对于赊销业务的批准是由销售部门根据管理层的赊销政策在每个客户已授权的信用额度内进行的

三、简答题

1. 公信会计师事务所接受邮电公司委托，审计了邮电公司2014年度财务报表。邮电公司是上市公司，2012年度、2013年度公司经营均亏损，2014年度扭亏为盈。公信会计师事务所审计人员对邮电公司实施了风险评估程序后，初步怀疑邮电公司有虚增销售收入的可能。审计人员将营业收入虚增列入重大错报风险领域。

问题：根据上述情况，请回答高估销售收入主要的三类情形是什么，并简要设计出相应的应对程序。

2. 注册会计师拟重点实施营业收入截止测试，请填写表6-6，分别回答截止测试三条审计路线的起点是什么？每条路线的截止测试程序是什么？每条路线测试的主要目的是什么？

表6-6　**营业收入截止测试表**

截止测试路线	测试起点	实施的截止测试程序	测试的主要目的
1			
2			
3			

技能训练

1. ABC会计师事务所接受委托，审计Y公司2013年度的财务报表。A注册会计师了解和测试了与应收账款相关的内部控制，并将控制风险评估为高水平。A注册会计师取得该公司2013年12月31日的应收账款明细表，并于2014年1月15日采用积极式函证方式对所有重要客户寄发了询证函。A注册会计师将与函证结果相关的重要异常情况汇总于表6-7。

表6-7　**重要异常情况汇总表**　单位：元

异常情况	询证函编号	客户名称	询证金额	回函日期	回函内容
(1)	22	甲	300 000	2014.1.22	购买Y公司300 000元货物属实，但款项已于2013年12月25日用支票支付
(2)	56	乙	500 000	2014.1.19	因产品质量不符合要求，根据购货合同，于2013年12月28日将货物退回
(3)	64	丙	640 000	2014.1.19	2013年12月10日收到Y公司委托本公司代销的货物640 000元，尚未销售
(4)	82	丁	900 000	2014.1.18	用分期付款方式购货900 000元，根据购货合同，已于2013年12月25日首付300 000元
(5)	134	戊	600 000	因地址错误，被邮局退回	—

要求：针对上述各种异常情况，A 注册会计师应相应地实施哪些重要的审计程序？

2. 注册会计师在对环宇公司销售与收款循环的内部控制进行了解和测试时，注意到下列情况：

（1）根据批准的顾客订单，销售部编制预先连续编号的一式三联现销或赊销销售单。经销售部被授权人员批准后，所有销售单第一联直接送仓库作为按销售单供货和发货给装运部门的授权依据，第二联交开具账单部门，第三联销售部留存。

（2）仓库部门根据批准的销售单供货，装运部门将从仓库提取的商品与销售单核对无误后装运，并编制一式四联预先连续编号的发运单，其中三联及时分送开具账单部门、仓库和顾客，一联留存装运部门。

（3）开具账单部门在收到发运单并与销售单核对无误后，编制预先连续编号的销售发票，并将其连同发运单和销售单及时送交会计部门。会计部门在核对无误后由王某据以登记销售收入和应收账款明细账。

（4）由负责登记应收账款备查簿的人员在每月末定期给顾客寄送对账单，并对顾客提出的异议进行专门追查。

要求：请指出上述 4 项中的内部控制是否存在缺陷，如有，请指出并说明理由及提出改进建议。

第7章　采购与付款循环审计

◆ 学习任务

知识任务：了解采购与付款循环的特征；掌握采购与付款循环的主要业务活动和审计目标；掌握采购与付款循环的关键内部控制及控制测试；掌握采购与付款循环中应付账款、固定资产及其他账户的实质性程序。

能力任务：能够熟练地对采购与付款循环中所涉及的主要账户进行审计。

引导案例

1997年4月，H种业首发上市，募集资金29 250万元；1999年H种业配股，再次募集资金15 346万元。通过两次融资，H种业共募集资金44 596万元。拿到了巨额资金，H种业却对首发募资7个项目、配股募资3个项目置若罔闻。据查，H种业自1997年4月至2001年年底共计投入募集资金和自有资金68 800万元进行证券投资，其中38 300万元属募集资金。调查显示，1997年年底H种业用于证券投资和委托理财的金额为5 051万元，1998年年底为15 135万元，1999年年底为8 496万元，2000年年底为17 689万元，2001年年底为11 289万元。还有一笔因受大连证券案牵连才曝光的1.01亿元委托上海博采企业发展有限公司的款项。2002年9月7日，中国证监会对大连证券实施停业整顿。2003年4月3日，证监会取消大连证券的证券业务许可并责令其关闭。2003年4月24日，H种业发布公告称，2000年7月，公司委托上海博采企业发展有限公司理财1.01亿元。该项委托理财行为受大连证券案牵连，涉及的资金及有价证券与2002年9月7日被司法冻结。公司预计该项委托理财损失7 000万元。2003年年底，上述案件移交安徽省公安厅。根据安徽省公安厅经侦大队提供的资料，截至2003年年底，H种业剩余资产折合人民币为4 500万元。

1997年至2001年年底，H种业虚构各类农作物种子销售19 100万元，累计冲销虚构主营业务收入1 100万元，累计虚构主营业务成本2 200万元，实际虚构主营业务收入18 000万元，虚构主营业务利润15 800万元。其具体情况为：1997年，虚构主营业务收入3 021万元，虚构主营业务成本744万元；1998年，虚构主营业务收入5 087万元，冲销虚构主营业务收入235万元，虚构主营业务成本1 475万元；1999年，虚构主营业务收入3 095万元；2000年，虚构主营业务收入6 956万元，虚构主营业务成本782万元；2001年，虚构主营业务收入1 016万元，冲销虚构主营业务收入914万元，冲销虚构主营业务成本782万元。

1997年至2001年年底，H种业将证券投资转回的收益以及相关补贴收入冲销虚构主营业务收入及由此形成的应收款项，其实际证券投资收益金额小于各年虚构主营业务利润，此项差额形成H种业各年度的虚增利润，累计虚增利润约为4 005万元。其中，1997

年为 528 万元、1998 年为 1 438 万元、1999 年为 1 026 万元、2000 年为 71 万元、2001 年为 942 万元。不仅如此，H 种业还将历年证券投资及委托理财收益共计 10 943 万元计入主营业务利润，其中 1997 年为 1 749 万元、1998 年为 1 939 万元、1999 年为 1 198 万元、2000 年为 6 057 万元。

2002 年，H 种业还以日常管理费用、营业费用虚构杂交水稻项目在建工程 245 万元、虚构棉花油菜项目在建工程 306 万元，总计虚增在建工程 551 万元。正是因为大胆造假，H 种业得以在上市 2 年后成功配股，而且还曾试图在 2001 年再次配股。配股是上市公司向原股东发行新股、筹集资金的行为。按照惯例，公司配股时，新股的认购权按照原有股权比例在原股东之间分配，即原股东拥有优先认购权。

为了平衡账务，躲避监管部门对募集资金的专项检查，1997 年至 2001 年，H 种业通过虚构在建工程、将其他建设内容替代募集资金项目以及将日常管理费用、销售费用虚构为在建工程等方式虚构募集资金使用情况，5 年累计虚构 20 608 万元：1997 年，加工中心项目虚构在建工程 1 681 万元，杂交玉米项目虚构在建工程 3 500 万元，精奎禾灵项目虚构在建工程 1 939 万元，西瓜种子中心项目虚构在建工程 3 199 万元，销售网络项目虚构在建工程 1971 万元，共计 12 290 万元；1998 年，杂交玉米项目虚构在建工程 1 000 万元，精奎禾灵项目虚构在建工程 2 295 万元，脱水蔬菜项目虚构在建工程 2 070 万元，种子一条街项目虚构在建工程 200 万元，销售网络项目虚构在建工程 884 万元，共计 6 449 万元；1999 年，杂交水稻项目虚构在建工程 830 万元；2000 年，以其他建设内容替代农科院在建工程 347 万元；2001 年，以其他建设内容替代农科院在建工程 692 万元。

思考：H 种业存在何种问题？

7.1　采购与付款循环概述

7.1.1　采购与付款循环的特征

采购与付款循环是指企业从外部采购原材料、商品等并支付款项的经营活动。采购与付款循环从填制请购单开始，经过订货、验收、取得购货发票、确认负债、登记应付账款或应付票据账簿等，并最终以货币资金偿还债务而结束。企业因购货而形成资产或负债的核算，注册会计师在审计该循环业务时，一方面要防止企业高估资产余额，即虚增资产；另一方面还要防止企业低估债务。采购与付款循环重大错报风险较高，应作为审计重点。其特征有：

①采购与预付款循环可能是财务报表重要错报的来源。

②交易量大。

③可能发生未授权的采购和现金支出。

④已购买的资产可能被侵吞、滥用。

⑤可能出现划分资本性支出和费用性支出方面的问题。

7.1.2 采购与付款循环的主要业务活动

采购与付款循环的主要业务活动有：

1）请购商品和劳务

仓库负责对需要购买的已列入存货清单的项目填写请购单，其他部门也可以对所需要购买的未列入存货清单的项目编制请购单。大多数企业对正常经营所需的物资的购买均作一般授权。但对资本支出和租赁合同，企业会计政策则通常要求作特别授权，只允许指定人员提出请购。请购单可由手工或计算机编制。由于企业内不少部门都可以填列请购单，不便事先编号，为加强控制，每张请购单必须经过对这类支出预算负责的主管人员签字批准。

2）编制订购单

采购部门在收到请购单后，只能对经过批准的请购单发出订购单。对每张订购单，采购部门应确定最佳的供应来源。对一些大额、重要的采购项目，应采取竞价方式来确定供应商，以保证供货的质量、及时性和成本的低廉。

订购单应正确填写所需要的商品品名、数量、价格、厂商名称和地址等，预先予以编号并经过被授权的采购人员签名。其正联应送交供应商，副联则送至企业内部的验收部门、应付凭单部门和编制请购单的部门。随后，应独立检查订购单的处理，以确定是否确实收到商品并正确入账。这项检查与采购交易的“完整性”认定有关。

3）验收商品

有效的订购单代表企业已授权验收部门接受供应商发运来的商品。验收部门首先应比较所收商品与订购单上的要求是否相符，如商品的品名、说明、数量、到货时间等，然后再盘点商品并检查商品有无损坏。

验收后，验收部门应对已收货的每张订购单编制一式多联、预先编号的验收单，作为验收和检验商品的依据。验收人员将商品送交仓库或其他请购部门时，应取得经过签字的收据，或要求其在验收单的副联上签收，以确认他们对所采购的资产应负的保管责任。验收人员还应将其中的一联验收单送交应付凭单部门。

验收单是支持资产或费用以及与采购有关的负债的“存在或发生”认定的重要凭证。定期独立检查验收单的顺序以确定每笔采购交易都已编制凭单，则与采购交易的“完整性”认定有关。

4）储存已验收的商品存货

将已验收商品的保管与采购的其他职责相分离，可减少未经授权的采购和盗用商品的风险。存放商品的仓储区应相对独立，限制无关人员接近。这些控制与商品的“存在”认定有关。

5）编制付款凭单

记录采购交易之前，应付凭单部门应编制付款凭单。这项功能的控制包括：

①确定供应商发票的内容与相关的验收单、订购单的一致性。

②确定供应商发票计算的正确性。

③编制有预先编号的付款凭单，并附上支持性凭证（如订购单、验收单和供应商发票等）。这些支持性凭证的种类，因交易对象的不同而不同。

④独立检查付款凭单计算的正确性。

⑤在付款凭单上填入应借记的资产或费用账户名称。

⑥由被授权人员在凭单上签字，以示批准照此凭单要求付款。所有未付凭单的副联应保存在未付凭单档案中，以待日后付款。经适当批准和有预先编号的凭单为记录采购交易提供了依据，因此，这些控制与“存在”、“发生”、“完整性”、“权利和义务”和“计价和分摊”等认定有关。

6）确认与记录负债

正确确认已验收货物和已接受劳务的债务，要求准确、及时地记录负债。该记录对企业财务报表真实反映及企业实际现金支出有重大影响。因此，必须特别注意，按正确的数额记载企业确实已发生的购货和接受劳务事项。

应付账款确认与记录相关部门一般有责任核查购置的财产并在应付凭单登记簿或应付账款明细账中加以记录。在收到供应商发票时，应付账款部门应将发票上所记载的品名、规格、价格、数量、条件及运单与订购单上的有关资料核对，如有可能，还应与验收单上的资料进行比较。

应付账款确认与记录的一项重要控制是要求记录现金支出的人员不得经手现金、有价证券和其他资产。恰当的凭证、记录与恰当的记账手续，是必不可少的控制程序。

在手工系统下，应将已批准的未付款凭单送达会计部门，据以编制有关记账凭证和登记有关账簿。会计主管应监督为采购交易而编制的记账凭证中账户分类的适当性；通过定期核对编制记账凭证的日期与凭单副联的日期，监督入账的及时性。而独立检查会计人员则应核对所记录的凭单总数与应付凭单部门送来的每日凭单汇总表是否一致，并定期独立检查应付账款总账余额与应付凭单部门未付款凭单档案中的总金额是否一致。

7）付款

通常是由应付凭单部门负责确定未付凭单在到期日付款。企业有多种款项结算方式，以支票结算方式为例，编制和签署支票的有关控制包括：

①独立检查已签发支票的总额与所处理付款凭单的总额的一致性。

②应由被授权的财务部门的人员负责签署支票。

③被授权签署支票的人员应确定每张支票都附有一张已经适当批准的未付款凭单，并确定支票收款人姓名和金额与凭单内容一致。

④支票一经签署就应在其凭单和支持性凭证上用加盖印戳或打洞等方式将其注销，以免重复付款。

⑤支票签署人不应签发无记名甚至空白的支票。

⑥支票应预先连续编号，保证支出支票存根的完整性和作废支票处理的恰当性。

⑦应确保只有被授权的人员才能接近未经使用的空白支票。

8）记录现金、银行存款支出

仍以支票结算方式为例，在手工系统下，会计部门应根据已签发的支票编制付款凭证，并据以登记银行存款日记账及其他相关账簿。以记录银行存款支出为例，有关控制包括：

①会计主管应独立检查记入银行存款日记账和应付账款明细账的金额的一致性，以及与支票汇总记录的一致性。

②通过定期比较银行存款日记账记录的日期与支票副本的日期，独立检查入账的及

时性。

③独立编制银行存款余额调节表。

7.1.3 采购与付款循环的主要凭证、记录

采购与付款循环通常要经过“请购—订货—验收—付款”这样的程序，在内部控制比较健全的企业，处理采购与付款业务通常需要使用很多凭证和会计记录。典型的采购与付款循环所涉及的主要凭证和会计记录，见表7-1。

表7-1 **采购与付款循环中的主要业务活动及对应的凭证、会计记录**

主要业务活动	对应的凭证及会计记录	相关的被审计单位管理层的认定
1. 请购商品和劳务	请购单	发生
2. 编制订购单	订购单	完整性
3. 验收商品	验收单、卖方发票	完整性、发生
4. 储存已验收的商品存货	入库单	发生
5. 编制付款凭单	付款凭单	发生、准确性、计价和分摊、完整性
6. 确认与记录负债	应付账款明细账、卖方对账单、转账凭证	发生、完整性、准确性、计价和分摊
7. 付款	付款凭证、付款凭单	发生、完整性、准确性、计价和分摊
8. 记录现金、银行存款支出	库存现金日记账、银行存款日记账	发生、完整性、准确性、计价和分摊

7.1.4 采购与付款循环的内部控制

1) 关键控制点

为了实现各个业务活动中的具体认定，需要确定各业务活动的关键控制，以期对其采取控制措施，实现控制目标。采购与付款循环的关键控制点见表7-2。

表7-2 **采购与付款循环的关键控制点**

主要业务活动	关键控制点
1. 请购商品和劳务	由经授权的专门机构或人员填制请购单；每张请购单应经过对这类支出负预算责任的主管人员签字批准
2. 编制订购单	订购单一式多联，并预先连续编号、经授权的采购人员签名
3. 验收商品	收到货物时，应由独立于采购、仓储、运输职能的验收部门或人员点收，根据订购单验收商品，并编制一式多联的验收报告单
4. 储存已验收的商品存货	将保管与采购的其他职责相分离；只有经过授权的人员才能接近保管的资产
5. 编制付款凭单	每张凭单应与订购单、验收单和供应商发票相配合；独立检查每日的凭单汇总表和有关记账凭证上金额的一致性
6. 确认与记录负债	核查购置财产、记录核对相关原始资料并记录现金支出的人员不得经手现金、有价证券和其他资产的凭证、记录、记账手续
7. 付款	支票签署人应复核支付凭单的完整性和批准情况；支票签发后应立即盖章注销已付款凭单和支持性凭证
8. 记录现金、银行存款支出	定期独立编制银行存款余额调节表；独立检查支票的日期和记账的日期

2）内部控制程序

（1）职责分离控制

适当的职责分离有助于防止各种有意或无意的错误。《企业内部控制应用指引第 7 号——采购业务》中规定：采购与付款业务不相容岗位至少包括：请购与审批；询价与确定供应商；采购合同的订立与审计；采购与验收；采购、验收与相关会计记录；付款审批与付款执行。单位不得由同一部门或个人办理采购与付款业务的全过程，要求单位建立采购与付款业务的岗位责任制，明确相关部门和岗位的职责、权限，确保办理采购与付款业务的不相容岗位相互分离、制约和监督。

（2）内部核查程序

《企业内部控制应用指引第 7 号——采购业务》中规定：采购与付款内部控制监督检查的内容主要包括：采购与付款业务相关岗位及人员的设置情况。重点检查是否存在采购与付款业务不相容职务混岗的现象。采购与付款业务授权批准制度的执行情况。重点检查大宗采购与付款业务的授权批准手续是否健全，是否存在越权审批的行为。应付账款和预付账款的管理。重点审查应付账款和预付账款支付的正确性、时效性和合法性。有关单据、凭证和文件的使用和保管情况。重点检查凭证的登记、领用、传递、保管、注销手续是否健全，使用和保管制度是否存在漏洞。

3）付款业务的内部控制

单位应当按照《现金管理暂行条例》、《支付结算办法》和《内部控制应用指引第 6 号——资金活动》等规定办理采购付款业务；单位财会部门在办理付款业务时，应当对采购发票、结算凭证、验收证明等相关凭证的真实性、完整性、合法性及合规性进行严格审核；单位应当建立预付款和定金的授权批准制度，加强预付款和定金的管理；单位应当加强应付款和应付票据的管理，由专人按照约定的付款日期、折扣条件等管理应付账款。已到期的应付款项需经授权人员审批后方可办理结算与支付；单位应当建立退货管理制度，对退货条件、退货手续、货物出库、退货货款收回等作出明确规定，及时收回退货款。单位应当定期与供货商核对应付账款、应付票据、预付账款等往来款项。如有不符，应查明原因。

7.2　采购与付款循环控制测试与实质性程序

7.2.1　采购与付款循环的审计目标

采购与付款循环的审计目标总的来说是评价与该循环有关的交易事项是否按企业会计准则和会计制度的要求作出公允的表达。采购与付款循环审计的目标见表 7-3。

每一项内部控制目标，也就是注册会计师实施相应控制测试和交易实质性程序所要达到的审计目标。

在正常的审计实务中，如果忽视采购与付款循环的控制测试及相应的交易实质性程序，仅仅依赖于这些具体财务报表项目余额实施实质性程序，则审计工作不仅费时、费力，而且也难以保证。如果被审计单位具有健全并且运行良好的相关内部控制，注册会计

表 7-3 **采购与付款循环审计的目标**

一般审计目标	采购与付款循环审计的具体目标
总体合理性	确定各项采购与付款循环的相关项目从总体上无重大异常
真实性	确定购货与付款业务记录的真实性
完整性	确定已发生的购货与付款业务记录的完整性
权利或义务	确定应付账款确属企业的义务；所入账资产所有权确属企业所有
计价	确定采购成本均按正确的金额入账；确定已记录的应付账款余额是资产负债表日被审计单位客户所欠金额的公允价值；确定固定资产、累计折旧、无形资产等账户均按合理的金额入账
截止	确定采购成本已正确记录于相应的会计期间
准确性	确定预付款项、固定资产、无形资产、应付票据、应付账款、管理费用等账户的相关明细账、总账及报表数核对一致
表达与披露	确定付款业务分类、表达和披露的恰当性

师把审计重点放在控制测试和交易的实质性程序上，则既可以降低审计风险，又可大大减少报表项目实质性程序的工作量，提高审计效率。

7.2.2 了解采购与付款循环内部控制

注册会计师必须了解被审计单位的内部控制，确定其存在哪些关键的内部控制。一旦注册会计师确认了每一个目标的有效控制和薄弱环节，就要对每一个目标的控制风险作出初步评估，通过制订计划确定对哪些控制实施控制测试。而对与这些目标有关的、旨在发现金额错误的交易实质性程序，则应根据对控制风险的初步评估和计划实施的控制测试加以确定。当注册会计师对每一个项目目标制定了审计测试程序后，把这些审计测试程序综合起来即构成一个能够有效执行的审计方案。

对采购与付款循环内部控制制度的了解，可以通过撰写内部控制说明、调查表或编制流程图等方式进行。在了解时，必须注意以下几个方面的问题：

①采购、储存、验收、会计等部门的职责以及不相容职务是否分离。

②购货、付款是否有恰当的授权审批制度，有无越权行为。

③购货和付款中是否有充分的凭证和记录以及相应的管理制度。

④供货方对账单是否按期编制和取得，并相互核对，与有关明细账的记录是否一致。

⑤价格、数量、计算上的差异是否与供货方及时联系处理。

⑥货物的验收、入库是否严格履行手续，所登记的购货是否确已收到；发生的购货均已记录；计价是否正确。

⑦有关凭证的登记、领用、传递、保管、注销手续是否齐全。

注册会计师在执行上述程序后，应该对被审计单位采购与付款循环的内部控制的风险性作出评价，以确定实质性程序的时间、性质和范围。

7.2.3 采购与付款循环控制测试

考虑采购与付款循环控制测试的重要性，注册会计师往往对这一循环采用属性抽样审计方法。在测试该循环中的大多数属性时，注册会计师通常选择相对较低的可容忍误差。另外，由于采购与付款循环中各财务报表项目所涉及的业务交易量和金额的大小往往十分悬殊，使得注册会计师在审计时常将其中大额的和不寻常的项目筛选出来，百分之百地加以测试。

很显然，采购与付款循环的交易测试包括采购交易测试和付款交易测试两个部分。采购交易测试与本章前面讨论的 8 项主要业务活动中的前 6 项有关，即：请购商品和劳务，编制订购单，验收商品，储存已验收的商品存货，编制付款凭单，确认与记录负债。付款交易测试则关系到第 7、第 8 两项业务活动，即：付款，记录现金、银行存款支出。

控制测试与内部控制之间有着直接的联系，对每项关键控制注册会计师至少要执行一项控制测试以核实其效果。采购与付款循环的控制测试一般包括以下工作：

1）采购交易测试

采购交易测试的内容和步骤如下：

①从供应部门的业务档案中抽取订购单样本。

②审核订购单样本是否附有请购单或其他授权文件。

③审核相应的验收报告、卖方发票和货物入库单，比较三者与请购单在数量、价格、型号、规格等方面是否一致。

④检查相关的记账凭证和账务处理，复核相关费用在不同货物之间的分配，以及材料成本差异的核算。

2）应付账款测试

应付账款测试的内容和步骤如下：

①抽样检查应付账款账户的过账。从应付账款明细表中选取一定数量的样本，并按所选样本审查应付凭单登记簿和银行存款日记账的过账以及各明细账户向总分类账的过账。

②审查所选各明细账户各笔过账所附的原始凭证。既要审查这些原始凭证的正确性、合法性，又要校对有关原始凭证所载金额是否同相关明细账户一致。

③审查现金折扣。应注意审查两类事项：一是有关人员在现金折扣期限内按发票原价支付货款，然后从供货方取得退款支票和现金；二是企业丧失了本应获得的折扣。

【例 7-1】永强公司产品销售以仓库为交货地点。注册会计师高远、马征于 2014 年 10 月 25 日至 11 月 10 日对永强公司采购与付款循环的内部控制进行了解、测试，在审计工作底稿中进行如下记录：

（1）对需要购买的已经列入存货清单的项目由仓库负责填写请购单，对未列入存货清单的由相关需求部门填写请购单。每张请购单需由对该类采购支出负预算责任的主管人员签字批准。

（2）采购部收到经批准的请购单后，由其职员 A 进行询价并确定供应商，再由其职员 B 负责编制和发出预先连续编号的订购单。订购单一式四联，经被授权的采购人员签字后，分别送交供应商、负责验收的部门、提交请购单的部门和负责采购业务结算的应付凭单部门。

（3）验收部门根据订购单上的要求对所采购的材料进行验收，完成验收后，将原材料交由仓库人员存入库房，并编制预先连续编号的验收单交仓库人员签字确认。验收单一式三联，其中两联分送至应付凭单部门和仓库，一联留存验收部门。

（4）应付凭单部门核对供应商发票、验收单和订购单，并编制预先连续编号的付款凭单。在付款凭单经被授权人员批准后，应付凭单部门将付款凭单连同供应商发票及时送交会计部门，并将未付款凭单副联保存在未付款凭单档案中。会计部门收到附有供应商发票的付款凭单后应及时编制有关的记账凭证，并登记原材料和应付账款账簿。

【解析】第（1）项没有缺陷。理由：仓库负责对列入清单的货物填写请购单，同时如果没有列入存货清单的，则可以由其他部门根据需要填写。但是每张请购单要由对该类支出负预算责任的主管人员签字批准。

第（2）项有缺陷：由采购部的职员 A 进行询价并确定供应商。理由：询价与确定供应商是不相容的岗位。

第（3）项没有缺陷。理由：对于验收单应当是一式多联，而该单位根据实际情况制定三联是正确的。

第（4）项有缺陷：会计部门根据只附有供应商发票的付款凭单进行账务处理。理由：如果会计部门仅根据付款凭单和供应商发票记录存货和应付账款，而不需同时核对验收单和订购单，会计部门将无法核查材料采购的真实性，从而可能记录错误的存货数量和金额。

【建议】对第（2）项的建议：询价与确定供应商应该由不同岗位的人员来实施。

对第（4）项的建议：应付凭单部门应将经批准的付款凭单连同验收单、订购单和供应商发票送至会计部门，会计部门应在核对收到的付款凭单以及后附的验收单、订购单和供应商发票后记录存货和应付账款。

当被审计单位对存货采用永续盘存制核算时，如果注册会计师确信其永续盘存记录是准确、及时的，存货项目的实质性程序就可予以简化。被审计单位对永续盘存手续中采购环节的内部控制，一般应作为审计中对采购交易进行控制测试的对象之一，在审计中起着关键作用。如果这些控制能有效地运行，并且永续盘存记录中又能反映出存货的数量和单位成本，则还可以因此减少存货监盘和存货单位成本测试的工作量。

7.2.4 采购与付款循环的实质性程序

交易实质性程序是证明具体审计目标的证据，目的在于确定交易中与该控制目标有关的金额是否有错误。交易实质性程序虽然与关键的控制及控制测试没有直接的关系，但交易实质性程序实施的范围在一定程度上取决于关键控制是否存在和控制测试的结果。

采购与付款循环的实质性程序见表 7-4。

表 7-4 **采购交易的控制目标、关键内部控制和测试一览表**

内部控制目标	关键内部控制	常用的内部控制测试	常用的交易实质性程序
所记录的采购都已收到物品或已接受劳务，并符合购货方的最大利益（存在）	请购单、订购单、验收单和卖方发票一应俱全，并附在付款凭单后； 购货按正确的级别批准； 注销凭证以防止重复使用； 对卖方发票、验收单、订购单和请购单作内部核查	查验付款凭单后是否附有单据； 检查核准购货的标志； 检查注销凭证的标志； 检查内部核查的标志	复核采购明细账、总账及应付账款明细账，注意是否有大额或不正常的金额； 检查卖方发票、验收单、订购单和请购单的合理性和真实性； 追查存货的采购至存货永续盘存记录； 检查取得的固定资产

续表

内部控制目标	关键内部控制	常用的内部控制测试	常用的交易实质性程序
已发生的采购业务均已记录（完整性）	订购单均经事先编号并已登记入账； 验收单均经事先编号并已登记入账； 应付凭单均经事先编号并已登记入账	检查订购单连续编号的完整性； 检查验收单连续编号的完整性； 检查应付凭单连续编号的完整性	从验收单追查至采购明细账； 从卖方发票追查至采购明细账
所记录的采购业务估价正确（准确性、计价和分摊）	对计算准确性进行内部核查； 采购价格和折扣的批准	检查内部核查的标志； 检查批准采购价格和折扣的标志	将采购明细账中记录的业务同卖方发票、验收单和其他证明文件比较； 复算包括折扣和运费在内的卖方发票填写的准确性
采购业务的分类正确（分类）	采用适当的会计科目表； 分类的内部核查	审查工作手册和会计科目表； 检查有关凭证上内部核查的标志	参照卖方发票，比较会计科目表上的分类
采购业务按正确的日期记录（截止）	要求一收到商品或接受劳务就记录购货业务； 内部核查	检查工作手册并观察有无未记录的卖方发票存在； 检查内部核查的标志	将验收单和卖方发票上的日期与采购明细账中的日期进行比较
采购业务被正确记入应付账款和存货等明细账中，并被准确汇总（准确性、计价和分摊）	应付账款明细账内容的内部核查	检查内部核查的标志	通过加计采购明细账，追查过入采购总账和应付账款、存货明细账的数额是否准确，来测试过账和汇总的准确性

7.3　采购与付款循环的主要账户审计

7.3.1　应付账款审计

应付账款是一项重要的流动负债，它是随着企业赊购交易的发生而发生的。企业可能利用低估负债来修饰其财务状况，利用应付账款来转移收入等，因此，应付账款具有较高的固有风险。同时，对许多企业而言，应付账款的内部控制制度也远不如应收账款，因此，应付账款的控制风险也较高。注册会计师对于应付账款的实质性测试，应给予足够的重视。

1）审计目标

应付账款的审计目标一般包括：

①确定资产负债表中记录的应付账款是否存在。

②确定所有应当记录的应付账款是否均已记录。

③确定资产负债表中记录的应付账款是被审计单位应当履行的现实义务。

④确定应付账款期末余额是否正确，应付账款是否以恰当的金额包括在财务报表中，与之相关的计价调整已恰当记录。

⑤确定应付账款已按照企业会计准则的规定在财务报表中作出恰当的列报。

2）应付账款的实质性程序

（1）获取或编制应付账款明细表：

①复核加计是否正确，并与报表数、总账数和明细账合计数核对是否相符。

②检查非记账本位币应付账款的折算汇率及折算是否正确。

③分析出现借方余额的项目，查明原因，必要时，作重分类调整。

④结合预付账款等往来项目的明细余额，调查有无同挂的项目、异常余额或与购货无关的其他款项（如关联方账户或雇员账户），如有，应作出记录，必要时作调整。

（2）根据被审计单位实际情况，选择以下方法对应付账款执行实质性分析程序：

①将期末应付账款余额与期初余额进行比较，分析波动原因。

②分析长期挂账的应付账款，要求被审计单位作出解释，判断被审计单位是否缺乏偿债能力或利用应付账款隐瞒利润，并注意其是否可能无需支付，对确实无需支付的应付款确认其会计处理是否正确、依据是否充分；关注账龄超过 3 年的大额应付账款在资产负债表日后是否偿还，检查偿还记录、单据及披露情况。

③计算应付账款与存货的比率、应付账款与流动负债的比率，并与以前年度相关比率对比分析，评价应付账款整体的合理性。

④分析存货和营业成本等项目的增减变动判断应付账款增减变动的合理性。

（3）函证应付账款。一般情况下，并不是必须函证应付账款，这是因为函证不能保证查出未记录的应付账款，况且注册会计师能够取得采购发票等外部凭证来证实应付账款的余额。但如果控制风险较高，某应付账款明细账户金额较大或被审计单位处于财务困难阶段，则应进行应付账款的函证。

在进行函证时，注册会计师应选择余额较大的债权人，以及那些在资产负债表日余额不大，甚至为零，但为企业重要供货人的债权人，作为函证对象。函证最好采用积极函证方式，并具体说明应付金额。同应收账款的函证一样，注册会计师必须对函证的过程进行控制，要求债权人直接回函，并根据回函情况编制与分析函证结果汇总表，对未回函的，应考虑是否再次函证。

如果存在未回函的重大项目，注册会计师应采用替代审计程序。比如，可以检查决算日后应付账款明细账及库存现金和银行存款日记账，核实其是否已支付，同时检查该笔债务的相关凭证资料，如合同、发票、验收单，核实应付账款的真实性。

（4）检查应付账款是否记录于正确的会计期间，是否存在未入账的应付账款：

①检查债务形成的相关原始凭证，如供应商发票、验收报告或入库单等，查找有无未及时入账的应付账款，确定应付账款期末余额的完整性。

②检查资产负债表日后应付账款明细账贷方发生额的相应凭证，关注其购货发票的日期，确认其入账时间是否合理。

③获取被审计单位与其供应商之间的对账单（应从非财务部门，如采购部门获取），并将对账单和被审计单位财务记录之间的差异进行调节（如在途款项、在途货物、付款折扣、未记录的负债等），查找有无未入账的应付账款，确定应付账款金额的准确性。

④针对资产负债表日后付款项目，检查银行对账单及有关付款凭证（如银行划款通知、供应商收据等），询问被审计单位内部或外部的知情人员，查找有无未及时入账的应付账款。

⑤结合存货监盘程序，检查被审计单位在资产负债日前后的存货入库资料（验收报告或入库单），检查是否有大额料到单未到的情况，确认相关负债是否记录于正确的会计期间。

如果注册会计师通过这些程序发现某些未入账的应付账款，应将有关情况详细记入工作底稿，然后根据其重要性确定是否需建议被审计单位进行相应的调整。

（5）针对已偿付的应付账款，追查至银行对账单、银行付款单据和其他原始凭证，检查其是否在资产负债表日前真实偿付。

（6）针对异常或大额交易及重大调整事项（如大额的购货折扣或退回，会计处理异常的交易，未经授权的交易，或缺乏支持性凭证的交易等），检查相关原始凭证和会计记录，以分析交易的真实性、合理性。

（7）检查带有现金折扣的应付账款是否按发票上记载的全部应付金额入账，在实际获得现金折扣时再冲减财务费用。

（8）被审计单位与债权人进行债务重组的，检查不同债务重组方式下的会计处理是否正确。

（9）标明应付关联方（包括持5%以上（含5%）表决权股份的股东）的款项，执行关联方及其交易审计程序，并注明合并报表时应予抵销的金额。

（10）检查应付账款是否已按照企业会计准则的规定在财务报表中作出恰当列报。一般来说，“应付账款”项目应根据“应付账款”和“预付账款”科目所属明细科目的期末贷方余额的合计数填列。

如果被审计单位为上市公司，则通常在其财务报表附注中应说明有无欠持有5%以上（含5%）表决权股份的股东单位账款；说明账龄超过3年的大额应付账款未偿还的原因，并在期后事项中反映资产负债表日后是否偿还。

【例7-2】2014年2月1日，注册会计师马征在审查Z公司2013年应付账款明细账时发现，10月13日第34号凭证记录应付账款增加117 000元，而10月14日第36号凭证又记录偿还该笔应付账款117 000元。支付货款如此迅速，审查人员怀疑其中有问题，决定进一步对其进行审查。注册会计师首先调阅了10月13日第34号记账凭证，其会计分录如下：

借：原材料	100 000	
应交税费——应交增值税（进项税额）	17 000	
贷：应付账款——D公司		117 000

该记账凭证所附单据为供货单位发票一张。

注册会计师检查了相应的合同一份，发现合同规定付款期为1个月，如果在10天内付款，给予2%的现金折扣。

注册会计师又调阅了10月14日第36号记账凭证，其会计分录为：

借：应付账款——D公司 117 000

贷：银行存款 115 000

库存现金 2 000

该记账凭证所附原始凭证为转账支票存根和现金收据两张。一笔货款为什么采用两种结算方式？而且根据合同规定，Z公司应享受2 000元的现金折扣，但在其账务处理中却没有关于享受现金折扣的记录，反而将折扣金额用现金支付。为了进一步查清问题，注册会计师向D公司进行了函证，回函证实D公司仅收入115 000元转账支票一张。注册会计师又询问了Z公司的出纳员，了解到由会计领取现金并签发支票用于货款结算。注册会计师又调出现金收据进行仔细检查，发现现金收据纯属伪造。Z公司的坏账准备按年末余额的1%计提。

【解析】Z公司会计人员利用该公司财务制度不严和职务之便，贪污现金折扣2 000元。

【建议】注册会计师应提请该公司责成会计人员退回赃款，并作调账处理。

（1）调整财务费用和其他应收款

借：其他应收款 2 000

贷：财务费用 2 000

（2）调整坏账准备

借：资产减值损失——计提坏账准备 20

贷：其他应收款——坏账准备 20

同时，调整财务报表的其他项目。

7.3.2 固定资产审计

由于固定资产在企业资产总额中一般都占有较大的比例，固定资产的安全、完整对企业的生产经营影响极大，注册会计师应对固定资产的审计予以高度重视。

1）固定资产的审计目标

固定资产的审计目标一般包括：

①确定资产负债表中记录的固定资产是否存在。

②确定所有应记录的固定资产是否均已记录。

③确定记录的固定资产是否由被审计单位所有或控制。

④确定固定资产的计价方法是否恰当。

⑤确定固定资产的折旧政策是否恰当。

⑥确定折旧费用的分摊是否合理、一贯。

⑦确定固定资产减值准备的计提是否充分、完整，方法是否恰当。

⑧确定固定资产、累计折旧的期末余额是否正确。

⑨确定固定资产、累计折旧和固定资产减值准备是否已按照企业会计准则的规定在财务报表中作出恰当列报。

2）固定资产——账面余额的实质性程序

（1）获取或编制固定资产和累计折旧分类汇总表，检查固定资产的分类是否正确并与总账数和明细账合计数核对是否相符，结合“累计折旧”、“固定资产减值准备”科目与报表数核对是否相符。

（2）对固定资产实施实质性分析程序：

①基于对被审计单位及其环境的了解，通过进行以下比较，并考虑有关数据间关系的影响，建立有关数据的期望值：分类计算本期计提折旧额与固定资产原值的比率，并与上期比较；计算固定资产修理及维护费用占固定资产原值的比例，并进行本期各月、本期与以前各期的比较。

②确定可接受的差异额。

③将实际情况与期望值相比较，识别需要进一步调查的差异。

④如果其差额超过可接受的差异额，调查并获取充分的解释和恰当的佐证审计证据。

⑤评估分析程序的测试结果。

（3）实地检查重要固定资产，确定其是否存在，关注是否存在已报废但仍未核销的固定资产。

实施实地检查审计程序时，注册会计师可以以固定资产明细分类账为起点，进行实地追查，以证明会计记录中所列固定资产确实存在，并了解其目前的使用状况；也可以以实地为起点，追查至固定资产明细分类账，以获取实际存在的固定资产均已入账的证据。

（4）检查固定资产的所有权或控制权。对各类固定资产，注册会计师应获取、收集不同的证据以确定其是否确归被审计单位所有：对外购的机器设备等固定资产，通常经审核采购发票、采购合同等予以确定；对于房地产类固定资产，尚需查阅有关的合同、产权证明、财产税单、抵押借款的还款凭据、保险单等书面文件；对融资租入的固定资产，应验证有关融资租赁合同，证实其并非经营租赁；对汽车等运输设备，应验证有关运营证件等；对受留置权限制的固定资产，通常还应审核被审计单位的有关负债项目等予以证实。

（5）检查本期固定资产的增加。被审计单位如果不正确核算固定资产的增加，将对资产负债表和利润表产生长期的影响。因此，审计固定资产的增加，是固定资产实质性程序中的重要内容。固定资产的增加有多种途径，审计中应注意以下几点：

①询问管理层当年固定资产的增加情况，并与获取或编制的固定资产明细表进行核对。

②检查本年度增加固定资产的计价是否正确，手续是否完备，会计处理是否正确。

③检查固定资产是否存在弃置费用，如果存在弃置费用，检查弃置费用的估计方法和弃置费用现值的计算是否合理，会计处理是否正确。

（6）检查本期固定资产的减少。固定资产的减少主要包括出售、向其他单位投资转出、向债权人抵债转出、报废、毁损、盘亏等。有的被审计单位在全面清查固定资产时，常常会出现固定资产账存实亡的现象，这可能是由于固定资产管理或使用部门不了解报废固定资产与会计核算两者间的关系，擅自报废固定资产而未及时通知财务部门作相应的会计核算所致，这样势必造成财务报表反映失真。审计固定资产减少的主要目的就在于查明业已减少的固定资产是否已作适当的会计处理。其审计要点如下：

①结合“固定资产清理”科目，抽查固定资产账面转销额是否正确。

②检查出售、盘亏、转让、报废或毁损的固定资产是否经授权批准，会计处理是否正确。

③检查因修理、更新改造而停止使用的固定资产的会计处理是否正确。

④检查投资转出固定资产的会计处理是否正确。

⑤检查债务重组或非货币性资产交换转出固定资产的会计处理是否正确。

⑥检查转出的投资性房地产账面价值及会计处理是否正确。

⑦检查其他减少固定资产的会计处理是否正确。

（7）检查固定资产的后续支出，确定固定资产有关的后续支出是否满足资产确认条件；如不满足，该支出是否应在该后续支出发生时计入当期损益。

（8）检查固定资产的租赁。企业在生产经营过程中，有时可能有闲置的固定资产供其他单位租用；有时由于生产经营的需要，又需租用固定资产。租赁一般分为经营租赁和融资租赁两种。

在经营租赁中，租入固定资产的企业按合同规定的时间，交付一定的租金，享有固定资产的使用权，而固定资产的所有权仍属出租单位。因此，租入固定资产企业的固定资产价值并未因此而增加，企业对以经营租赁方式租入的固定资产，不在“固定资产”账户内核算，只是另设备查簿进行登记。而租出固定资产的企业，仍继续提取折旧，同时取得租金收入。检查经营租赁时，应查明：

①固定资产的租赁是否签订了合同、租约，手续是否完备，合同内容是否符合国家规定，是否经相关管理部门的审批。

②租入的固定资产是否确属企业必需的，或出租的固定资产是否确属企业多余、闲置不用的，双方是否认真履行合同，其中是否存在不正当交易。

③租金收取是否签有合同，有无多收、少收现象。

④租入的固定资产有无久占不用、浪费损坏的现象；租出的固定资产有无长期不收租金、无人过问，是否有变相馈送、转让等情况。

⑤租入固定资产是否已记入备查簿。

⑥必要时，向出租人函证租赁合同及其执行情况。

⑦租入固定资产改良支出的核算是否符合规定。

在融资租赁中，租入单位向租赁公司借款购买固定资产，分期归还本息，付清全部本息后，就取得了固定资产的所有权。因此，融资租赁支付的租金，包括了固定资产的价值和利息，并且这种租赁的结果通常是固定资产所有权最终归属租入单位。故租入企业在租赁期间对融资租入的固定资产应按企业自有固定资产一样管理，并计提折旧、进行维修。

如果在被审计单位的固定资产中，融资租赁固定资产占有相当大的比例，应当复核租赁协议，确定租赁是否符合融资租赁的条件，结合“长期应付款”、“未确认融资费用”等科目检查相关的会计处理是否正确（资产的入账价值、折旧、相关负债）。在审计融资租赁固定资产时，除可参照经营租赁固定资产检查要点以外，还应补充实施以下审计程序：

①复核租赁的折现率是否合理。

②检查租赁相关税费、保险费、维修费等费用的会计处理是否符合企业会计准则的规定。

③检查融资租入固定资产的折旧方法是否合理。

④检查租赁付款情况。

⑤检查租入固定资产的新旧程度。

⑥检查融资租入固定资产发生的固定资产后续支出，其会计处理是否遵循自有固定资产发生的后续支出的处理原则予以处理。

(9) 获取暂时闲置固定资产的相关证明文件，并观察其实际状况，检查是否已按规定计提折旧，相关的会计处理是否正确。

(10) 获取已提足折旧仍继续使用固定资产的相关证明文件，并作相应记录。

(11) 获取持有待售固定资产的相关证明文件，并作相应记录。检查对其预计净残值的调整是否正确、会计处理是否正确。

(12) 检查固定资产保险情况，复核保险范围是否足够。

(13) 检查有无与关联方的固定资产购售活动，是否经适当授权，交易价格是否公允。对于合并范围内的购售活动，记录应予合并抵销的金额。

(14) 对应计入固定资产成本的借款费用，应根据企业会计准则的规定，结合长短期借款、应付债券或长期应付款的审计，检查借款费用（借款利息、折溢价摊销、汇兑差额、辅助费用）资本化的计算方法和资本化金额，以及会计处理是否正确。

(15) 检查购置固定资产时是否存在与资本性支出有关的财务承诺。

(16) 检查固定资产的抵押、担保情况。结合对银行借款等的检查，了解固定资产是否存在重大的抵押、担保情况。如存在，应取证，并作相应的记录，同时提请被审计单位作恰当披露。

(17) 检查固定资产是否已按照企业会计准则的规定在财务报表中作出恰当列报。

3) 固定资产——累计折旧的实质性程序

固定资产可以长期参加生产经营而仍保持其原有实物形态，但其价值将随着固定资产的使用而逐渐转移到生产的产品中，构成经营成本或费用。在固定资产使用寿命内，按照确定的方法对应计折旧额进行的系统分摊就是固定资产的折旧。

累计折旧的实质性程序通常包括：

(1) 获取或编制累计折旧分类汇总表，复核加计是否正确，并与总账数和明细账合计数核对是否相符。

(2) 检查被审计单位制定的折旧政策和方法是否符合相关会计准则的规定。确定其所采用的折旧方法能否在固定资产预计使用寿命内合理分摊其成本。前后期是否一致，预计使用寿命和预计净残值是否合理。

(3) 复核本期折旧费用的计提和分配：

①了解被审计单位的折旧政策是否符合规定，计提折旧范围是否正确，确定的使用寿命、预计净残值和折旧方法是否合理。

②检查被审计单位折旧政策前后期是否一致。

③复核本期折旧费用的计提是否正确。

④检查折旧费用的分配是否合理，是否与上期一致；分配计入各项目的金额占本期全部折旧计提额的比例与上期比较是否有重大差异。

⑤注意固定资产增减变动时，有关折旧的会计处理是否符合规定，查明通过更新改造、接受捐赠或融资租赁而增加的固定资产折旧费用计算是否正确。

(4) 将“累计折旧”账户贷方的本期计提折旧额与相应的成本费用中的折旧费用明

细账户的借方相比较，检查本期所计提折旧金额是否已全部摊入本期产品成本或费用。若存在差异，应追查原因，并考虑是否应建议作适当调整。

（5）检查累计折旧的减少是否合理、会计处理是否正确。

（6）检查累计折旧的披露是否恰当。

4）固定资产——固定资产减值准备的实质性程序

固定资产减值准备的实质性程序一般包括：

（1）获取或编制固定资产减值准备明细表，复核加计是否正确，并与总账数和明细账合计数核对是否相符。

（2）检查被审计单位计提固定资产减值准备的依据是否充分，会计处理是否正确。

（3）检查资产组的认定是否恰当，计提固定资产减值准备的依据是否充分，会计处理是否正确。

（4）计算本期末固定资产减值准备占期末固定资产原值的比率，并与期初该比率比较，分析固定资产的质量状况。

（5）检查被审计单位处置固定资产时原计提的减值准备是否同时结转，会计处理是否正确。

（6）检查是否存在转回固定资产减值准备的情况，确定减值准备在以后会计期间没有转回。

（7）检查固定资产减值准备的披露是否恰当。

【例 7-3】注册会计师王帅在 2014 年 2 月 20 日审查 Y 公司 2013 年度固定资产时发现一张转账凭证，其会计分录为：

借：营业外支出——非常损失	600 000	
累计折旧	100 000	
固定资产减值准备	100 000	
贷：固定资产		800 000

同时，注册会计师注意到，该固定资产报废时净额占固定资产原值的比例高达 75%，其中可能有问题，决定进一步审查。于是调阅了该固定资产卡片，发现该固定资产实际使用寿命只有 1 年。经多次询问 Y 公司有关人员，得知该固定资产在购入后不久因公司转产而被闲置，公司于 2013 年 11 月 5 日将其变卖，变卖价款 50 万元归入公司“小金库”。

【解析】

（1）根据企业会计准则，固定资产报废应通过“固定资产清理”科目核算，因此该转账凭证上反映的会计处理不合规。

（2）该公司隐瞒固定资产变卖价款，将其归入公司“小金库”，违反了财经法规的规定。

【建议】注册会计师应提请 Y 公司收回固定资产变卖款，存入公司开户银行，并调整会计处理。

如固定资产变卖款已存入公司银行账户，则调整分录为：

借：货币资金——银行存款	500 000	
贷：营业外支出		500 000

同时调整财务报表的其他项目。

7.3.3　无形资产审计

无形资产是指企业拥有或者控制的、没有实物形态的、可辨认的非货币性资产，包括专利权、非专利技术、商标权、著作权、土地使用权等。

1）无形资产的审计目标

无形资产的审计目标一般包括：

①确定资产负债表中记录的无形资产是否存在。

②确定被审计单位所有应当记录的无形资产是否均已记录。

③确定资产负债表中记录的无形资产是否由被审计单位拥有或控制。

④确定无形资产是否以恰当的金额包括在财务报表中，与之相关的计价或分摊调整是否已恰当记录。

⑤确定无形资产是否已按照企业会计准则的规定在财务报表中作出恰当列报。

2）无形资产——账面余额的实质性程序

（1）获取或编制无形资产明细表，复核加计是否正确，并与总账数和明细账合计数核对是否相符，结合“累计摊销”、“无形资产减值准备”科目与报表数核对是否相符。

（2）检查无形资产的权属证书原件、非专利技术的持有和保密状况等，并获取有关协议和董事会纪要等文件、资料，检查无形资产的性质、构成内容、计价依据、使用状况和受益期限，确定无形资产是否存在，并由被审计单位拥有或控制。

（3）检查无形资产的增加：

①检查投资者投入的无形资产是否按投资各方确认的价值入账，并检查确认价值是否公允，交接手续是否齐全；涉及国有资产的，是否有评估报告并经国有资产管理部门评审备案或核准确认。

②对自行研发取得、购入或接受捐赠的无形资产，检查其原始凭证，确认计价是否正确，法律程序是否完备（如依法登记、注册及变更登记的批准文件和有效期）；会计处理是否正确。

③对债务重组或非货币性资产交换取得的无形资产，检查有关协议等资料，确认其计价和会计处理是否正确。

④检查本期购入土地使用权相关税费计算清缴情况，与购入土地使用权相关的会计处理是否正确。

（4）检查无形资产的减少：

①取得无形资产处置的相关合同、协议，检查其会计处理是否正确。

②检查房地产开发企业取得的土地用于建造对外出售的房屋建筑物，相关的土地使用权是否转入所建造房屋建筑物的成本。在土地上自行开发建造厂房等建筑物的，土地使用权和地上建筑物是否分别进行摊销和计提折旧。

③当土地使用权用于出租或增值目的时，检查其是否转为投资性房地产核算，会计处理是否正确。

（5）检查被审计单位确定无形资产使用寿命的依据，分析其合理性。

（6）检查无形资产的后续支出是否合理，会计处理是否正确。

（7）检查无形资产预计是否能为被审计单位带来经济利益，若否，检查是否将其账面价值予以转销，计入当期营业外支出。

（8）结合长、短期借款等项目的审计，了解是否存在用于债务担保的无形资产。如有，应取证并记录，并提请被审计单位作恰当披露。

（9）检查无形资产是否已按照企业会计准则的规定在财务报表中作出恰当列报。按照企业会计准则的规定，被审计单位在财务报表附注中应当披露：

①使用寿命有限的无形资产，其使用寿命的估计情况。

②使用寿命不确定的无形资产，其使用寿命不确定的判断依据。

③无形资产的摊销方法。

④用于担保的无形资产的账面价值、当期摊销额等情况。

⑤计入当期损益和确认为无形资产的研究开发支出金额。

3）无形资产——累计摊销的实质性程序

（1）获取或编制无形资产累计摊销明细表，复核加计是否正确，并与总账数和明细账合计数核对是否相符。

（2）检查无形资产各项目的摊销政策是否符合有关规定，是否与上期一致，若改变摊销政策，检查其依据是否充分。注意：使用期限不确定的无形资产不应摊销，但应当在每个会计期间对其使用寿命进行复核。

（3）检查被审计单位是否在年度终了，对使用寿命有限的无形资产的使用寿命和摊销方法进行复核，其复核结果是否合理。

（4）检查无形资产的应摊销金额是否为其成本扣除预计残值和减值准备后的余额。检查其预计残值的确定是否合理。

（5）复核本期摊销是否正确，与相关科目核对是否相符。

（6）确定累计摊销的披露是否恰当。

4）无形资产——无形资产减值准备的实质性程序

（1）获取或编制无形资产减值准备明细表，复核加计是否正确，并与总账数和明细账合计数核对是否相符。

（2）检查无形资产减值准备计提和转销的批准程序，取得书面报告等证明文件。

（3）检查被审计单位计提无形资产减值准备的依据是否充分，计算和会计处理是否正确。

（4）检查无形资产转让时，相应的减值准备是否一并结转，会计处理是否正确。

（5）通过检查期后事项，以及比较前期无形资产减值准备数与实际发生数，评价无形资产减值准备的合理性。

（6）确定无形资产减值准备的披露是否恰当。

7.3.4 管理费用审计

1）管理费用的审计目标

管理费用的审计目标一般包括：

①确定利润表中记录的管理费用是否均已发生，且与被审计单位有关。

②确定所有应当记录的管理费用是否均已记录。

③确定与管理费用有关的金额及其他数据是否已恰当记录。

④确定管理费用是否已记录于正确的会计期间。

⑤确定管理费用是否已记录于恰当的账户。

⑥确定管理费用是否已按照企业会计准则的规定在财务报表中作出恰当的列报。

2）管理费用的实质性程序

（1）取得或编制管理费用明细表，复核加计是否正确，与报表数、总账数及明细账合计数核对是否相符。

（2）检查管理费用明细项目的设置是否符合规定的核算内容与范围，结合成本费用的审计，检查是否存在费用分类错误，若有，应提请被审计单位调整。

（3）对管理费用进行分析：

①计算分析管理费用中各项目发生额及占费用总额的比率，将本期、上期管理费用各主要明细项目作比较分析，判断其变动的合理性。

②将管理费用实际金额与预算金额进行比较。

③比较本期各月份管理费用，对有重大波动和异常情况的项目应查明原因，检查费用的开支是否符合有关规定，计算是否正确，原始凭证是否合法，会计处理是否正确，必要时作适当处理。

（4）将管理费用中的职工薪酬、无形资产摊销、长期待摊费用摊销等项目与各有关账户进行核对，分析其勾稽关系的合理性，并作出相应记录。

（5）选择管理费用中的重要明细项目作重点检查，并注意：

①公司经费（包括行政管理部门职工薪酬、物料消耗、低值易耗品摊销、办公费和差旅费）是否系经营管理中发生或应由公司统一负担，检查相关费用报销内部管理办法，是否有合法原始凭证支持。

②董事会费（包括董事会成员津贴、会议费和差旅费等），检查相关董事会及股东会决议，是否在合规范围内开支费用。

③业务招待费的支出是否合理，如超过规定限额，应在计算应纳税所得额时调整。

④差旅费支出是否符合企业开支标准及报销手续。

⑤中介机构费、咨询费（含顾问费），检查是否按合同规定支付费用，有无涉及诉讼及赔偿款项支出，并关注是否存在或有损失。

⑥检查诉讼费用并结合或有事项审计，检查涉及的相关重大诉讼事项是否已在附注中进行披露，还需进一步关注诉讼状态，判断有无或有负债，或是否存在损失已发生而未入账的事项。

⑦无形资产的摊销额和筹建期间内发生的开办费核算是否符合规定，筹建期间发生的开办费（包括人员工资、办公费、培训费、差旅费、印刷费、注册登记费以及不计入固定资产成本的借款费用等）是否直接计入管理费用。

⑧支付外资机构的特许权使用费支出是否超过规定限额，必要时应建议作纳税调整。

⑨上交母公司或其他关联方的管理费用是否有合法的单据及证明文件。

⑩复核本期发生的矿产资源补偿费、房产税、城镇土地使用税、印花税等税费是否正确。

⑪对为被审计单位行政管理部门等发生的大额固定资产修理费，关注其原因。

⑫检查库存现金、存货等流动资产盘盈盘亏处理是否符合规定。

⑬针对特殊行业，检查排污费等环保费用是否合理计提。

⑭检查大额支出、不均匀支出和有疑问支出的内容和审批手续、权限是否符合有关规定。

⑮对管理费用中的支出内容，关注有无不正常开支。

（6）抽取资产负债表日前后若干天一定数量的凭证，实施截止性测试，对于重大跨期项目，应作必要调整。

（7）检查管理费用是否已按照企业会计准则的规定在财务报表中作出恰当的列报。

本章小结

采购与付款业务是企业的主要经营业务之一。采购与付款交易通常是经过“请购—订货—验收—付款”这样的程序，所涉及的主要内容包括原材料的采购、固定资产的购置等方面。

应付账款的实质性程序包括：获取或编制应付账款明细表；对应付账款实施实质性分析程序；函证应付账款；检查是否存在未入账的应付账款；截止测试；检查带有现金折扣的应付账款是否按发票上记载的全部应付金额入账，在实际获得现金折扣时再冲减财务费用；确定应付账款的披露是否恰当等。

课后训练

一、单项选择题

1. 注册会计师在应付账款审计中拟实施以下审计程序，其中不恰当的是(　　)。

A. 由于函证应付账款不能保证查出未记录的应付账款，因此决定不实施函证程序

B. 由于应付账款控制风险较高，决定仍实施应付账款的函证程序

C. 某一应付账款明细账户期末余额为零，决定仍然可能将其列为函证对象

D. 由于应付账款容易被漏记，应对其进行函证

2. 注册会计师在对甲公司2014年度财务报表进行审计时，发现该公司2013年6月20日开始自行建造的一条生产线，2014年6月1日达到预定可使用状态，2014年7月1日办理竣工决算，2014年8月1日投入使用，该生产线建造成本为740万元，预计使用年限为5年，预计净残值为20万元。在采用年数总和法计提折旧的情况下，2014年该设备应计提的折旧额为(　　)万元。

A. 240　　B. 120　　C. 100　　D. 80

3. 注册会计师为审查被审计单位未入账负债而实施的下列审计程序中，最有效的是(　　)。

A. 审查资产负债表日后货币资金的支出情况

B. 审查资产负债表日前后几天的发票

C. 审查应付账款、应付票据的函证回函

D. 审查购货发票与债权人名单

4. 注册会计师审计固定资产减少的主要目的在于(　　)。

A. 本期新增固定资产是否真实存在

B. 固定资产账务处理的完整性

C. 已经减少的固定资产是否已进行相应的会计处理

D. 闲置的固定资产是否存在出租的情况

5. 在购货业务中，采购部门在收到请购单后，只能对经过批准的请购单发出订购单。订购单一般为一式四联，其副联无需送交(　　)。

A. 编制请购单的部门　　B. 验收部门

C. 应付凭单部门　　D. 供应商

6. 以下程序中，属于测试采购交易与付款交易内部控制“计价和分摊”目标的常用控制测试的是(　　)。

A. 检查付款凭单是否附有卖方发票　　B. 检查卖方发票连续编号的完整性

C. 检查企业验收单是否有缺号　　D. 审核采购价格和折扣的标志

二、多项选择题

1. 采购与付款循环通常要经过的程序有(　　)。

A. 请购　　B. 订货　　C. 验收　　D. 付款

2. 注册会计师通过下列审计程序，可以查找被审计单位未入账的应付账款的有(　　)。

A. 审查资产负债表日收到，但尚未处理的购货发票

B. 审查应付账款函证的回函

C. 审查资产负债表日后一段时间内的支票存根

D. 审查资产负债表日已入库，但尚未收到发票的商品的有关记录

3. 注册会计师在对 H 公司采购与付款循环进行控制测试时，为了解 H 公司是否存在主要使企业管理人员和职员受益而非使公司受益的付款情况，决定将“所记录的购货都确已收到商品或接受劳务”作为一项重要的控制目标加以测试。这一测试有助于发现下列(　　)等情况。

A. 有关职员在付款凭单登记簿上虚记一笔采购而侵吞公款

B. H 公司中层或高层管理人员未经批准购买个人用品

C. 支付 H 公司管理人员在俱乐部的个人会费

D. 支付管理人员及其家属的度假费用

4. 注册会计师对被审计单位的采购业务进行年底截止测试的方法可采用(　　)。

A. 实地观察

B. 将验收单上的日期与采购明细账中的日期比较

C. 将购货发票上的日期与采购明细账中的日期比较

D. 了解年末存货盘亏调整和损失处理

5. 计算固定资产原值与本期产品产量的比率，并与以前年度相关指标进行比较，注册会计师可能发现(　　)。

A. 资本性支出和收益性支出区分的错误　　B. 闲置的固定资产

C. 增加的固定资产尚未作会计处理　　D. 减少的固定资产尚未作会计处理

三、简答题

1. 如何审计未入账的应付账款?

2. 分析程序在固定资产审计中如何应用?

技能训练

1. 注册会计师张华在审计A企业2013年度会计报表时，为防止A企业低估负债，实施了一些特殊程序以查证企业是否存在未入账的应付账款。注册会计师发现A企业12月31日购入F货物100万元，并且包括在当年12月31日的实物盘点范围内，而购货发票于2014年1月2日才收到，记入了2014年1月份的账簿内，2013年12月无进货和对应的负债记录。

要求：

（1）注册会计师审计负债类项目与审计资产类项目，其关注点有什么不同，为什么？

（2）张华所设计的特殊程序应该包括哪些？

（3）如何处理所发现的问题？

2. 2014年3月注册会计师对某公司固定资产进行审查时，发现下列问题：

（1）上年9月购入专用设备一台，买价300 000元，共发生运杂费2 000元和设备安装费2 500元，两笔费用都计入管理费用。专用设备于该年9月投入使用（该设备预计净残值为0，采用直线法折旧，年折旧率为10%）。

（2）上年度经批准出售车床一台，原价57 000元，已提折旧12 840元，净值44 360元，出售所得价款35 560元，其会计处理为：

借：银行存款	35 560	
贷：营业外收入		35 560
借：累计折旧	12 840	
营业外支出	44 360	
贷：固定资产		57 200

要求：

根据上述资料，分析该企业存在的问题，并根据审计结果编制调整分录。

第 8 章　存货与仓储循环审计

◆ 学习任务

知识任务：了解存货与仓储循环的特征；掌握存货与仓储循环的主要业务活动和审计目标；掌握存货与仓储循环的关键内部控制及控制测试；掌握存货与仓储循环中存货及主要账户的实质性程序。

能力任务：能够熟练地对存货与仓储循环中所涉及的存货和其他主要账户进行审计。

引导案例

大禹公司设立于2009年7月，从事海洋捕捞和海产品销售业务。盛达会计师事务所于2014年11月30日接受委托，承接了大禹公司2014年度会计报表审计业务。关琳注册会计师接受盛达会计师事务所指派，负责该项审计业务。相关资料如下：

资料一：大禹公司拥有12艘渔轮，其中9艘为近海渔轮，3艘为远洋渔轮。由于远洋捕捞业务的季节性和特殊性，至2014年12月31日，3艘远洋渔轮仍将在外海作业，并将于2015年6月30日全部返港。

资料二：大禹公司的一艘远洋渔轮捕捞的海产品全部委托英国一家仓储公司代为存储，由大禹公司在英国设立的经销处组织销售。该艘远洋渔轮将在2015年4月30日到英国最后一次卸货，并于6月30日空载返回至国内休息。

资料三：大禹公司将于2014年12月31日分别对不同地点的存货数量采用不同的方法予以核实；对于国内冷库库存存货，由公司组织相关人员进行盘点，填写盘点表，由财务部门核对确认；对于9艘近海渔轮，要求于2014年12月31日返港，由公司组织相关人员在卸货时采用磅称测量的方法对其存货进行盘点并另库存放，由财务部门根据盘点表核对确认；对于外海作业的3艘远洋渔轮，要求按照公司统一部署实施盘点，填写盘点表并传真回公司，经公司的生产部门审核后，由财务部门核对确认；对于存储于英国的海产品存货，要求其经销处组织盘点，并将存货盘点表传真回公司，由财务部门核对确认。

资料四：关琳注册会计师决定对国内冷库库存存货以及返港的9艘渔轮的存货实施监盘；对存储于英国的海产品存货委托英国会计师事务所实施监盘。

资料五：大禹公司向有关部门提交年度会计报表的截止时间为2015年4月30日，注册会计师无法在该截止日前对远洋渔轮的存货实施监盘程序。大禹公司希望关琳注册会计师理解公司存货存放位置的特殊性，要求通过检查公司生产计划与生产日志，存货收、发、存记录以及经财务部门核对确认的期末存货盘点表等，对远洋渔轮2014年12月31日的存货数量予以审计确认。

思考：

(1) 针对资料三，对于大禹公司使用磅称测量方法进行的存货盘点，简要说明关琳注册会计师在监盘过程中应当考虑实施哪些审计程序。

（2）针对资料五，请回答关琳注册会计师能否同意大禹公司的要求，并简要说明理由。

（3）针对资料四，假定盛达会计师事务所于2015年年初接受委托审计大禹公司2014年度会计报表，而大禹公司已于2014年12月31日对存货进行了盘点，请简要回答，为确认2014年12月31日大禹公司国内冷库库存存货以及返港的9艘近海渔轮存货的数量，关琳注册会计师应当实施哪些必要的审计程序。

8.1 存货与仓储循环概述

8.1.1 存货与仓储循环的特征

存货与仓储循环由将原材料转化为产成品的有关活动组成，该循环包括：制订生产计划，控制、保持存货水平以及与制造过程有关的交易和事项，涉及领料、生产加工、销售产成品等主要环节。

存货与仓储循环的主要特点在于业务内容广泛，从请购原材料开始，经历了材料验收入库、生产领料、制造加工、产成品入库、出库等一系列过程。因此，这一业务又与以下三个业务相关：一是与采购原材料等成本形成业务相关；二是与发生人工成本的员工服务业务相关；三是与销售产成品的收入业务相关。此外，存货与仓储循环对会计报表有着重大影响，其内部控制又是整个企业内部控制的重要方面。另外，对其审计耗用的工时较多，使用的程序复杂，对注册会计师的专业素质和相关业务知识要求较高，其审计结论直接影响到会计报表的审计意见。所以说，存货与仓储循环审计是循环审计的核心内容。

存货与仓储循环同其他业务循环的联系非常密切，该循环所涉及的资产负债表项目主要是存货、应付职工薪酬等；所涉及的利润表项目主要是营业成本等项目。其中，存货项目又包括：材料采购或在途物资、原材料、材料成本差异、库存商品、发出商品、商品进销差价、委托加工物资、委托代销商品、受托代销商品、周转材料、生产成本、制造费用、劳务成本、存货跌价准备等账户。

8.1.2 存货与仓储循环的主要业务活动

存货与仓储循环涉及的主要业务活动有：

1）计划和安排生产

生产计划部门的职责是根据顾客订购单或者对销售预测和产品需求的分析来决定生产授权。如决定授权生产，即签发预先编号的生产通知单。该部门通常应将发出的所有生产通知单编号并加以记录控制。此外，还需要编制一份材料需求报告，列示所需要的材料和零件及其库存。

2）发出原材料

仓库部门的责任是根据从生产部门收到的领料单发出原材料。领料单上必须列示所需的材料数量和种类，以及领料部门的名称。领料单可以一料一单，也可以多料一单，通常需一式三联。仓库发料后，将其中一联连同材料交给领料部门，其余两联经仓库登记材料明细账后，送会计部门进行材料收发核算和成本核算。

3）生产产品

生产部门在收到生产通知单及领取原材料后，便将生产任务分解到每一个生产工人，并将所领取的原材料交给生产工人，据以执行生产任务。生产工人在完成生产任务后，将完成的产品交生产部门查点，然后转交检验员验收并办理入库手续；或是将所完成的产品移交下一个部门，作进一步加工。

4）核算产品成本

为了正确核算并有效控制产品成本，必须建立健全成本会计制度，将生产控制和成本核算有机结合在一起。一方面，生产过程中的各种记录、生产通知单、领料单、计工单、入库单等文件资料都要汇集到会计部门，由会计部门对其进行检查和核对，了解和控制生产过程中存货的实物流转；另一方面，会计部门要设置相应的会计账户，会同有关部门对生产过程中的成本进行核算和控制。成本会计制度可以非常简单，只是在期末记录存货余额；也可以是完善的标准成本制度，它持续地记录所有材料处理、在产品和产成品，并形成对成本差异的分析报告。完善的成本会计制度应该提供原材料转为在产品、在产品转为产成品，以及按成本中心、分批生产任务通知单或生产周期所消耗的材料、人工和间接费用的分配与归集的详细资料。

5）储存产成品

产成品入库，需由仓库部门先行点验和检查，然后签收。签收后，将实际入库数量通知会计部门。据此，仓库部门确立了本身应承担的责任，并对验收部门的工作进行验证。除此之外，仓库部门还应根据产成品的品质特征分类存放，并填制标签。

6）发出产成品

产成品的发出需由独立的发运部门进行。装运产成品时必须持有经有关部门核准的发运通知单，并据此编制出库单。出库单至少一式四联，一联交仓库部门，一联由发运部门留存，一联送交顾客，一联作为给顾客开发票的依据。

8.1.3　存货与仓储循环涉及的主要凭证、记录

以制造业为例，存货与仓储循环所涉及的凭证和记录主要包括：

1）生产指令

生产指令又称“生产任务通知单”或“生产通知单”，是企业下达制造产品等生产任务的书面文件，用以通知供应部门组织材料发放，生产车间组织产品制造，会计部门组织成本计算。广义的生产指令也包括用于指导产品加工的工艺规程，如机械加工企业的“路线图”等。

2）领发料凭证

领发料凭证是企业为控制材料发出所采用的各种凭证，如材料发出汇总表、领料单、限额领料单、领料登记簿、退料单等。

3）产量和工时记录

产量和工时记录是登记工人或生产班组出勤内完成产品数量、质量和生产这些产品所耗费工时数量的原始记录。产量和工时记录的内容与格式是多种多样的，在不同的生产企

业中，甚至在同一企业的不同生产车间中，由于生产类型不同而采用不同格式的产量和工时记录。常见的产量和工时记录主要有工作通知单、工序进程单、工作班产量报告、产量通知单、产量明细表、废品通知单等。

4）工薪汇总表及工薪费用分配表

工薪汇总表是为了反映企业全部工薪的结算情况，并据以进行工薪结算总分类核算和汇总整个企业工薪费用而编制的，它是企业进行工薪费用分配的依据。工薪费用分配表反映了各生产车间各产品应负担的生产工人工薪及福利费。

5）材料费用分配表

材料费用分配表是用来汇总反映各生产车间各产品所耗费的材料费用的原始记录。

6）制造费用分配汇总表

制造费用分配汇总表是用来汇总反映各生产车间各产品所应负担的制造费用的原始记录。

7）成本计算单

成本计算单是用来归集某一成本计算对象所应承担的生产费用，计算该成本计算对象的总成本和单位成本的记录。

8）存货明细账

存货明细账是用来反映各种存货增减变动情况和期末库存数量及相关成本信息的会计记录。

8.2 存货与仓储循环的控制测试

8.2.1 存货与仓储循环的内部控制

存货与仓储循环所涉及的项目主要是存货、成本费用，所以生产循环内部控制也主要是以这两个方面为中心而建立。

1）存货的内部控制

（1）岗位分工控制。

①建立存货业务的岗位责任制，明确相关部门和岗位的职责权限，确保办理存货业务的不相容岗位相互分离、制约和监督。

②存货业务的不相容岗位：存货的采购、验收与付款；存货的保管与清查；存货的销售与收款；存货处置的申请与审批、审批与执行；存货业务的审批、执行与相关会计记录。

③不得由同一部门或个人办理存货业务的全过程。

（2）授权批准控制。

①明确审批人对存货业务授权批准的方式、程序和相关控制措施，规定审批人的权限、责任，审批人不得越权审批。

②明确经办人员的职责范围和工作要求。对于审批人超越授权范围审批的存货业务，经办人有权拒绝办理，并及时向审批人的上级授权部门报告。

③严禁未经授权的机构和人员办理存货业务。

④制定存货业务流程，明确存货的取得、验收与入库，仓储与保管，领用、发出与处置等环节的控制要求，设置相应的记录或凭证。

（3）取得、验收与入库控制。

①外购存货，应符合《企业内部控制应用指引第 7 号——采购业务》的有关规定。

②接受投资者投入的存货，其实有价值和质量状况应当经过评估和检验。

③严格存货验收制度，重点对取得存货的品种、规格、数量、质量和其他相关内容进行验收。

④按照国家规定的会计规范进行存货的会计核算。

⑤设置存货明细账。加强对代管、代销、暂存、受托加工存货的管理。

（4）仓储与保管控制。

①根据销售计划、生产计划、采购计划、资金筹措计划等制订仓储计划，合理确定库存存货机构和数量。

②加强对存货的日常管理，严格限制未经授权的人员接触存货。

③建立存货的分类管理制度，对贵重物品、生产用关键备件、精密仪器、危险品等重要存货，应采取额外控制措施。

④建立健全存货清查盘点制度，定期或不定期地对各类存货进行实地清查和盘点。

（5）领用、发出和处置控制。

①建立健全领用材料等存货的审批手续等制度。

②销售存货，应符合《企业内部控制应用指引第 9 号——销售业务》的有关规定。

③对外投资、对外捐赠的存货，应当签订相应的协议或合同，履行审批手续。

④建立存货处置环节控制制度，明确存货处置的范围、标准、程序、审批权限和责任。

⑤建立健全存货取得、验收、入库、保管、领用、发出及处置等各环节凭证、资料的保管制度。

（6）监督检查。

①定期检查存货业务相关岗位及人员的设置情况。

②定期检查存货业务授权批准制度的执行情况。

③定期检查存货发出、保管制度的执行情况。

④定期检查存货处置制度的执行情况。

⑤定期检查存货会计核算制度的执行情况。

2）成本费用的内部控制

成本费用内部控制包括对成本费用业务进行计划、控制，对内部控制进行考核和对成本费用业务进行反映和监督的内部控制。其具体内容包括：

（1）实行定额和预算管理。成本预算编制应由生产部门、销售部门、采购部门和仓储部门共同参与，应针对费用成本制定和执行合理的计划定额和预算，并根据客观情况的变化及时修订；对形成的预算要层层分解，力求个人和小组均有相应控制指标。定期分析实际与预算差异，及时调整预算。成本预算的调整也应由财务部门、销售部门批准。

（2）明确费用开支范围和开支标准，严格费用审批制度。

（3）建立完备的人事与工薪管理制度，有关工薪计算、发放工作要进行必要的职责分工。

（4）建立严格的存货领发、盘存，固定资产折旧以及无形资产摊销制度。

（5）建立和执行费用成本的归口分级责任控制制度，将费用成本指标落实到各部门、各车间、各岗位和各人员，并建立费用指标的考核与评价制度。

（6）建立成本会计控制制度。成本会计控制制度包括两个方面的内容：一是把生产过程中发生的各种记录、生产通知单、领料单、计工单、入库单等凭单资料汇集到会计部门，由会计部门对其进行审核，了解和控制生产过程的实物运动；二是设置生产过程的总分类账和明细分类账，选择适当的成本计算方法，确定成本计算对象和成本项目，根据审核无误的记录、单据等汇集分配生产费用，计算产品成本和单位成本。

8.2.2 存货与仓储循环的内部控制测试

1）存货内部控制的控制测试程序

（1）从采购部门的业务档案中抽取订购单样本，检查订购单样本是否附有经批准的请购单或其他授权文件。

（2）检查验收单连续编号的完整性，并将相应的货物验收单、购货发票、入库单与请购单进行比较，检查其在品种规格、数量、质量等方面是否一致。

（3）实地观察存货保管情况，检查储存保管的合理性、安全性，并与有关储存规章制度相对比，检查其实际遵守情况。

（4）抽查一定的存货明细账，并与相应的存货验收入库单、领料单核对，检查存货的领用是否有授权批准手续，是否严格按照授权批准手续发货，检查存货发出有无不按规定的情况。存货明细账是否根据原始凭证逐日逐笔登记收、发数额，是否按照永续盘存制记录。

（5）抽查存货明细账的计价方法是否前后期一致。

（6）检查存货总账与所属的明细账之间是否定期核对相符。

2）成本费用内部控制的控制测试程序

（1）向企业有关人员询问其成本费用内部控制的执行情况。询问和观察人事、考勤、工薪发放、记录等职务是否相互分离，各项职责的执行情况。检查有关成本核算的记账凭证是否附有领发料凭证、产量工时记录、人工费用分配表、材料费用分配表、制造费用分配表等原始凭证，有无未附原始单证的记账凭证。

（2）选取样本测试各费用项目的归集和分配以及成本核算是否按规定执行，料、工、费是否采用恰当方法进行记录，生产成本是否在完工产品和在产品之间恰当分配，核算方法是否前后一致，完工产品发出后是否及时结转成本，核算方法是否前后一致，完工产品发出后是否及时结转成本，核算方法是否前后期一致。审核有关费用的核准、审批手续，检查是否按费用开支标准和范围发生，是否合理真实。检查是否所有已发生的料、工、费的耗费均已及时准确计入生产成本中，有无未入账的原始凭证。

（3）抽查企业成本会计制度。构成产品成本的主要内容是直接材料、直接人工和制造费用。注册会计师对企业成本会计制度的控制测试一般包括：

①抽取适当的成本计算单样本，审核直接材料的数量和成本；对于直接材料的数量应该核对领料单，直接材料的成本应追查永续盘存记录。

②抽取适当的成本计算单样本，审核直接工时、小时工资率和直接人工费用；对于直接工时数应核对计工单、工时统计表或生产考勤，对于小时工资率或工资标准应核对有关文件、资料。检查员工人事档案、工时卡是否由经授权的有关人员进行管理；员工人事档案、工时卡是否及时准确记录有关工资、薪金或佣金、代扣款项等内容。检查记录的工薪是否为实际发生而非虚构的。检查当期实际已发生的工薪支出是否全部计入成本；工资分配表、工资汇总表是否完整反映实际已发生的工薪支出。

③对于制造费用可审查制造费用明细账，审查计入制造费用的项目是否真实、适当，特别是检查大额制造费用的原始凭证，并注意有无将销售费用、管理费用和财务费用这些期间费用计入制造费用，并根据企业选定的制造费用分配方法，计算制造费用分配率和计入所查成本计算对象中的制造费用是否正确。

④在抽查成本会计制度时，还应特别注意：企业在被审查期间内有无改变成本计算方法或费用分配标准；审查费用的归属期间是否正确；审查企业是否正确划清了各种费用界限，即应计入产品成本和不应计入产品成本的生产费用界限、各个会计期间的费用界限、各种产品应负担的费用界限、完工产品成本和在产品成本的界限。

8.2.3　存货与仓储循环交易的实质性程序

在存货与仓储循环中，存货交易的实质性程序通常占有重要位置。这是因为，存货是资产负债表中的主要项目，通常也是流动资产中余额最大的项目。而且存货流动性强、周转快，受市场因素和生产计划的影响很大，在各年度之间往往不平衡，对各年度末的资产和各年度的损益有很大的影响。在会计核算上，存货对应的会计账项很多，存货项目的真实性与正确性，直接影响到其他会计账项。而存货交易的实质性程序的重点又是存货监盘和存货计价测试与截止测试。在以下几节的内容中，我们将作详细介绍。

8.3　存货审计

8.3.1　存货审计概述

《企业会计准则第 1 号——存货》规定，存货是指企业在日常活动中持有以备出售的产成品或商品、处在生产过程中的在产品、在生产过程或提供劳务过程中耗用的材料和物料等。

在通常情况下，存货对企业经营特点的反映能力强于其他资产项目。存货不仅对于生产制造业、批发业和零售行业十分重要，对于服务行业也具有重要性。通常，存货的重大错报对于流动资产、营运资本、总资产、销售成本、毛利以及净利润都会产生直接的影响。存货的重大错报对于其他某些项目，例如利润分配和所得税，也具有间接影响。审计中许多复杂和重大的问题都与存货有关。存货、产品生产和销售成本构成了会计、审计乃至企业管理中最为普遍、重要和复杂的问题。

存货审计，尤其是对年末存货余额的测试，通常是审计中最复杂也最费时的部分。对存货存在性和存货价值的评估常常十分困难。导致存货审计复杂的主要原因包括：

①存货通常是资产负债表中的一个主要项目，而且通常是构成营运资本的最大项目。

②存货存放于不同的地点，这使得对它的实物控制和盘点都很困难。企业必须将存货存放于便于产品生产和销售的地方，但是这种分散也带来了审计的困难。

③存货项目的多样性也给审计带来了困难。例如，化学制品、宝石、电子元件以及其他的高科技产品。

④存货本身的陈旧以及存货成本的分配也使得存货的估价存在困难。

⑤允许采用的存货计价方法的多样性也给审计带来了困难。

正是由于存货对于企业的重要性、存货问题的复杂性以及存货与其他项目密切的关联度，要求注册会计师对存货项目的审计应当予以特别的关注。相应地，要求实施存货项目审计的注册会计师具备较高的专业素质和相关业务知识，分配较多的审计工时，运用多种有针对性的审计程序。

8.3.2 存货的审计目标

存货审计的目标主要有：

①确定报告日存货是否存在。

②确定报告日存货是否归被审计单位所有。

③确定存货和存货跌价准备增减变动业务的记录是否完整。

④确定存货计价方法的恰当性。

⑤确定存货的品质状况，存货跌价损失是否真实、完整，存货跌价准备的计提方法是否合理。

⑥确定存货和存货跌价准备的期末余额是否正确。

⑦确定存货和存货跌价准备的列报是否恰当。

8.3.3 存货的实质性程序

一般企业的存货实质性程序，见表8-1。

表8-1　**存货实质性程序与相关会计认定关系表**

实质性测试程序	相关会计认定
1. 验证存货明细表和永续记录的正确性及其与存货总账余额的一致性	计价和分摊
2. 执行分析性复核	存在或发生、完整性、计价和分摊
3. 观察客户存货盘点	存在或发生、完整性、计价和分摊
4. 函证存放在公共仓库的存货	存在或发生、完整性、权利和义务
5. 核实进货记录至支持性证据	存在或发生、权利和义务、计价和分摊
6. 执行进货和销售截止测试	存在或发生、完整性、计价和分摊
7. 询问管理当局有关存货的所有权情况	权利和义务、表达与披露
8. 复核有关存货质量的资料	计价和分摊
9. 测试存货计价	计价和分摊
10. 将报表表达与会计准则相比较	表达与披露

8.3.4 存货监盘

1）存货监盘的含义

《中国注册会计师审计准则 1311 号——对存货、诉讼和索赔、分部信息等特定项目获取审计证据的具体考虑》规定，存货监盘是指注册会计师现场观察被审计单位存货的盘点，并对已盘点的存货进行适当检查。可见，存货监盘有两层含义：一是注册会计师应亲临现场观察被审计单位存货的盘点；二是在此基础上，注册会计师应根据需要抽查已盘点的存货。

尽管实施存货监盘，获取有关期末存货数量和状况的充分、适当的审计证据是注册会计师的责任，但这并不能取代被审计单位管理层定期盘点存货、合理确定存货的数量和状况的责任。

存货监盘针对的是主要是存货的存在认定、完整性认定以及权利和义务认定，注册会计师监盘存货的目的在于获取有关存货数量和状况的审计证据，以确证被审计单位记录的所有存货确实存在，已经反映了被审计单位拥有的全部存货，并属于被审计单位的合法财产。存货监盘作为存货审计的一项核心审计程序，通常可同时实现上述多项审计目标。

2）存货监盘计划

（1）制订存货监盘计划的基本要求。

注册会计师应当根据被审计单位存货的特点、盘存制度和存货内部控制的有效性等情况，在评价被审计单位存货盘点计划的基础上，编制存货监盘计划，对存货监盘作出合理安排。

（2）制订存货监盘计划应实施的工作。

在编制存货监盘计划时，注册会计师应当实施下列审计程序：①了解存货的内容、性质、各存货项目的重要程度及存放场所；②了解与存货相关的内部控制；③评估与存货相关的重大错报风险和重要性；④查阅以前年度的存货监盘工作底稿；⑤考虑实地察看存货的存放场所，特别是金额较大或性质特殊的存货；⑥考虑是否需要利用专家的工作或其他注册会计师的工作；⑦复核或与管理层讨论其存货盘点计划。

（3）存货监盘计划的主要内容。

存货监盘计划应当包括下列主要内容：

①存货监盘的目标、范围及时间安排。存货监盘的目标是获取被审计单位资产负债表日有关存货数量和状况的审计证据，检查存货的数量是否真实完整，是否归属于被审计单位，存货有无毁损、陈旧、过时、残次和短缺等状况。

存货监盘范围的大小取决于存货的内容、性质以及与存货相关的内部控制的完善程度和重大错报风险的评估结果。对存放于外单位的存货，应当考虑实施适当的替代程序，以获取充分、适当的审计证据。

存货监盘的时间，包括实地察看盘点现场的时间、观察存货盘点的时间和对已盘点存货实施检查的时间等，应当与被审计单位实施存货盘点的时间相协调。

②存货监盘的要点及关注事项。存货监盘的要点主要包括注册会计师实施存货监盘程序的方法、步骤，各个环节应注意的问题以及所要解决的问题。注册会计师需要重点关注的事项包括盘点期间的存货移动、存货的状况、存货的截止确认、存货的各个存放地点及

金额等。

③参加存货监盘人员的分工。注册会计师应当根据被审计单位参加存货盘点人员分工、分组情况、存货监盘工作量的大小和人员素质情况，确定参加存货监盘的人员组成、各组成人员的职责和具体的分工情况，并加强督导。

④检查存货的范围。注册会计师应当根据对被审计单位存货盘点和对被审计单位内部控制的评价结果确定检查存货的范围。注册会计师在实施观察程序后，如果认为被审计单位内部控制设计良好且得到有效实施、存货盘点组织良好，可以相应缩小实施检查程序的范围。

3）存货监盘程序

（1）观察程序。在被审计单位盘点存货前，注册会计师应当观察盘点现场，确定应纳入盘点范围的存货是否已经适当整理和排列，并附有盘点标识，防止遗漏或重复盘点。对未纳入盘点范围的存货，注册会计师应当查明未纳入的原因。

对所有权不属于被审计单位的存货，注册会计师应当取得其规格、数量等有关资料，确定是否已分别存放、标明，且未被纳入盘点范围。在存货监盘过程中，注册会计师应当根据取得的所有权不属于被审计单位的存货的有关资料，观察这些存货的实际存放情况，确保其未被纳入盘点范围。即使在被审计单位声明不存在受托代存存货的情形下，注册会计师在存货监盘时也应当关注是否存在某些存货不属于被审计单位的迹象，以避免盘点范围不当。

注册会计师在实施存货监盘过程中，应当跟随被审计单位安排的存货盘点人员，注意观察被审计单位事先制订的存货盘点计划是否得到了贯彻执行，盘点人员是否准确无误地记录了被盘点存货的数量和状况。

（2）检查程序。注册会计师应当对已盘点的存货进行适当检查，将检查结果与被审计单位盘点记录相核对，并形成相应记录。检查的目的既可以是为了确定被审计单位的盘点计划得到适当的执行（控制测试），也可以是为了证实被审计单位的存货实物总额（实质性程序）。如果观察程序能够表明被审计单位的组织管理得当，盘点、监督以及复核程序充分有效，注册会计师可据此减少所需检查的存货项目。

检查的范围通常包括每个盘点小组盘点的存货以及难以盘点或隐蔽性较强的存货。需要说明的是，注册会计师应尽可能避免让被审计单位事先了解将抽取检查的存货项目。

在检查已盘点的存货时，注册会计师应当从存货盘点记录中选取项目追查至存货实物，以测试盘点记录的准确性；注册会计师还应当从存货实物中选取项目追查至存货盘点记录，以测试存货盘点记录的完整性。

注册会计师在实施检查程序时发现差异，很可能表明被审计单位的存货盘点在准确性或完整性方面存在错误。由于检查的内容通常仅仅是已盘点存货中的一部分，所以在检查中发现的错误很可能意味着被审计单位的存货盘点还存在着其他错误。一方面，注册会计师应当查明原因，并及时提请被审计单位更正；另一方面，注册会计师应当考虑错误的潜在范围和重大程度，在可能的情况下，扩大检查范围以减少错误的发生。注册会计师还可要求被审计单位重新盘点。重新盘点的范围可限于某一特殊领域的存货或特定盘点小组。

（3）需要特别关注的情况。需要特别关注的情况主要有：

①存货移动情况。注册会计师应当特别关注存货的移动情况，防止遗漏或重复盘点。

②存货的状况。注册会计师应当特别关注存货的状况，观察被审计单位是否已经恰当区分所有毁损、陈旧、过时及残次的存货。存货的状况是被审计单位管理层对存货计价认定的一部分，除了对存货的状况予以特别关注以外，注册会计师还应当把所有毁损、陈旧、过时及残次存货的详细情况记录下来，这既便于进一步追查这些存货的处置情况，也能为测试被审计单位存货跌价准备计提的准确性提供证据。

③存货的截止。注册会计师应当获取盘点日前后存货收发及移动的凭证，检查库存记录与会计记录期末截止是否正确。

（4）对特殊类型存货的监盘。对某些特殊类型的存货而言，被审计单位通常使用的盘点方法和控制程序并不完全适用。这些存货通常或者没有标签，或者其数量难以估计，或者其质量难以确定，或者盘点人员无法对其移动实施控制。在这些情况下，注册会计师需要运用职业判断，根据存货的实际情况，设计恰当的审计程序，对存货的数量和状况获取审计证据。注册会计师在审计实务中，应当根据被审计单位所处行业的特点、存货的类别和特点以及内部控制等具体情况，并在通用的存货监盘程序基础上，设计关于特殊类型存货监盘的具体审计程序。

（5）存货监盘结束时的工作。在被审计单位存货盘点结束前，注册会计师应当实施以下程序：①再次观察盘点现场，以确定所有应纳入盘点范围的存货是否均已盘点。②取得并检查已填用、作废及未使用盘点表单的号码记录，确定其是否连续编号，查明已发放的表单是否均已收回，并与存货盘点的汇总记录进行核对。注册会计师应当根据自己在存货监盘过程中获取的信息对被审计单位最终的存货盘点结果汇总记录进行复核，并评估其是否正确反映了实际盘点结果。

8.3.5　存货计价测试

1）存货计价测试的一般要求

监盘程序主要是对存货的结存数量予以确认。为验证财务报表上存货余额的真实性，还必须对存货的计价进行审计，即确定存货实物数量和永续盘存记录中的数量是否经过正确的计价和汇总。存货计价测试主要是针对被审计单位所使用的存货单位成本是否正确所进行的测试，当然，广义地看，存货成本的审计也可以被视为存货计价测试的一项内容。

单位成本的充分内部控制与生产和会计记录结合起来，对于确保用于期末存货计价的成本的合理性十分重要。一项重要的内部控制是使用标准成本记录来反映原材料、直接人工和制造费用的差异，它还可以用来评价生产。使用标准成本时，应设置相应程序及时反映生产过程与成本的变化。由独立于成本核算部门的雇员来复核单位成本的合理性，也是一项有用的计价控制。

（1）样本的选择。计价审计的样本，存货数量应从已经盘点、单价和总金额已经计入存货汇总表的结存存货中选择。选择样本时应着重选择结存余额较大且价格变化比较频繁的项目，同时考虑所选样本的代表性。抽样方法一般采用分层抽样法，抽样规模应足以推断总体的情况。

（2）计价方法的确认。存货的计价方法多种多样，被审计单位应结合企业会计准则的基本要求选择符合自身特点的方法。注册会计师除应了解掌握被审计单位的存货计价方法外，还应对这种计价方法的合理性与一贯性予以关注，没有足够理由，计价方法在同一会计年度内不得变动。

（3）计价测试。进行计价测试时，注册会计师首先应对存货价格的组成内容予以审核。然后按照所了解的计价方法对所选择的存货样本进行计价测试。测试时，应尽量排除被审计单位已有计算程序和结果的影响，进行独立测试。测试结果出来后，应与被审计单位账面记录对比，编制对比分析表，分析形成差异的原因。如果差异过大，应扩大测试范围，并根据审计结果考虑是否应提出审计调整建议。

在存货计价审计中，由于被审计单位期末存货采用成本与可变现净值孰低的方法计价，所以注册会计师应充分关注其对存货可变现净值的确定及存货跌价准备的计提。

可变现净值是指企业在日常活动中，存货的估计售价减去至完工时估计将要发生的成本、估计的销售费用以及相关税费后的金额。企业确定存货的可变现净值，应当以取得的确凿证据为基础，并且考虑持有存货的目的、资产负债表日后事项的影响等因素。

①为生产而持有的材料等，其生产的产成品的可变现净值高于成本的，该材料仍然应当按成本计量；材料价格的下降，表明产成品的可变现净值低于成本的，该材料应当按照可变现净值计量。

②为执行销售合同或者劳务合同而持有的存货，其可变现净值通常应当以合同价格为基础计算。

③企业持有存货的数量多于销售合同订购数量的，超出部分的存货可变现净值应当以一般销售价格为基础计算。

④企业持有存货的数量少于销售合同订购数量的，其会计处理适用《企业会计准则第 13 号——或有事项》。

⑤用于出售的材料等，其可变现净值应当以市场价格为基础计算。

企业应当按照单个存货项目计提存货跌价准备；对于数量繁多、单价较低的存货，可以按存货类别计提存货跌价准备；如果某些存货具有相同或类似最终用途或目的，并与在同一地区生产和销售的产品系列相关，且难以与其他项目分开计量，可以合并计提存货跌价准备。并且，当存在下列情况之一时，应当计提存货跌价准备：市价持续下跌，并且在可预见的未来无回升的希望；企业使用该项原材料生产的产品的成本大于产品的销售价格；企业因产品更新换代，原有库存原材料已不适应新产品的需要，而该原材料的市场价格又低于其账面成本；因企业所提供的商品或劳务过时或消费者偏好改变而使市场的需求发生变化，导致市场价格逐渐下跌；其他足以证明该项存货实质上已经发生减值的情形。

当存在以下一项或若干项情况时，应当将存货账面余额全部转入当期损益：已霉烂变质的存货；已过期不可退的存货（主要指食品）；生产中已不再需要，并且已无转让价值的存货；其他足以证明已无使用价值和转让价值的存货。

2）存货成本的计价测试

存货成本审计主要包括直接材料成本的审计、直接人工成本的审计、制造费用的审计等内容。限于本教材的篇幅，下面仅简单列示其主要审计程序，不作详细解释。

（1）直接材料成本的审计。直接材料成本的审计一般应从审阅材料和生产成本明细账入手，抽查有关的费用凭证，验证企业产品直接耗用材料的数量、计价和材料费用分配是否真实、合理。其主要审计程序通常包括：

①抽查产品成本计算单，检查直接材料成本的计算是否正确，材料费用的分配标准与

计算方法是否合理和适当，是否与材料费用分配汇总表中该产品分摊的直接材料费用相符。

②检查直接材料耗用数量的真实性，有无将非生产用材料计入直接材料费用。

③分析比较同一产品前后各年度的直接材料成本，如有重大波动应查明原因。

④抽查材料发出及领用的原始凭证，检查领料单的签发是否经过授权，材料发出汇总表是否经过适当的人员复核，材料单位成本计价方法是否适当，是否正确及时入账。

⑤对采用定额成本或标准成本的被审计单位，应检查直接材料成本差异的计算、分配与会计处理是否正确，并查明直接材料的定额成本、标准成本在本年度内有无重大变更。

（2）直接人工成本的审计。直接人工成本的主要审计程序通常包括：

①抽查产品成本计算单，检查直接人工成本的计算是否正确，人工费用的分配标准与计算方法是否合理和适当，是否与人工费用分配汇总表中该产品分摊的直接人工费用相符。

②将本年度直接人工成本与前期进行比较，查明其异常波动的原因。

③分析比较本年度各个月份的人工费用发生额，如有异常波动，应查明原因。

④结合应付职工薪酬的检查，抽查人工费用会计记录及会计处理是否正确。

⑤对采用标准成本法的被审计单位，应抽查直接人工成本差异的计算、分配与会计处理是否正确，并查明直接人工的标准成本在本年度内有无重大变更。

（3）制造费用的审计。制造费用是企业为生产产品和提供劳务而发生的各项间接费用，即生产单位为组织和管理生产而发生的费用，包括分厂和车间管理人员的工薪等职工薪酬、折旧费、修理费、办公费、水电费、取暖费、租赁费、机物料消耗、低值易耗品摊销、劳动保护费、保险费、设计制图费、实验检验费、季节性和修理期间的停工损失等。

制造费用的主要审计程序通常包括：

①获取或编制制造费用汇总表，并与明细账、总账核对相符，抽查制造费用中的重大数额项目及例外项目是否合理。

②审阅制造费用明细账，检查其核算内容及范围是否正确，并应注意是否存在异常交易事项，如有，则应追查至记账凭证和原始凭证，重点查明被审计单位有无将不应列入成本费用的支出（如投资支出、被没收的财物、支付的罚款、违约金等）计入制造费用。

③必要时，对制造费用实施截止测试，即检查资产负债表日前后若干天的制造费用明细账及其凭证，确定有无跨期入账的情况。

④检查制造费用的分配是否合理。重点查明制造费用的分配方法是否符合被审计单位自身的生产技术条件，是否体现受益原则，分配方法一经确定，是否在相当时期内保持稳定，有无随意变更的情况；分配率和分配额的计算是否正确，有无以人为估计数代替分配数的情况。对按预定分配率分配费用的企业，还应查明计划与实际差异是否及时调整。

⑤对于采用标准成本法的被审计单位，应抽查标准制造费用的确定是否合理，计入成本计算单的数额是否正确，制造费用的计算、分配与会计处理是否正确，并查明标准制造费用在本年度内有无重大变动。

【例 8-1】W 公司所得税税率为 25%，法定盈余公积计提比例为 10%。存货采用先进先出法计价。注册会计师陈丽在 2014 年 1 月份审阅该公司 2013 年制造费用明细表时，发现 12 月份制造费用大幅度增加，注册会计师怀疑其中可能有问题。于是，调阅了 2013 年

12 月份“制造费用——一车间”明细账，发现摘要栏中有“固定资产安装费”的记录，金额为 100 000 元，检查该笔业务的记账凭证，其会计分录为：

借：制造费用　　100 000

　贷：银行存款　　100 000

该记账凭证所附的原始凭证是一张发票和一张转账支票存根，根据发票证明是支付给某施工队的车间设备的安装费。经了解一车间 12 月份生产的甲产品全部已完工，查阅“库存商品——甲产品”明细账，12 月月末没有余额，全部已对外销售。

【解析】根据企业会计准则规定，设备安装费应计入在建工程，设备安装完毕达到预定可使用状态，再转入固定资产。但该公司将安装费计入制造费用，虚增成本，以期少计本期利润，偷漏所得税。

【建议】注册会计师陈丽应提请该公司调整会计处理，并补交所得税。

(1) 调整固定资产和营业成本

借：固定资产　　100 000

　贷：营业成本——主营业务成本　　100 000

(2) 调整所得税费用

借：所得税费用　　25 000

　贷：应交税费——应交所得税　　25 000

(3) 调整法定盈余公积

借：利润分配——提取法定盈余公积　　7 500

　贷：盈余公积——法定盈余公积　　7 500

8.4 存货与仓储循环的主要账户审计

8.4.1 应付职工薪酬审计

职工薪酬是企业支付给员工的劳动报酬，其主要核算方式有计时制和计件制两种。职工薪酬可能采用现金的形式支付，因而相对于其他业务更容易发生错误或舞弊行为，如虚报冒领、重复支付和贪污等。同时，职工薪酬有时是构成企业成本费用的重要项目，所以在审计中便显得十分重要。

随着经营管理水平的提高和技术手段的发展，职工薪酬业务中进行舞弊及掩饰的可能性已有所减少，因为有效的职工薪酬内部控制可以及时揭露错误和舞弊；使用计算机编制职工薪酬表和使用工薪卡，提高了职工薪酬计算的准确性，通过有关机构，如税务部门、社会保障机构的复核，可相应防止职工薪酬计算的错误。

然而，在一般企业中，职工薪酬费用在成本费用中所占比重较大。如果职工薪酬的计算错误，就会影响到成本费用和利润的正确性。所以，注册会计师仍应重视对职工薪酬业务的审计。职工薪酬业务的审计，主要涉及应付职工薪酬项目。

1) 审计目标

应付职工薪酬的审计目标一般包括：

①确定资产负债表中记录的应付职工薪酬是否存在。

②确定所有应当记录的应付职工薪酬是否均已记录。

③确定记录的应付职工薪酬是否为被审计单位应当履行的现时义务。

④确定应付职工薪酬是否以恰当的金额包括在财务报表中，与之相关的计价调整是否已恰当记录。

⑤确定应付职工薪酬是否已按照企业会计准则的规定在财务报表中作出恰当列报。

2）应付职工薪酬的实质性程序

应付职工薪酬的实质性程序通常包括：

（1）获取或编制应付职工薪酬明细表，复核加计是否正确，并与报表数、总账数和明细账合计数核对是否相符。

（2）实施实质性分析程序：

①针对已识别需要运用分析程序的有关项目，并基于对被审计单位及其环境的了解，通过进行以下比较，同时考虑有关数据间关系的影响，以建立有关数据的期望值。比较被审计单位员工人数的变动情况，检查被审计单位各部门各月工资费用的发生额是否有异常波动，若有，则查明波动原因是否合理；比较本期与上期工资费用总额，要求被审计单位解释其增减变动原因，或取得公司管理当局关于员工工资标准的决议；结合员工社保缴纳情况，明确被审计单位员工范围，检查是否与关联公司员工工资混淆列支；核对相互独立部门的相关数据，检查是否有异常变动。

②确定可接受的差异额。

③将实际的情况与期望值相比较，识别需要进一步调查的差异。

④如果其差额超过可接受的差异额，调查并获取充分的解释和恰当的佐证审计证据（例如，检查相关的凭证）。

⑤评估分析程序的测试结果。

（3）检查工资、奖金、津贴和补贴：

①检查计提是否正确，依据是否充分，将执行的工资标准与有关规定核对，并对工资总额进行测试；被审计单位如果实行工效挂钩的，应取得有关主管部门确认的效益工资发放额认定证明，结合有关合同文件和实际完成的指标，检查其计提额是否正确，是否应作纳税调整。

②检查分配方法与上年是否一致，除因解除与职工的劳动关系给予的补偿直接计入管理费用外，被审计单位是否根据职工提供服务的受益对象，分别下列情况进行处理：应由生产产品、提供劳务负担的职工薪酬，计入产品成本或劳务成本；应由在建工程、无形资产负担的职工薪酬，计入建造固定资产或无形资产成本；作为外商投资企业，按规定从净利润中提取的职工奖励及福利基金，相应记入“利润分配——提取的职工奖励及福利基金”科目；其他职工薪酬，计入当期损益。

③检查发放金额是否正确，代扣的款项及其金额是否正确。

④检查是否存在属于拖欠性质的职工薪酬，并了解拖欠的原因。

（4）检查社会保险费（包括医疗、养老、失业、工伤、生育保险费）、住房公积金、工会经费和职工教育经费等计提（分配）和支付（或使用）的会计处理是否正确，依据是否充分。

（5）检查辞退福利下列项目：

①对于职工没有选择权的辞退计划，检查按辞退职工数量、辞退补偿标准计提辞退福利负债金额是否正确。

②对于自愿接受裁减的建议，检查按接受裁减建议的预计职工数量、辞退补偿标准（该标准确定）等计提辞退福利负债金额是否正确。

③检查实质性辞退工作在一年内完成，但付款时间超过一年的辞退福利，是否按折现后的金额计量，折现率的选择是否合理。

④检查计提辞退福利负债的会计处理是否正确，是否将计提金额计入当期管理费用。

⑤检查辞退福利支付凭证是否真实正确。

（6）检查非货币性福利：

①检查以自产产品发放给职工的非货币性福利，检查是否根据受益对象，按照该产品的公允价值，计入相关资产成本或当期损益，同时确认应付职工薪酬；对于难以认定受益对象的非货币性福利，是否直接计入当期损益和应付职工薪酬。

②检查无偿向职工提供住房的非货币性福利，是否根据受益对象，将该住房每期应计提的折旧计入相关资产成本或当期损益，同时确认应付职工薪酬。对于难以认定受益对象的非货币性福利，是否直接计入当期损益和应付职工薪酬。

③检查租赁住房等资产供职工无偿使用的非货币性福利，是否根据受益对象，将每期应付的租金计入相关资产成本或当期损益，并确认应付职工薪酬。对于难以认定受益对象的非货币性福利，是否直接计入当期损益和应付职工薪酬。

（7）检查以现金与职工结算的股份支付：

①检查授予后立即可行权的以现金结算的股份支付，是否在授予日以承担负债的公允价值计入相关成本或费用。

②检查完成等待期内的服务或达到规定业绩条件以后才可行权的以现金结算的股份支付，在等待期内的每个资产负债表日，是否以可行权情况的最佳估计为基础，按照承担负债的公允价值，将当期取得的服务计入成本或费用。在资产负债表日，后续信息表明当期承担债务的公允价值与以前估计不同的，是否进行调整，并在可行权日，调整至实际可行权水平。

③检查可行权日之后，以现金结算的股份支付当期公允价值的变动金额，是否借记或贷记“公允价值变动损益”科目。

④检查在可行权日，实际以现金结算的股份支付金额是否正确，会计处理是否恰当。

（8）检查应付职工薪酬的期后付款情况，并关注在资产负债表日至财务报表批准报出日之间，是否有确凿证据表明需要调整资产负债表日原确认的应付职工薪酬事项。

（9）检查应付职工薪酬是否已按照企业会计准则的规定在财务报表中作出恰当的列报：

①检查是否在附注中披露与职工薪酬有关的下列信息：应当支付给职工的工资、奖金、津贴和补贴，及其期末应付未付金额；应当为职工缴纳的医疗、养老、失业、工伤和生育等社会保险费，及其期末应付未付金额；应当为职工缴存的住房公积金，及其期末应

付未付金额；为职工提供的非货币性福利，及其计算依据；应当支付的因解除劳动关系给予的补偿，及其期末应付未付金额；其他职工薪酬。

②检查因自愿接受裁减建议的职工数量、补偿标准等不确定而产生的预计负债（应付职工薪酬），是否按照《企业会计准则第 13 号——或有事项》进行披露。

【例 8-2】2014 年 1 月 14 日，注册会计师张华在检查 Y 公司 2013 年 3 月份“应付职工薪酬”账户时，发现当年 3 月份工薪较 2 月份大幅度增加，注册会计师怀疑其中有虚列工薪的问题，决定进一步检查。于是，调阅了 3 月份应付职工薪酬的有关原始凭证，发现一张“工薪结算单”中列支了销售人员工薪 50 000 元，但未具体列明发放工薪人员名单，只附有销售部门负责人收据一张。询问销售部门负责人时，证实该笔工薪款用于按税法规定超支的业务招待费。Y 公司职工福利费的计提比例为 14%。

【解析】

（1）该公司违反财经法规的规定，利用“应付职工薪酬”账户，掩盖超支的业务招待费，以偷漏所得税。

（2）因多计提工资 50 000 元，从而导致职工福利多计提 7 000 元（50 000×14%）。

【建议】注册会计师应提请该公司调整会计处理，并补交所得税。

借：管理费用	50 000	
应付职工薪酬——职工福利	7 000	
贷：销售费用		57 000

同时，调整财务报表的其他项目。

8.4.2　营业成本审计

营业成本包括主营业务成本和其他业务成本。主营业务成本是指企业从事对外销售商品、提供劳务等主营业务活动所发生的实际成本。以制造业的产成品销售为例，它是由期初库存产品成本加上本期入库产品成本，再减去期末库存产品成本求得的。其他业务成本是企业除主营业务活动以外的其他经营活动所发生的成本。

1）营业成本的审计目标

营业成本的审计目标一般包括：

①确定利润表中记录的营业成本是否已发生，且与被审计单位有关。

②确定所有应当记录的营业成本均已记录。

③确定与营业成本有关的金额及其他数据已恰当记录。

④确定营业成本已记录于正确的会计期间。

⑤确定营业成本已记录于恰当的账户。

⑥确定营业成本已按照企业会计准则的规定在财务报表中作出恰当的列报。

2）主营业务成本的实质性程序

①获取或编制主营业务成本明细表，复核加计是否正确，并与总账数和明细账合计数核对是否相符，结合其他业务成本科目与营业成本报表数核对是否相符。

②复核主营业务成本明细表的正确性，编制生产成本与主营业务成本倒轧表（见表 8-2），并与“库存商品”等相关科目勾稽。

表 8-2　　生产成本及主营业务成本倒轧表

项目	未审数	调整或重分类金额借（贷）	审定数
原材料期初余额			
加：本期购进			
减：原材料期末余额			
其他发出额			
直接材料成本			
加：直接人工成本			
制造费用			
生产成本			
加：在产品期初余额			
减：在产品期末余额			
产品生产成本			
加：产成品期初余额			
减：产成品期末余额			
主营业务成本			

③检查主营业务成本的内容和计算方法是否符合企业会计准则的规定，前后期是否一致。

④必要时，实施实质性分析程序。针对已识别需要运用分析程序的有关项目，注册会计师基于对被审计单位及其环境的了解，通过进行以下比较，并考虑有关数据间关系的影响，以建立注册会计师有关数据的期望值：确定可接受的差异额；将实际情况与期望值相比较，识别需要进一步调查的差异；如果其差额超过可接受的差异额，调查并获取充分的解释和恰当的佐证审计证据（例如，检查相关的凭证）；评估分析程序的测试结果。

⑤抽取若干月份的主营业务成本结转明细清单，结合生产成本的审计，检查销售成本结转数额的正确性，比较计入主营业务成本的商品品种、规格、数量与计入主营业务收入的口径是否一致，是否符合配比原则。

⑥针对主营业务成本中重大调整事项（如销售退回）、非常规项目，检查相关原始凭证，评价其真实性和合理性，检查其会计处理是否正确。

⑦在采用计划成本、定额成本、标准成本或售价核算存货的条件下，应检查产品成本差异或商品进销差价的计算、分配和会计处理是否正确。

⑧结合期间费用的审计，判断被审计单位是否通过将应计入生产成本的支出计入期间费用，或将应计入期间费用的支出计入生产成本等手段调节生产成本，从而调节主营业务成本。

⑨检查营业成本是否已按照企业会计准则的规定在财务报表中作出恰当列报。

3）其他业务成本的实质性程序

①获取或编制其他业务成本明细表，复核加计是否正确，并与总账数、明细账合计数核对是否相符，结合“主营业务成本”科目与营业成本报表数核对是否相符。

②复核其他业务成本明细表的正确性，并与相关科目交叉核对。

③检查其他业务成本是否有相应的收入，并与上期其他业务收入、其他业务成本比较，检查是否有重大波动，如有，应查明原因。

④检查其他业务成本内容是否真实，计算是否正确，配比是否恰当，并择要抽查原始凭证予以核实。

⑤对异常项目，应追查入账依据及有关法律文件是否充分。

⑥检查除主营业务活动以外的其他经营活动发生的相关税费是否记入本科目。

⑦检查其他业务成本是否已按照企业会计准则的规定在财务报表中作出恰当列报。

8.4.3　原材料的实质性程序

（1）获取或编制原材料明细表，复核加计是否正确，并与总账数、明细账合计数核对是否相符。

（2）必要时，实施实质性分析程序：

①针对已识别需要运用分析程序的有关项目，并基于对被审计单位及其环境的了解，通过进行以下比较，同时考虑有关数据间关系的影响，以建立注册会计师有关数据的期望值。

A. 比较当年度及以前年度原材料成本占生产成本百分比的变动，并对异常情况作出解释。

B. 比较原材料的实际用量与预算用量的差异，并分析其合理性。

C. 核对仓库记录的原材料领用量与生产部门记录的原材料领用量是否相符，并对异常情况作出解释。

D. 根据标准单耗指标，将原材料收发存情况与投入产出结合比较，以分析本期原材料领用、消耗、结存的合理性。

②确定可接受的差异额。

③将实际情况与期望值相比较，识别需要进一步调查的差异。

④如果其差额超过可接受的差异额，调查并获取充分的解释和恰当的佐证审计证据（例如，检查相关的凭证）。

⑤评估分析程序的测试结果。

（3）实施存货监盘程序。选取代表性样本，抽查原材料明细账的数量与盘点记录的原材料数量是否一致，以确定原材料明细账的数量的准确性和完整性：

①从原材料明细账中选取具有代表性的样本，与盘点报告（记录）的数量核对。

②从盘点报告（记录）中抽取有代表性的样本，与原材料明细账的数量核对。

（4）原材料计价方法的测试：

①检查原材料的计价方法前后期是否一致。

②检查原材料的入账基础和计价方法是否正确，自原材料明细表中选取适量品种：

A. 以实际成本计价时，将其单位成本与购货发票核对，并确认原材料成本中不包含增值税。

B. 以计划成本计价时，将其单位成本与材料成本差异明细账及购货发票核对，同时关注被审计单位计划成本制定的合理性。

C. 检查进口原材料的外币折算是否正确，检查相关的关税、增值税及消费税的会计处理是否正确。

③检查原材料发出计价的方法是否正确：

A. 了解被审计单位原材料发出的计价方法，前后期是否一致，并抽取主要材料复核其计算是否正确；若原材料以计划成本计价，还应检查材料成本差异的发生和结转的金额是否正确。

B. 编制本期发出材料汇总表，与相关科目勾稽核对，并复核若干月份发出材料汇总表的正确性。

④结合期末市场采购价，分析主要原材料期末结存单价是否合理。

⑤结合原材料的盘点检查期末有无料到单未到的情况，如有，应查明是否已暂估入账，其暂估价是否合理。

（5）对于通过非货币性资产交换、债务重组、企业合并以及接受捐赠等取得的原材料，检查其入账的有关依据是否真实、完备，入账价值和会计处理是否符合相关规定。

（6）检查投资者投入的原材料是否按照投资合同或协议约定的价值入账，并检查约定的价值是否公允、交接手续是否齐全。

（7）检查与关联方的购销业务是否正常，关注交易价格、交易金额的真实性及合理性，检查对合并范围内购货记录应予合并抵销的数据是否正确。

（8）审核有无长期挂账的原材料，如有，应查明原因，必要时作调整。

（9）截止测试：

①原材料入库的截止测试：

A. 在原材料明细账的借方发生额中选取资产负债表日前后若干天的凭证，并与入库记录（如入库单，或购货发票，或运输单据）核对，以确定原材料入库被记录在正确的会计期间。

B. 在入库记录（如入库单，或购货发票，或运输单据）中选取资产负债表日前后一定张数、一定金额以上的凭据，与原材料明细账的借方发生额进行核对，以确定原材料入库被记录在正确的会计期间。

②原材料出库截止测试：

A. 在原材料明细账的贷方发生额中选取资产负债表日前后若干天的凭证，并与出库记录（如出库单，或销货发票，或运输单据）核对，以确定原材料出库被记录在正确的会计期间。

B. 在出库记录（如出库单，或销货发票，或运输单据）中选取资产负债表日前后若干天的凭据，与原材料明细账的贷方发生额进行核对，以确定原材料出库被记录在正确的会计期间。

（10）结合“银行借款”等科目，了解是否有用于债务担保的原材料，如有，则应取证并作相应的记录，同时提请被审计单位作恰当披露。

（11）检查原材料的披露是否恰当。

8.4.4　库存商品的实质性程序

（1）获取或编制库存商品明细表，复核加计是否正确，并与总账数、明细账合计数核对相符；同时抽查明细账与仓库台账、卡片记录，检查是否相符。

（2）必要时，实施实质性分析程序：

①针对已识别需要运用分析程序的有关项目，并基于对被审计单位及其环境的了解，同时通过进行以下比较，并考虑有关数据间关系的影响，以建立注册会计师有关数据的期望值。

A. 按品种分析库存商品各月单位成本的变动趋势，以评价是否有调节生产成本或销售成本的因素。

B. 比较前后各期的主要库存商品的毛利率（按月、按生产线、按地区等）、库存商品周转率和库存商品账龄等，评价其合理性并对异常波动作出解释，查明异常情况的原因。

C. 比较库存商品库存量与生产量及库存能力的差异，并分析其合理性。

D. 核对仓库记录的库存商品入库量与生产部门记录的库存商品生产量是否一致，并对差异作出解释。

E. 核对发票记录的数量是否与发货量、订货量、主营业务成本记录的销售量一致，并对差异作出解释。

F. 比较库存商品销售量与生产量或采购量的差异，并分析其合理性。

G. 比较库存商品销售量和平均单位成本之积与账面库存商品销售成本的差异，并分析其合理性。

②确定可接受的差异额。

③将实际情况与期望值相比较，识别需要进一步调查的差异。

④如果其差额超过可接受的差异额，调查并获取充分的解释和恰当的佐证审计证据（例如，检查相关的凭证）。

⑤评估分析程序的测试结果。

（3）执行存货监盘程序。选取代表性样本，抽查库存商品明细账的数量与盘点记录的库存商品数量是否一致，以确定库存商品明细账的数量的准确性和完整性：

①从库存商品明细账中选取具有代表性的样本，与盘点报告（记录）的数量核对。

②从盘点报告（记录）中抽取有代表性的样本，与库存商品明细账的数量核对。

（4）库存商品计价方法的测试：

①检查库存商品的计价方法前后期是否一致。

②检查库存商品的入账基础和计价方法是否正确，自库存商品明细表中选取适量品种：

A. 自制库存商品。以实际成本计价时，将其单位成本与成本计算单核对；以计划成本计价时，将其单位成本与相关成本差异明细账及成本计算单核对。

B. 外购库存商品。以实际成本计价时，将其单位成本与购货发票核对；以计划成本计价时，将其单位成本与相关成本差异明细账及购货发票核对。

C. 抽查库存商品入库单，核对库存商品的品种、数量与入账记录是否一致；并将入库库存商品的实际成本与相关科目（如生产成本）的结转额核对并作交叉索引。

③检查外购库存商品的发出计价是否正确：

A. 了解被审计单位对库存商品发出的计价方法，并抽取主要库存商品，检查其计算是否正确；若库存商品以计划成本计价，还应检查产品成本差异的发生和结转金额是否正确。

B. 编制本期库存商品发出汇总表，与相关科目勾稽核对，并复核各月库存商品发出汇总表的正确性。

④结合库存商品的盘点，检查期末有无库存商品已到而相关单据未到的情况，如有，应查明是否暂估入账，其暂估价是否合理。

（5）对于通过非货币性资产交换、债务重组、企业合并以及接受捐赠取得的库存商品，检查其入账的有关依据是否真实、完备，入账价值和会计处理是否符合相关规定。

（6）检查投资者投入的库存商品是否按照投资合同或协议约定的价值入账，并同时检查约定的价值是否公允，交接手续是否齐全。

（7）检查与关联方的商品购销交易是否正常，关注交易价格、交易金额的真实性与合理性，对合并范围内购货记录应予合并抵销的数据是否抵销。

（8）审阅库存商品明细账，检查有无长期挂账的库存商品，如有，应查明原因，必要时提出适当处理建议。

（9）截止测试：

①库存商品入库的截止测试：

A. 在库存商品明细账的借方发生额中选取资产负债表日前后若干天的凭证，并与入库记录（如入库单，或购货发票，或运输单据）核对，以确定库存商品入库被记录在正确的会计期间。

B. 在入库记录（如入库单，或购货发票，或运输单据）中选取资产负债表日前后若干天的凭证，与库存商品明细账的借方发生额进行核对，以确定库存商品入库被记录在正确的会计期间。

②库存商品出库截止测试：

A. 在库存商品明细账的贷方发生额中选取资产负债表日前后若干天的凭证，并与出库记录（如出库单，或销货发票，或运输单据）核对，以确定库存商品出库被记录在正确的会计期间。

B. 在出库记录（如出库单，或销货发票，或运输单据）中选取资产负债表日前后若干天的凭证，与库存商品明细账的贷方发生额进行核对，以确定库存商品出库被记录在正确的会计期间。

（10）结合长、短期借款等项目，了解是否有用于债务担保的库存商品，如有，应取证并作相应记录，同时提请被审计单位作恰当披露。

（11）检查库存商品的披露是否恰当。

本章小结

存货与仓储循环是企业的主要经营业务之一，由将原材料转化为产成品的有关活动组成。主要业务活动包括：计划和安排生产；发出原材料；生产产品；核算产品成本；储存产成品；发出产成品等。存货与仓储循环所涉及的凭证和记录主要包括生产指令、领发料凭证、产量和工时记录、工薪汇总表及工薪费用分配表、材料费用分配表、制造费用分配汇总表、成本计算单、存货明细账等。

存货与仓储循环内部控制包括对存货和成本费用的控制及相关的控制程序。存货的内部控制包括：岗位分工控制；授权批准控制；取得、验收与入库控制；仓储与保管控制；领用、发出和处置控制；监督检查等。成本费用的内部控制包括对成本费用业务进行计划、控制，对内部控制进行考核和对成本费用业务进行反映和监督等。

存货的审计程序包括：验证存货明细表和永续记录的正确性及其与存货总账余额的一致性；执行分析性复核；观察客户存货盘点；函证存放在公共仓库的存货；核实进货记录至支持性证据；执行进货和销售截止测试；询问管理当局有关存货的所有权情况；复核有关存货质量的资料；测试存货计价；将报表表达与会计准则相比较。

存货监盘是指注册会计师现场观察被审计单位存货的盘点，并对已盘点的存货进行适当检查。

存货计价测试用以确定存货实物数量和永续盘存记录中的数量是否经过正确的计价和汇总。存货计价测试主要是针对被审计单位所使用的存货单位成本是否正确所进行的测试。

存货与仓储循环有关交易实质性测试的重点是存货的监盘以及存货计价的测试，有关成本费用的测试、分析性复核的运用等。

课后训练

一、单项选择题

1. C 注册会计师应当特别关注存货的移动情况，主要目的是(　　)。

A. 观察被审计单位是否已经恰当区分所有毁损、陈旧、过时及残次的存货

B. 检查库存记录与会计记录期末截止是否正确

C. 防止遗漏或重复盘点

D. 确定被审计单位的存货所有权，检查是否被纳入盘点范围

2. 下列关于被审计单位储存产成品的说法中，错误的是(　　)。

A. 产成品的保管由验收部门负责

B. 仓库部门在签收产成品后，将实际入库数量通知会计部门

C. 根据签收记录，仓库部门确立了本身应承担的责任，并对验收部门的工作进行验证

D. 仓库部门应根据产成品的品质特征分类存放，并填制标签

3. 毛利率的波动可能意味着(　　)的变动。

A. 存货成本项目发生变动　　B. 销售额与销售成本同比例上升

C. 销售额与销售成本同比例下降　　D. 销售价格

4. 注册会计师观察被审计单位存货盘点的主要目的是为了(　　)。

A. 查明客户是否漏盘某些重要的存货项目

B. 鉴定存货的质量

C. 了解盘点指示是否得到贯彻执行

D. 获得存货期末是否实际存在以及其状况的证据

5. 被审计单位对存货实地盘点时，注册会计师应当(　　)。

A. 指挥盘点工作的进行　　B. 作为盘点小组成员进行盘点

C. 根据观察情况进行抽查　　D. 收集盘点单、编制盘点表

6. 注册会计师将被审计单位某一会计年度的毛利率与上年度进行比较，可以发现该年度被审计单位赢利能力是否正常，从而找出夸大或缩减经营业绩的原因，以下不影响毛利率变动的原因是(　　)。

A. 单位销售价格发生变动　　B. 单位产品成本发生变动

C. 管理费用发生变动　　D. 销售产品总体结构发生变动

7. 下列属于甲公司健全有效的存货内部控制，需要由独立的采购部门负责的是(　　)。

A. 编制购货订单　　B. 编制请购单

C. 检验购入货物的数量、质量　　D. 负责采购业务的付款

二、多项选择题

1. A 注册会计师在对甲公司期末存货进行截止测试时，通常应当关注(　　)。

A. 所有在截止日以前入库的存货项目是否均已包括在盘点范围内，并已反映在截止日以前的会计记录中

B. 任何在截止日期以后入库的存货项目是否均未包括在盘点范围内，也未反映在截止日以前的会计记录中

C. 所有在截止日以前装运出库的存货项目是否均未包括在盘点范围内，且未包括在截止日的存货账面余额中

D. 任何在截止日期以后装运出库的存货项目是否均已包括在盘点范围内，并已包括在截止日的存货账面余额中

2. 在对存货与仓储循环审计的过程中，A 注册会计师想要证实存货的成本以正确的金额在恰当的会计期间及时记录于适当的账户，可以实施的实质性程序有(　　)。

A. 对成本实施分析程序

B. 对重大在产品项目进行计价测试

C. 测试是否按照规定的成本核算流程和账务处理流程进行核算和账务处理

D. 抽查成本计算单，检查各种费用的归集和分配以及成本的计算是否正确

3. 如果 A 注册会计师了解到甲公司（大型制造类企业）的会计人员经常发生变动，针对这种情况，以下说法中正确的有(　　)。

A. 这可能导致在各个会计期间将费用分配至产品成本的方法出现不一致

B. 可能引发存货交易和余额的重大错报风险

C. 可能导致存货项目的可变现净值难以确定

D. 增加了错误的风险

4. 注册会计师对甲公司存货的内部控制进行调查，以下情况中可能表明控制存在缺陷的有(　　)。

A. 甲公司在审计年度内未对存货实施盘点，但有完整的存货会计记录和仓库记录

B. 采用预先编号、采购价格已确定、并按获得批准的购货订单进行购货，且定期清

点存货

C. 甲公司生产产品所需的零星 Z 材料由 XYZ 公司代管，甲公司对 Z 材料的变动暂不进行会计记录；另外，甲公司财务部门会计记录和仓库明细账均反映了代 XYZ 公司保管的 E 材料

D. 甲公司每年 12 月 25 日后发出的存货在仓库的明细账上记录，不在财务部门的会计账上反映

5. 下列甲公司与领料单相关的规定中，合理的有(　　)。

A. 各车间的领料单应统一事先连续编号，按顺序使用

B. 每张领料单只填写一种材料，并须经车间主管人员批准

C. 领料单一式三联，领料后，其中一联返还车间

D. 领料单一联留存仓库登记材料明细账，一联交会计部门登记材料收发核算

6. 甲公司对存货的以下内部控制规定中，应当由存货管理部门承担的有(　　)。

A. 对会计期末货物已到、发票未到的收货，应暂估入账

B. 对代管、代销、暂存、受托加工的存货应单独记录，避免与本单位存货混淆

C. 设立实物明细账，详细登记经验收合格入库的存货，定期与会计部门核对

D. 记载生产过程中废弃的存货

7. 被审计单位下列有关存货会计处理的表述中，注册会计师认为正确的有(　　)。

A. 结转商品销售成本时，将相关存货跌价准备调整主营业务成本

B. 因非货币性交易换出存货而同时结转的已计提跌价准备，不冲减当期资产减值损失

C. 小规模纳税人进口原材料缴纳的增值税，不计入相关原材料的成本

D. 因保管不善造成的存货盘亏，其净损失通过营业外支出核算

8. 如果由于被审计单位存货的性质或位置等原因导致无法实施存货监盘，注册会计师可实施(　　)替代审计程序获取有关期末存货数量和状况的充分、适当的审计证据。

A. 检查资产负债表日后发生的销货交易凭证

B. 检查进货交易凭证

C. 检查生产记录以及其他相关资料

D. 向顾客或供应商函证

三、简答题

1. 简述存货监盘与库存现金监盘的异同。

2. 生产成本及主营业务成本倒轧表的逻辑关系是什么？

3. 存货监盘计划包括哪些内容？

技能训练

ABC 会计师事务所的 A 和 B 注册会计师负责审计甲公司 2014 年度的会计报表。2014 年 11 月，A 和 B 注册会计师对甲公司的内部控制进行了初步了解和测试。通过对甲公司内部控制的了解，A 和 B 注册会计师注意到下列情况：

(1) 甲公司主要生产和销售电视机。

(2) 甲公司生产的电视机全部发往各地办事处和境外销售分公司销售。办事处除自

行销售外，还将一部分电视机寄销在各商场。各月初，办事处将上月的收、发、存数量汇总后报甲公司财务部门和销售部门，由财务部门作相应会计处理；甲公司生产的电视机约有30%出口，出口的电视机先发往境外销售分公司，再分销到世界各地。境外销售分公司历年未经审计，2014年度也计划不安排审计。

(3) 鉴于各年年末均处于电视机销售旺季，为保证各办事处和境外销售分公司货源，甲公司本部仓库在各年年末不保留产成品。

通过对甲公司内部控制的测试，A和B注册会计师注意到，除下列情况表明存货相关内部控制可能存在缺陷外，其他内部控制均健全、有效：

(1) 甲公司在以前年度虽然未对存货实施盘点，但有完整的存货会计记录和仓库记录。

(2) 甲公司发出电视机时未全部按顺序记录。

(3) 甲公司生产电视机所需的零星C材料由XYZ公司代管，但甲公司未对C材料的变动进行会计记录。

(4) 甲公司每年12月25日后发出的存货在仓库的明细账上记录，但未在财务部门的会计账上反映。

(5) 甲公司发出材料存在不按既定计价方法核算的现象。

(6) 甲公司财务部门的会计记录和仓库明细账均反映了代XYZ公司保管的E材料。

2014年12月27日，甲公司编制了存货盘点计划，并与A和B注册会计师讨论。存货盘点计划的部分内容如下：

(1) 甲公司本部的存货由采购、生产、销售、仓库和财务等部门相关人员组成的盘点小组在2014年12月31日进行盘点。办事处及境外存货的盘点分别由各办事处和境外销售分公司负责，在12月31日前后进行，盘点结束后分别将盘点资料报送财务部门和仓库部门。

(2) 限于人力，在各商场寄销的电视机以各办事处的账面记录为准，不进行盘点。

(3) 由于年底前后是销售旺季，在2014年12月31日，生产34寸背投彩电的生产线不停产，仓库除对外发出34寸背投彩电外，不再对外发出其他存货。

(4) 各盘点单位按存货类别和相关明细记录填写盘点清单、摆放存货，并填写连续编号的盘点标签。

(5) 由于XYZ公司寄存的E材料与公司自身的E材料并无区别，故未单独摆放。E材料的库存数以盘点数扣除XYZ公司寄存E材料的账面数确定；由XYZ公司代管的C材料不安排盘点，库存数直接根据XYZ公司的记录确定。

(6) 废品与毁损品不进行盘点，以财务部门和仓库部门的账面记录为准。

根据甲公司存货的内部控制情况和盘点计划，A和B注册会计师决定实施的监盘计划部分内容如下：

(1) 随机选择1/3的办事处进行存货监盘，其余直接审阅其盘点记录及账面记录。

(2) 对在各商场寄销的电视机以经过审阅的办事处的账面记录为准。

(3) 对境外销售分公司的存货不进行监盘，直接审阅其盘点记录及账面记录。

(4) 对XYZ公司代管的C材料，采取向XYZ公司函证的方式确认。

(5) 在甲公司盘点后，注册会计师按存货期末余额的5%复盘。若复盘结果表明误差低于 2%，则不要求甲公司重新盘点。

（6）注册会计师在复盘结束后，与公司盘点人员分别在盘点清单上签字，并视情况考虑是否索取盘点前的最后一张验收报告单（或入库单）和最后一张货运单（或出库单）。在对甲公司内部控制了解和测试的基础上，A 和 B 注册会计师于 2014 年年初编制了总体审计计划，确定会计报表层次的重要性水平为资产总额的 1%，并将其分配至各资产项目，见表 8-3。

表 8-3　　**总体审计计划表**　　金额单位：万元

项目	年末数（未经审计）	分配比例	重要性水平
货币资金	7 000	1%	70
存货	62 000	1%	620
其中：原材料	1 000	—	—
在产品	12 000	—	—
产成品	49 000	—	—
固定资产	40 000	1%	400
在建工程	31 000	1%	310
资产总计	140 000	1%	1 400

要求：

（1）A 和 B 注册会计师通过内部控制测试所注意到的各种情况是否实际构成存货内部控制的缺陷？简要说明理由。

（2）甲公司编制的上述盘点计划的相关内容有无不妥之处？若有，请予以更正。

（3）A 和 B 注册会计师编制的上述监盘计划的相关内容有无不妥之处？若有，请予以更正。

（4）请评价 A 和 B 注册会计师对会计报表项目层次重要性水平的分配是否恰当。

（5）如果 A 和 B 注册会计师以甲公司境外销售分公司的存货未经实地监盘为由，决定对甲公司 2014 年度会计报表出具无法表示意见的审计报告，请判断是否妥当，并简要说明理由。

第9章　筹资与投资循环审计

◆ 学习任务

知识任务：了解筹资与投资循环的特征；熟悉该循环的主要业务活动；掌握该循环的内部控制目标、关键控制点和内部控制测试；掌握该循环主要账户的实质性程序。

能力任务：能熟练地对筹资与投资循环所涉及的主要账户进行审计。

引导案例

H股份有限公司（以下简称H公司）始创于1994年，拥有资产价值人民币16亿元，员工2 000余人，建有三大生产基地，形成四大工艺全部自动化的现代股份制企业。2004年7月在深交所挂牌上市，2005年被确定为股权分置改革试点单位，成为我国中小板块中第一家通过改革方案的公司。2006年4月，成为首家获得批准实行股权激励的上市公司。

H公司第一大股东是H集团，第二大股东是蔡某，同时蔡某是H集团董事局主席，也是H公司的董事长，即H集团、H公司的实际控制人。蔡某指使原出纳小红（化名，蔡某的侄女）使用“捡来”的对账单，伪造财务信息，导致财务信息严重失真。蔡某采用各种欺骗手段，避开上市公司监程序，未经正常审批手续，多次将H公司资金转出，由大股东H集团使用，2006年、2007年、2008年分别占用H公司的资金15 117.65万元、25 405.46万元、17 600.00万元，涉及金额超过5亿元。在蔡某的观念中，上市公司的钱只是借用一下，反正会还的，没有损害上市公司健康发展。把其他产业培育好后，在适当时机再还给上市公司。

2007年，H公司二次增发5 000万股，募集资金投入技术创新项目。至年报审计时H公司大股东挪用资金问题彻底暴露，据证监会调查结果显示，大股东H集团2006—2008年共占用H公司的资金58 123.11万元。

H公司对于上述关联方占用资金的重大事件，未按规定履行临时报告义务。为隐藏H集团占用资金的事实，达到账目相符，H公司还在2006年中报及年报、2007年中报分别虚增银行存款7 400.00万元、15 117.65万元、29 810.94万元。H公司的违规行为导致股价一路下跌，于2008年4月17日被停牌。

2008年4月28日，蔡某发表了《关于违规占用上市公司资金的检讨书》，承认违规占用上市公司资金，并向投资者公开道歉。

2008年5月15日，深交所纪律处分委员会对于负有主要责任的H公司、控股股东H集团、实际控制人蔡某及H公司相关董事、监事、高级管理人员17人予以公开谴责；其他董事、高管4人及公司保荐代表人予以通报批评；并公开认定董事长蔡某、财务总监唐某不适合担任上市公司董事、监事、高级管理人员。原财务总监唐某被警告、处以5万元罚款。

2008 年 6 月 30 日中国证监会发布《行政处罚决定书》，对公司给予警告，并处以 30 万元的罚款；对原公司董事长蔡某给予警告，并处以 30 万元的罚款；对原公司董事、财务总监唐某给予警告，并处以 5 万元的罚款。同时证监会认定：蔡某为市场禁入者，自中国证监会宣布决定之日起，5 年内不得从事证券业务或担任上市公司董事、监事、高级管理人员职务。

思考：如何更好地审计 H 公司的筹资与投资业务？

9.1　筹资与投资循环概述

9.1.1　筹资与投资循环的特征

筹资与投资循环由筹资活动和投资活动的交易事项构成。筹资活动是指企业为满足生存和发展的需要，通过改变企业资本及债务规模和构成而筹集资金的活动。投资活动是指企业为享有被投资单位分配的利润，或为谋求其他利益，将资产让渡给其他单位而获得另一项资产的活动。筹资活动主要由借款交易和股东权益交易组成。投资活动主要由权益性投资交易和债权性投资交易组成。对一般工商企业而言，与销售与收款循环、采购与付款循环相比，筹资与投资循环具有如下特征：

（1）每年筹资与投资循环涉及的交易数量较少，而每笔交易的金额通常较大。

（2）筹资活动必须遵守国家法律、法规和相关契约的规定。

（3）漏记或不恰当地对一笔业务进行会计处理，将会导致重大错误，从而对企业财务报表的公允反映产生较大的影响。

9.1.2　筹资与投资循环所涉及的主要业务活动

1）筹资所涉及的主要业务活动

（1）审批授权。企业通过借款筹集资金需经管理层的审批，其中债券的发行每次均要由董事会授权。企业发行股票必须依据国家有关法规或企业章程的规定，报经企业最高权力机构（如董事会）及国家有关管理部门批准。

（2）签订合同或协议。向银行或其他金融机构融资时必须签订借款合同，发行债券时必须签订债券契约和债券承销或包销合同。

（3）取得资金。企业实际取得银行或金融机构划入的款项或债券、股票的融入资金。

（4）计算利息或股利。企业应按有关合同或协议的规定，及时计算利息或股利。

（5）偿还本息或发放股利。银行借款或发行债券应按有关合同或协议的规定偿还本息，融入的股本根据股东大会的决定发放股利。

2）投资所涉及的主要业务活动

（1）审批授权。投资业务应由企业的高层管理机构进行审批。

（2）取得证券或其他投资。企业可以通过购买股票或债券进行投资，也可以通过与其他单位联合形成投资。

(3) 取得投资收益。企业可以取得股权投资的股利收入、债券投资的利息收入和其他投资收益。

(4) 转让证券或收回其他投资。企业可以通过转让证券实现投资的收回。其他投资已经投出，除联营合同期满，或由于其他特殊原因联营企业解散外，一般不得抽回投资。

9.1.3 筹资与投资循环的主要凭证、记录与相关认定

筹资与投资活动涉及的凭证和会计记录是企业业务活动和控制程序的记录，也是审计人员进行该业务循环审计需搜集的审计证据的主要来源。典型的筹资与投资活动所涉及的凭证、记录见表9-1。

表9-1 筹资与投资循环中的主要业务活动及对应的凭证和记录

主要业务活动	涉及的凭证和记录	相关的认定
1. 审批授权	章程、董事会决议、筹资计划、政府管理部门的批复	存在与发生
2. 签订合同或协议	借款合同或协议、承销或包销协议、对外投资合同或协议	存在与发生、权利和义务
3. (1) 取得资金 (2) 取得证券或其他投资	(1) 债券契约、股东名册、公司债券存根簿、进账单 (2) 债券或股票	存在与发生、完整性、计价和分摊、权利和义务
4. (1) 计算利息或股利 (2) 获取投资收益	(1) 利息计算单、董事会或股东大会决议 (2) 收款回执	计价和分摊
5. (1) 偿还本息或发放股利 (2) 转让证券或收回其他投资	(1) 支付凭证 (2) 收款单据	计价和分摊

9.1.4 管理当局违背认定的表现和常用手段

筹资与投资业务循环如果内部控制失效，会增加应付债券、短期借款、财务费用、实收资本等会计报表项目相关认定的风险性。

1) 企业发行债券时，被审计单位管理当局违背认定的常用手法

(1) 未经批准发行债券，或在申请、发行债券过程中操作不规范，违背“发生”认定。

有些企业发行债券没有合法的程序，通过伪造一些资料（或数据）来骗取审批手续。如某企业为了获准发行债券，将上报的资产负债表中的净资产人为地调至限额，骗取发行资格，债券发行不合法，违背“发生”认定。

(2) 债券溢价、折价发行与摊销不合规，会计处理不正确，违背“计价和分摊”认定。

有些企业为了调节利润，会采用不摊溢（折）价的方法来达到目的。

【例9-1】某企业2×13年1月1日发行5年期面值为500万元的债券，票面利率为10%，企业按510万元的价格发行，2×14年12月1日企业计提利息时的会计分录为：

借：财务费用　　500 000

　贷：应付债券——应计利息　　500 000

按照国家有关规定，企业发行债券应在到期日内按实际利率法分摊溢折价，通过"应付债券——利息调整"科目核算。该企业未按期对溢价进行摊销，虚增了财务费用，虚减了利润，违背"计价和分摊"认定。

（3）混淆资本性支出与收益性支出的界限，违背"计价和分摊"认定。

根据国家有关规定，企业发行债券筹集资金如果是用于购建固定资产，则应付债券的应计利息以及支付债券代理发行手续费及印刷费，在资产尚未交付使用前，符合资本化条件的，计入在建工程的成本；不符合资本化条件的，计入财务费用。有些企业为了完成目标利润，在资产交付使用后依然将债券利息资本化，从而达到少计费用、多计利润的目的。

【例 9-2】某石化企业 2×13 年 1 月 1 日发行面值为 1 000 万元的债券用于新建车间，企业按 900 万元的价格发行，票面利率为 10%，2×14 年 1 月 1 日该车间交付使用。但审计人员在审查过程中发现，该企业在 2×14 年 4 月 1 日计提利息时所作会计分录为：

借：在建工程　　243 600

　　应付债券——利息调整　　6 400

　贷：应付债券——应计利息　　250 000

这显然违背了"计价和分摊"认定。

（4）筹资利息不按期计提，或者不按合同或协议的规定正确计算利息，违背"计价和分摊"认定。

（5）债券使用超出章程范围。

企业发行债券必须具有明确的目的和用途，有的企业发行债券筹集资金后，擅自改变资金用途，使债权人无形中承受极大的风险。例如，某企业以购建几条大型生产线为借口发行债券筹集资金 10 000 万元，由于当时股票市场十分看好，便将 10 000 万元全部投于股市。由于股市风云变幻，该企业在 1 个月之内便损失 500 万元。

应付债券业务可能存在错误和舞弊与相关认定的关系见表 9-2。

表 9-2　筹资与投资循环可能存在错误、舞弊与相关认定的关系

主要业务活动	相关的认定	可能的错误与舞弊
审批授权	存在与发生	未经批准发行债券，或在申请、发行债券过程中操作不规范
取得资金	存在与发生、完整性、计价和分摊	债券溢价、折价发行与摊销不合规，会计处理不正确
计算利息或股利	完整性、发生、计价和分摊	混淆资本性支出与收益性支出的界限；筹资利息不按期计提，或者不按合同或协议的规定正确计算利息

2）短期借款账户违背认定的常见错弊

（1）短期借款程序和手续不完备、不合规。

（2）短期借款未按规定用途使用。如：将短期借款用于非规定用途的基建工程、职

工福利设施、抵交税款以及发放职工工资等；将短期借款转借给其他企业以及个人，牟取高额利息收入；短期借款被内部不法分子用来自己牟利、营私舞弊、违法经营。

（3）短期借款利息处理不合理。如：出现大额的短期借款利息也不预提，特别是对跨年度的短期借款利息更容易发生这种不正确的会计处理方法。

3）长期借款账户违背认定的表现和常用手段

（1）未编制长期借款计划或计划编制不合理。

（2）长期借款未按规定用途使用。

（3）长期借款利息会计处理不正确。具体包括：①未按会计期间预提借款利息。②每期长期借款利息计算不准确。

（4）长期借款的归还不及时。

4）实收资本账户违背认定的常见错弊

实收资本在实务中主要存在以下问题：企业实收资本与注册资本不符；借入资本与实际资本混淆；投入资本不真实；出资形式不合理。上述错弊在核算中的一般表现形式为：

（1）投资者以抵押物作为投入资本，骗取企业的投资收益。

（2）无形资产所占比重过高。

（3）出资额低于法定资本数额。

（4）伪造、涂改、变造投资的依据。

（5）投资者随意抽走资本。

（6）有的企业不符合增资或减资的条件而增资或减资，或不履行增资或减资的手续而任意增资或减资。

（7）投入资本的会计处理不正确。

5）资本公积账户违背认定的常见错弊

（1）将资本溢价或股本溢价作为当期收益或计入实收资本，损害其他投资者的利益。

（2）企业为了逃避所得税，将本应该计入当期损益的项目计入资本公积。

（3）在不符合增资条件、未经批准和办理有关手续的情况下，擅自将资本公积转增资本。有些企业将资本公积挪作他用，用于集体或职工福利。

6）盈余公积与未分配利润账户违背认定的常见错弊

（1）为了逃避所得税，将本应该计入当期损益的项目计入盈余公积，常见的做法有将无法支付的应付账款计入盈余公积。将资产盘盈、罚没收入等计入盈余公积。

（2）盈余公积提取的顺序和基数不正确，有些企业直接从成本费用中提取。

（3）列支的渠道不正确。

（4）利润分配及亏损弥补的顺序不合规。

7）交易性金融资产账户违背认定的常见错弊

（1）取得时初始成本确认错误。

（2）与长期投资项目的目的及确认混淆。

8）长期股权投资账户违背认定的常见错弊

（1）长期股权投资计价错误。

（2）成本法与权益法使用混淆。

（3）企业以个人名义买卖股票，损公肥私。

（4）截留投资收益，私设小金库。

9.2　筹资循环审计

9.2.1　筹资循环内部控制目标

内部控制目标，是企业筹资交易和投资交易内部控制应达到的目标，也同样是注册会计师实施相应控制测试所要达到的具体审计目标。

筹资活动内部控制目标如下：

（1）借款和所有者权益账面余额在资产负债表日确定存在，借款利息费用和已支付的股利是由被审计期间真实事项引起的。

（2）借款和所有者权益的增减变动及其利息和股利已登记入账。

（3）借款均为被审计单位承担的债务，所有者权益代表所有者的法定求偿权。

（4）借款和所有者权益的期末余额正确。

（5）借款和所有者权益在资产负债表上披露正确。

9.2.2　筹资循环关键内部控制

筹资活动主要由借款交易和股东权益交易组成。股东权益增减变动的业务较少而金额较大，注册会计师在审计中一般直接进行实质性程序。企业的借款交易涉及短期借款、长期借款和应付债券，这些内部控制基本类似。因此，这里我们以应付债券为例说明筹资活动的内部控制和控制测试。一般来讲，应付债券内部控制的主要内容包括：

（1）应付债券的发行要有正式的授权程序，每次均要由董事会授权。

（2）申请发行债券时，应履行审批手续，向有关机关递交相关文件。

（3）应付债券的发行，要有受托管理人来行使保护发行人和持有人合法权益的权利。

（4）每种债券发行都必须签订债券契约。

（5）债券的承销或包销必须签订有关协议。

（6）记录应付债券业务的会计人员不得参与债券发行。

（7）如果企业保存债券持有人明细分类账，应同总分类账核对相符，若这些记录由外部机构保存，则须定期同外部机构核对。

（8）未发行的债券必须有人负责。

（9）债券的回购要有正式的授权程序。

9.2.3　筹资循环主要内部控制

无论是否依赖内部控制，注册会计师均应对筹资活动的内部控制获得足够的了解。以识别错报的类型、方式及发生的可能性。应付债券的内部控制制度测试，通常包括以下几个方面的内容：

对应付债券的了解，一般可以通过编制流程图、撰写内部控制说明、设计问答式调查表等方式进行。在了解应付债券内部控制制度时，一般应注意以下问题：

（1）债券的发行是否根据董事会授权和有关法律规定进行。

（2）债券发行是否履行审批手续。

（3）债券发行收入是否立即存入银行。

（4）是否按照债券契约的规定及时支付债券利息。

（5）是否将应付债券记入恰当的账户。

（6）债券持有人明细账是否定期核对。

（7）债券持有人明细账是否指定专人妥善保管。

（8）债券的偿还和购回是否根据董事会授权办理。

如果前一年度该企业的审计工作是由同一会计师事务所进行的，注册会计师应将调查重点放在企业内部控制制度的变动部分，掌握各项变动的原因和影响。如果在上一年度审计中，针对内部控制提出过管理建议，注册会计师还应证实各项管理建议是否已得到落实，并弄清未予落实的原因。

9.2.4 筹资循环控制测试

筹资活动的内部控制及其测试情况见表9-3。

表9-3 筹资活动的内部控制及其测试

内部控制目标	关键控制程序	常用的内部控制测试
存在与发生（借款和所有者权益账面余额在资产负债表日确实存在，借款利息费用和已支付的股利是由被审期间实际发生的交易事项引起的）	借款或发行债券、股票经过授权审批；签订借款合同、债券契约、承销或包销协议等相关法律文件	索取借款或发行债券、股票的授权审批文件，审查授权是否恰当，手续是否齐全；索取借款合同、债券契约、证券承销或包销协议，审查条款的完备性
完整性（借款和所有者权益的增减变动及其利息和股利均已登记入账）	筹资业务的会计记录与授权、执行等方面的职责明确分工；借款合同或协议由专人保管，保存债券持有人的明细资料，应同总分类账核对相符，如由外部机构保存，需定期与外部机构核对	观察并描述筹资业务的职责分工；了解债券持有人明细资料的保管制度，检查被审计单位是否与总账或外部机构核对
权利和义务（借款和应付债券均为被审计单位承担的债务，所有者权益代表所有者的法定求索权）		
计价和分摊（借款和所有者权益的期末余额正确）	建立严密完善的账簿体系和记录制度；按会计准则和会计制度的规定进行核算	从明细账抽取部分会计记录，按原始凭证到明细账、总账的顺序核对有关数据和情况，判断其会计处理过程是否合规、完整
表达与披露（借款和所有者权益在资产负债表上的披露恰当）	筹资业务明细账与总账的登记职责分离；筹资披露符合会计准则和会计制度的要求	观察职责是否分离

注册会计师在了解企业应付债券内部控制制度后，应运用一定的方法测试其有效程度。

(1) 取得债券发行的法律性文件，检查债券发行是否经董事会授权、是否履行了适当的审批手续、是否符合法律的规定。

(2) 检查企业发行债券的收入是否立即被存入银行。

(3) 取得债券契约，检查企业是否根据契约的规定支付利息。

(4) 检查债券入账的会计处理是否正确。

(5) 检查债券溢（折）价的会计处理是否正确。

(6) 取得债券偿还和购回时的董事会决议，检查债券的偿还和购回是否按董事会的授权进行。

注册会计师在完成上述程序后，应对企业应付债券的内部控制进行分析、评价，以确定其在实质性测试工作中的影响，并针对薄弱环节提出改进建议。

9.2.5 筹资循环的实质性程序

实质性程序的目的是确定交易业务中与控制目标有关的金额是否错误。实质性程序虽然与关键控制及控制测试没有必然的关系，但实施实质性程序的性质、时间和范围，在一定程度上取决于关键控制是否存在和控制测试的结果。在确定交易实质性程序时，有些程序不管环境如何，是每一项审计所共同采用的，而有些则应视内部控制的健全程度和控制测试的结果而定。当然，审计重要性、以前期间的审计结果等因素，对实质性程序的确定也有影响。

1) 筹资循环的审计目标

筹资循环的审计目标见表 9-4。

表 9-4　**筹资循环的审计目标**

一般审计目标	审计具体目标
总体合理性	全部与筹资相关的项目从总体上无重大异常，确定期末余额的合理性
真实性	确定记录在财务报表中的各资本账户余额确实存在，无虚构资本业务或高估账户余额的情况； 确定记录在财务报表中的各项负债余额是否确实存在，无虚设举债业务，无多记利息费用的情况
完整性	应记录的各项资本账户余额已全部记入财务报告，无漏记、少记现象
所有权	确定筹资业务的合法性； 确定财务报表反映的债务确实为被审计单位所承担，有关抵押品确实为被审计单位所有
计价	筹资相关项目均按正确金额入账
截止	确定筹资相关项目是否恰当地记录于正确的会计期间
准确性	确定资本投入类科目的相关明细账、总账及资产负债表上相关项目的余额核对一致
分类	筹资业务被恰当地分类描述
表达与披露	筹资业务已按公认会计准则，对有关事项作了充分揭示； 举债的所有承诺、要求、条件及其他相关事项已在财务报表中披露

2）主要账户的审计

（1）短期借款的实质性程序通常包括：

①获取或编制短期借款明细表。注册会计师应首先获取或编制短期借款明细表，复核加计是否正确，并与明细账和总账核对相符。

②函证短期借款的实有数。注册会计师应在期末短期借款余额较大或认为必要时向银行或其他债权人函证短期借款。

③检查短期借款的增加。对年度内增加的短期借款，注册会计师应检查借款合同和授权批准，了解借款数额、借款条件、借款日期、还款期限、借款利率，并与相关会计记录相核对。

④检查短期借款的减少。对年度内减少的短期借款，注册会计师应检查相关记录和原始凭证，核实还款数额。

⑤检查有无到期未偿还的短期借款。注册会计师应检查相关记录和原始凭证，检查被审计单位有无到期未偿还的短期借款，如有，则应查明是否已向银行提出申请并经同意后办理延期手续。

⑥复核短期借款利息。注册会计师应根据短期借款的利率和期限，复核被审计单位短期借款的利息计算是否正确，有无多算或少算利息的情况，如有未计利息和多计利息，应作出记录，必要时进行调整。

⑦检查外币借款的折算。如果被审计单位有外币短期借款，注册会计师应检查外币短期借款的增减变动是否按业务发生时的市场汇率或期初市场汇率折合为记账本位币金额；期末是否按市场汇率将外币短期借款余额折合为记账本位币金额；折算差额是否按规定进行会计处理；折算方法是否前后期保持一致。

⑧检查短期借款在资产负债表上的列报是否恰当。企业的短期借款在资产负债表上通常设“短期借款”项目单独列示，对于因抵押而取得的短期借款，应在资产负债表附注中揭示。注册会计师应注意被审计单位对短期借款项目的披露是否充分。

（2）长期借款的实质性程序通常包括：

①获取或编制长期借款明细表，复核加计是否正确，并与明细账和总账核对相符。

②了解金融机构对被审计单位的授信情况以及被审计单位的信用等级评估情况，了解被审计单位获得短期借款和长期借款的抵押和担保情况，评估被审计单位的信誉和融资能力。

③对年度内增加的长期借款，应检查借款合同和授权批准，了解借款数额、借款条件、借款日期、还款期限、借款利率，并与相关会计记录进行核对。

④检查长期借款的使用是否符合借款合同的规定，重点检查长期借款使用的合理性。

⑤向银行或其他债权人函证重大的长期借款。

⑥对年度内减少的长期借款，注册会计师应检查相关记录和原始凭证，核实还款数额。

⑦检查年末有无到期未偿还的借款，逾期借款是否办理了延期手续，分析计算逾期借款的金额、比率和期限，判断被审计单位的资信程度和偿债能力。

⑧计算长期借款在各个月份的平均余额，选取适用的利率匡算利息支出总额，并与财务费用的相关记录核对，判断被审计单位是否高估或低估利息支出，必要时进行适当

调整。

⑨检查非记账本位币折合记账本位币时采用的折算汇率，折算差额是否按规定进行会计处理。

⑩检查借款费用的会计处理是否正确。借款费用是指企业因借款而发生的利息及其他相关成本，包括折价或溢价的摊销、辅助费用以及因外币借款而发生的汇兑差额。按照《企业会计准则第 17 号——借款费用》的规定，企业发生的借款费用，可直接归属于符合资本化条件的资产的购建或生产的，应当予以资本化，计入相关资产成本；其他借款费用，应当在发生时根据其发生额确认费用，计入当期损益。

⑪检查企业抵押长期借款的抵押资产的所有权是否属于企业，其价值和实际状况是否与抵押契约中的规定相一致。

⑫检查企业重大的资产租赁合同，判断被审计单位是否存在资产负债表外融资现象。

⑬检查长期借款是否已在资产负债表上充分披露。

长期借款在资产负债表上列示于非流动负债类下，该项目应根据“长期借款”科目的期末余额扣减将于一年内到期的长期借款后的数额填列，该项扣除数应当填列在流动负债类下的“一年内到期的非流动负债”项目单独反映。注册会计师应根据审计结果，确定被审计单位长期借款在资产负债表上的列示是否充分，并注意长期借款的抵押和担保是否已在财务报表附注中作了充分的说明。

【例 9-3】注册会计师在审计甲公司 2014 年度财务报表时，发现该公司在 2014 年 1 月 1 日向银行借款 200 万元补充流动资金，期限为 2 年，年利率为 8%，不考虑借款辅助费用。该笔长期借款采取每年年末支付利息、到期还本的偿付方式。年终支付利息时，该公司的会计处理如下：

借：长期待摊费用　　160 000

　贷：银行存款　　160 000

【解析】该公司将已支付利息不计入当期损益，而挂在长期待摊费用账户上，造成该公司当年少计费用，虚增利润。

【建议】注册会计师应建议该公司调整会计处理，编制如下会计分录：

借：财务费用　　160 000

　贷：长期待摊费用　　160 000

（3）应付债券的实质性程序一般包括：

①取得或编制应付债券明细表。同其他负债项目的实质性程序一样。注册会计师应首先取得或编制应付债券明细表，并同有关的明细分类账和总分类账核对相符。应付债券明细表通常包括：债券名称、承销机构、发行日、到期日、债券总额（面值）、实收金额、折价和溢价及其摊销、应付利息、担保情况等内容。

②检查债券交易的有关原始凭证。检查债券交易的各项原始凭证，是确定应付债券金额及其合法性的重要程序，注册会计师应做好以下工作：检查企业现有债券副本，确定其发行是否合法，各项内容是否同相关的会计记录相一致；检查企业发行债券所收入现金的收据、汇款通知单、送款登记簿及相关的银行对账单；检查用以偿还债券的支票存根，并检查利息费用的计算；检查已偿还债券数额同应付债券借方发生额是否相符；如果企业发行债券时已作抵押或担保，注册会计师还应检查相关契约的履行情况。

③检查应计利息、债券折（溢）价摊销及其会计处理是否正确。此项工作一般可通过检查债券利息、溢价、折价等账户分析表来进行。该表可让企业代为编制，注册会计师加以检查，也可由注册会计师自己编制。

④函证“应付债券”账户期末余额。为了确定“应付债券”账户期末余额的真实性，注册会计师如果认为有必要，可以直接向债权人及债券的承销人或包销人进行函证。函证内容应包括应付债券的名称、发行日、到期日、利率、已付利息期间、年内偿还的债券、资产负债表日尚未偿还的债券及注册会计师认为应包括的其他重要事项。

⑤检查到期债券的偿还。对到期债券的偿还，注册会计师应检查相关会计记录，检查其会计处理是否正确。对可转换公司债券持有人行使转换权利，将其持有的债券转换为股票，则应检查其转股的会计处理是否正确。

⑥检查借款费用的会计处理是否正确。

⑦检查应付债券是否已恰当列报。应付债券在资产负债表中列示于非流动负债类下，该项目应根据“应付债券”科目的期末余额扣除将于一年内到期的应付债券后的数额填列，该扣除数应当填列在流动负债类下的“一年内到期的非流动负债”项目单独反映。注册会计师应根据审计结果，确定被审计单位应付债券在财务报表上的披露是否充分，应注意有关应付债券的类别是否已在财务报表附注中作了充分的说明。

【例 9-4】注册会计师在检查甲公司 2014 年度应付债券时，了解到该公司年初以 220 万元的价格发行面值为 200 万元、3 年期、按年付息、到期一次性还本的债券，用于固定资产的购建，债券票面利率为 6%，债券发行时的市场利率为 5%，年末计提利息费用。该公司的会计处理为：

借：财务费用　　130 000

　贷：应付利息　　130 000

经检查，该公司债券利息费用中符合资本化条件的金额为 88 000 元。

【解析】该公司债券计息、溢折价摊销、借款费用资本化不符合企业会计准则的规定，即未按实际利率法摊销债券溢价，且符合资本化条件的债券利息费用未予以资本化。

【建议】注册会计师应建议该公司重新计算调整债券利息、溢价摊销数额，并根据计算结果调整会计处理。

当年应付利息 = 2 000 000×6% = 120 000（元）

当年实际利息 = 2 200 000×5% = 110 000（元）

其中：计入在建工程成本的利息费用 = 88 000 元

计入财务费用的利息费用 = 110 000-88 000 = 22 000（元）

当年应摊销利息调整 = 130 000-110 000 = 20 000（元）

借：在建工程　　88 000

　　应付债券——利息调整　　20 000

　贷：财务费用　　108 000

同时，调整财务报表的其他项目。

（4）财务费用的实质性程序通常包括：

①获取或编制财务费用明细表，复核加计是否正确，与报表数、总账数和明细账合计数核对是否相符。

②将本期、上期财务费用各明细项目作比较分析，必要时比较本期各月的财务费用，如有重大波动和异常情况，应查明原因，扩大审计范围或增加测试量。

③检查利息支出明细账，确认利息支出的真实性及正确性，检查各项借款期末应计利息有无预计入账，注意检查现金折扣的会计处理是否正确。

④检查汇兑损益明细账，检查汇兑损益计算方法是否正确，核对所用汇率是否正确，前后期是否一致。

⑤检查“财务费用——其他”明细账，注意检查大额金融机构手续费的真实性与正确性。

⑥审阅下期期初的财务费用明细账，检查财务费用各项目有无跨期入账的现象，对于重大跨期项目，应作必要调整。

⑦检查从其他企业或非银行金融机构取得的利息收入是否按规定计缴营业税。

⑧检查财务费用的列报是否恰当。

(5) 实收资本（股本）的审计。

①实收资本（股本）的实质性程序通常包括：

A. 获取或编制实收资本（股本）增减变动情况明细表，复核加计是否正确，与报表数、总账数和明细账合计数核对是否相符。

B. 查阅公司章程、股东大会、董事会会议记录中有关实收资本（股本）的规定。收集与实收资本（股本）变动有关的董事会会议纪要、合同、协议、公司章程及营业执照、公司设立批文、验资报告等法律性文件，并更新永久性档案。

C. 检查实收资本（股本）增减变动的原因，查阅其是否与董事会纪要、补充合同、协议及其他有关法律性文件的规定一致，逐笔追查至原始凭证，检查其会计处理是否正确。注意有无抽资或变相抽资的情况，如有，则应取证核实，作恰当处理。对首次接受委托的客户，除取得验资报告外，还应检查并复印记账凭证及进账单。

D. 对于以资本公积、盈余公积和未分配利润转增资本的，应取得股东（大）会等资料，并审核是否符合国家有关规定。

E. 以权益结算的股份支付，取得相关资料，检查是否符合相关规定。

F. 根据证券登记公司提供的股东名录，检查被审计单位及其子公司、合营企业与联营企业是否有违反规定的持股情况。

G. 以非记账本位币出资的，检查其折算汇率是否符合规定。

H. 检查认股权证及其有关交易，确定委托人及认股人是否遵守认股合约或认股权证中的有关规定。

I. 检查实收资本（股本）的列报是否恰当。

②实收资本的实质性测试程序的注意事项：

A. 通常股本不会发生变化，只有在股份有限公司设立、增资扩股和减资时发生变化。

B. 实收资本（股本）明细表作为永久档案存档，以供本年度和以后年度检查股本时使用。编制时应将每次变动情况逐一记载并与有关的原始凭证和会计账目进行核对。

C. 实收资本的增减变动：企业减资，需要满足三个条件：应事先通知所有债权人，债权人无异议；经股东大会决议同意，并修改公司章程；减资后的注册资本不得低于法定注册资本的最低限额。

D. 注册会计师应检查已发行的股票数量是否真实，是否均已收到股款或资产。我国目前股票发行和转让大多由企业委托证券交易所和金融机构进行，由证券交易所和金融机构对发行在外的股票数进行登记和控制。因为这些机构一般既了解公司发行股票的总数，又掌握公司股东的个人记录以及股票转让情况，故在审计时可采取向证券交易所和金融机构函证及查阅的方法来验证发行股份的数量，并与股本账面数额进行核对，确定是否相符。对个别自己发行股票、自己进行有关股票发行数量、金额及股东情况登记的企业，由于企业已在股票登记簿和股东名单上进行了记录，在进行股本审计时，可在检查这些记录的基础上，抽查其记录是否真实有据，核对发行的股票存根，看其数额是否与股本的账面数额相符。

【例 9-5】注册会计师在审计甲公司实收资本时，发现该公司 2014 年 10 月 5 日收到外方投入资本的会计分录为：

借：银行存款　　1 200 000

　贷：实收资本　　1 190 000

　　资本公积——外币资本折算差额　　10 000

注册会计师认为有问题，于是调阅了企业的投资合同、章程和相关的账簿，发现该合资企业外方投资者于 10 月 5 日投资 200 000 美元，投资合同约定的汇率为 1 美元折合 5.95 元人民币，收到投资当日汇率为 1 美元折合 6.00 元人民币。

【解析】对于外方投资者投入的外币，该公司按合同约定的汇率折算以确定实收资本的入账价值，不符合现行法规的规定，造成实收资本少计 10 000 元，资本公积多计 10 000元。

【建议】注册会计师应建议该公司调整会计处理，编制如下会计分录：

借：资本公积——外币资本折算差额　　10 000

　贷：实收资本　　10 000

（6）资本公积的审计。

资本公积，是非经营性因素形成的不能计入实收资本的所有者权益，主要包括投资者实际缴付的出资额超过其资本份额的差额（如股本溢价、资本溢价）和其他资本公积等。

资本公积的实质性程序通常包括：

①获取或编制资本公积明细表，复核加计是否正确，并与报表数、总账数和明细账合计数核对是否相符。

②收集与资本公积变动有关的股东（大）会决议，董事会会议纪要、资产评估报告等文件资料，更新永久性档案。首次接受委托的，应检查期初资本公积的原始发生依据。

③根据资本公积明细账，对股本溢价、其他资本公积各明细的发生额等进行逐项审查。对股本溢价，应取得董事会会议纪要、股东（大）会决议、有关合同、政府批文，追查至银行收款凭证等原始凭证，结合相关科目的审计，检查会计处理是否正确，注意发行股票溢价收入的计算是否已扣除股票发行费用。检查以权益法核算的被投资单位除净损益以外所有者权益的变动，被审计单位是否已按其享有的份额入账，会计处理是否正确。处置该项投资时，应注意是否已转销与其相关的资本公积。对拨款转入，审阅有关的拨款

批文，检查拨款项目的完成情况，结合专项应付款的审计，检查会计处理是否正确。以权益结算的股份支付，取得相关资料，检查在权益工具授予日期和行权日的会计处理是否正确。对自用房地产或存货转换为采用公允价值计量的投资性房地产，若转换日公允价值大于账面价值，检查差额是否正确记入本科目；若转换日公允价值小于账面价值，检查差额是否正确计入公允价值变动损益。处置投资性房地产，检查相关的资本公积是否已转销。对可供出售金融资产形成的资本公积，结合相关科目检查金额和相关会计处理是否正确。当可供出售金融资产转为采用成本或摊余成本计量时，已记入本科目的公允价值变动是否按规定进行了会计处理。当可供出售金融资产发生减值时，已记入本科目的公允价值变动是否转入资产减值损失。当已减值的可供出售金融资产公允价值回升时，区分权益工具和债务工具分别确定其会计处理是否正确。若有同一控制下的企业合并，应结合“长期股权投资”科目，检查被审计单位（合并方）取得的被合并方所有者权益账面价值的份额与支付的合并对价账面价值的差额的计算是否正确，是否依次调整本科目、盈余公积和未分配利润。被审计单位将回购的本单位股票予以注销、用于奖励职工或转让，其会计处理是否正确。应取得股东（大）会决议、董事会会议纪要和政府批文等，检查资本公积转增资本是否符合有关规定，会计处理是否正确。

④检查资本公积各项目，考虑对所得税的影响。

⑤记录资本公积中不能转增资本的项目。

⑥确定资本公积的列报是否恰当。

（7）盈余公积的审计。

盈余公积是企业按照规定从税后利润中提取的积累资金，是具有特定用途的留存收益，主要用于弥补亏损和转增资本，也可以按规定用于分配股利。盈余公积包括法定盈余公积和任意盈余公积。

盈余公积的实质性程序通常包括：

①取得或编制盈余公积明细表，复核加计是否正确，并与报表数、总账数和明细账合计数核对是否相符。

②收集与盈余公积变动有关的董事会会议纪要、股东（大）会决议以及政府主管部门、财政部门批复等文件资料，进行审阅，并更新永久性档案。

③对法定盈余公积和任意盈余公积的发生额逐项审查至原始凭证。

审查法定盈余公积和任意盈余公积的计提顺序、计提基数、计提比例是否符合有关规定，会计处理是否正确。

审查盈余公积的减少是否符合有关规定，取得董事会会议纪要、股东（大）会决议，予以核实，检查有关会计处理是否正确。

④如为外商投资企业，则应对储备基金、企业发展基金的发生额逐项审查至原始凭证。

⑤如为中外合作经营企业，应对利润归还投资的发生额审查至原始凭证，并与“实收资本——已归还投资”科目的发生额核对。

⑥确定盈余公积的列报是否恰当。

【例 9-6】甲公司法定盈余公积计提比例为 10%，不提取任意盈余公积。注册会计师在对该公司 2×14 年度财务报表审计时发现：实收资本 100 万元，盈余公积贷方余额 60 万元，2×14 年度净利润 30 万元，除分配给投资者利润 20 万元外，其余 10 万元作为未分配利润，经审阅有关资料表明，盈余公积贷方余额 60 万元中有 25 万元属于接受其他单位捐赠的财产。

【解析】甲公司将应计入营业外收入的接受捐赠资产误计入盈余公积，使甲公司符合可以不提取法定盈余公积的法定条件，故本年没有计提法定盈余公积。

【建议】注册会计师应提请该公司调整会计处理，编制如下会计分录：

（1）调整盈余公积和资本公积

借：盈余公积　　250 000

　贷：营业外收入　　250 000

（2）调整后，甲公司的“盈余公积”账户贷方余额为 35 万元，未达到注册资本的 50%，应按税后利润的 10% 提取法定盈余公积，计提数为 3 万元（30×10%）。

其调整会计分录为：

借：利润分配——提取法定盈余公积　　30 000

　贷：盈余公积——法定盈余公积　　30 000

（8）未分配利润的审计。

未分配利润，是指未作分配的净利润，即这部分利润没有分配给投资者，也未指定用途。未分配利润是企业当年税后利润在弥补以前年度亏损、提取公积金以后加上上年末未分配利润，再扣除向所有者分配的利润后的结余额，是企业留于以后年度分配的利润。它是企业历年积存的利润分配后的余额，也是所有者权益的一个重要组成部分。企业的未分配利润通过“利润分配——未分配利润”明细科目核算，其年末余额反映历年积存的未分配利润（或未弥补亏损）。

未分配利润的实质性程序通常包括：

①获取或编制利润分配明细表，复核加计是否正确，与报表数、总账数及明细账合计数核对是否相符。

②检查未分配利润期初数与上期审定数是否相符，涉及损益的上期审计调整是否正确入账。

③收集和检查与利润分配有关的董事会会议纪要、股东（大）会决议、政府部门批文及有关合同、协议、公司章程等文件资料，更新永久性档案。对照有关规定确认利润分配的合法性。检查对资产负债表日后至财务报告批准报出日之间由董事会或类似机构所制订的利润分配方案中拟分配的股利，是否在财务报表附注中单独披露。

④检查本期未分配利润变动除净利润转入以外的全部相关凭证，结合所获取的文件资料，确定其会计处理是否正确。

⑤了解本年利润弥补以前年度亏损的情况，如果已超过弥补期限，且已因为抵扣亏损而确认递延所得税资产的，应当进行调整。

⑥结合以前年度损益调整科目的审计检查以前年度损益调整的内容是否真实、合理，注意对以前年度所得税的影响。对重大调整事项应逐项核实其发生原因、依据和有关资料，复核数据的正确性。

⑦确定未分配利润的列报是否恰当。

9.3 投资循环审计

9.3.1 投资循环内部控制目标

投资循环内部控制目标主要有：

（1）投资账面余额为资产负债表日确实存在的投资，投资收益（或损失）是由被审期间的实际事项引起的。

（2）投资增减变动及其收益损失均已登记入账。

（3）投资均为被审计单位所有。

（4）投资的计价方法正确，期末余额正确。

（5）投资在资产负债表上的披露恰当。

9.3.2 投资循环关键内部控制

一般来讲，投资内部控制的主要内容包括下列几个方面：

（1）合理的职责分工。这是指合法的投资业务，应在业务的授权、业务的执行、业务的会计记录以及投资资产的保管等方面都有明确的分工，不得由一人同时负责上述任何两项工作。

（2）健全的资产保管制度。企业对投资资产（指股票和债券资产）一般有两种保管方式：一种是由独立的专门机构保管，另一种方式是由企业自行保管。在第二种方式下，必须建立严格的联合控制制度，即至少要由两名以上人员共同控制，不得一人单独接触证券。

（3）详尽的会计核算制度。企业的投资资产无论是自行保管还是由他人保管，都要进行完整的会计记录，并对其增减变动及投资收益进行相关会计核算。

（4）严格的记名登记制度。除无记名证券外，企业在购入股票或债券时应在购入的当日尽快登记于企业名下，切忌登记于经办人员名下，防止冒名转移并借其他名义牟取私利的舞弊行为发生。

（5）完善的定期盘点制度。对于企业所拥有的投资资产，应由内部审计人员或不参与投资业务的其他人员进行定期盘点，检查是否确实存在，并将盘点记录与账面记录相互核对以确认账实的一致性。

9.3.3 了解投资内部控制制度

投资内部控制制度的内容包括：

（1）投资项目是否经授权批准，投资金额是否及时入账。

（2）是否与被投资单位签订投资合同、协议，是否获得被投资单位出具的投资证明。

（3）投资的核算方法是否符合有关财务会计制度的规定，相关的投资收益会计处理是否正确，手续是否齐全。

（4）有价证券的买卖是否经恰当授权，是否妥善保管并定期进行盘点核对。

评价投资内部控制制度。注册会计师在完成上述各步骤后，取得了有关内部控制制度是否健全、有效的证据，并在工作底稿中标明了内部控制的强弱点，即可对内部控制制度进行评价，确认对长期股权投资内部控制制度的可依赖程度，进而确定实质性测试的程序和时间。

9.3.4 投资循环的控制测试

投资的控制测试一般包括如下内容：

（1）检查控制执行留下的轨迹。注册会计师应抽查投资业务的会计记录和原始凭证，确定各项控制程序的运行情况。

（2）审阅内部盘核报告。注册会计师应审阅内部审计人员或其他授权人员对投资资产进行定期盘核的报告。应审阅其盘点方法是否恰当、盘点结果与会计记录相核对的情况以及出现差异的处理是否合规。如果各期盘核报告的结果未发现账实之间存在差异（或差异不大），说明投资资产的内部控制得到了有效执行。

（3）分析企业投资业务管理报告。对于企业的长期投资，注册会计师应对照有关投资方面的文件和凭证，分析企业的投资业务管理报告。在作出长期投资决策之前，企业最高管理阶层（如董事会）需要对投资进行可行性研究和论证，并形成一定的纪要，如证券投资的各类证券，联营投资中的投资协议、合同及章程等。负责投资业务的财务经理必须定期向企业最高管理层报告有关投资业务的开展情况（包括投资业务内容和投资收益实现情况及未来发展预测），即提交投资业务管理报告书，供最高管理层决策和控制。注册会计师应认真分析这些投资业务管理报告的具体内容，并对照前述的文件和凭证资料，从而判断企业长期投资的管理情况。

投资活动内部控制及其测试情况见表9-5。

表9-5　　**投资活动的内部控制及其测试**

内部控制目标	关键控制程序	常用的内部控制测试
存在与发生（投资账面余额在资产负债表日确实存在，投资收益或损失是由被审期间实际发生的投资交易事项引起的）	对外投资业务经过授权审批；与被投资单位签订投资合同或协议，并获取被投资单位出具的投资证明	索取投资的审批文件，检查授权的恰当性和手续的齐全性；索取投资合同或协议及投资证明，检查其是否合理、有效
完整性（投资增减变动及其收益或损失已全部登记入账）	投资业务的会计记录与授权、执行和保管等方面的职责明确分工；健全证券投资资产的保管制度，或者委托专门机构保管，或者在内部建立至少两名以上人员的联合控制制度，证券的存取均需详细记录和签名	观察并描述投资业务的职责分工；了解证券资产的保管制度，检查被审计单位自行保管时，存取证券是否进行详细的记录并经所有经办人员签字
权利和义务（投资均为被审计单位所有）	由内部审计人员或其他不参与投资业务的人员定期盘点证券投资资产，检查是否为企业实际拥有	了解企业是否定期进行证券投资资产的盘点；审阅盘点报告，检查盘点方法是否恰当、盘点结果与会计记录核对情况，以及出现差异的处理是否合规
计价和分摊（投资的计价正确，期末余额正确）	建立详尽的会计核算制度，按每种证券设立明细账，详细记录相关资料；按会计准则的规定进行核算；期末进行成本与市价比较，并正确计提、记录投资跌价准备	从明细账抽取部分会计记录，按原始凭证到明细账、总账的顺序核对有关数据的情况，判断其会计处理过程是否合规、完整
表达与披露（投资在资产负债表上的披露正确）	明细账与总账的登记职责分离；投资披露符合会计准则的要求	观察职责是否分离

9.3.5　投资循环的实质性程序

1）筹资与投资循环的审计目标

投资循环的审计目标见表 9-6。

表 9-6　投资循环的审计目标

一般审计目标	审计具体目标
总体合理性	全部与投资相关的项目从总体上无重大异常，确定期末余额的合理性
真实性	确定记录在财务报表中的各投资账户余额确实存在
完整性	应记录的投资业务已全部记入财务报告，无漏记、少记现象
所有权	确定资产负债表日所反映的对外投资资产的所有权确实属于被投资企业
计价	投资相关项目均按正确金额入账 确定企业全部对外投资及其收益账簿记录的正确性
截止	确定投资相关项目是否恰当地记录于正确的会计期间
准确性	投资类科目的相关明细账、总账及资产负债表上相关项目的余额核对一致
分类	投资类科目的相关明细账、总账及资产负债表上相关项目的余额核对一致
表达与披露	投资业务已按公认会计准则，对有关事项作了充分揭示

2）主要账户的审计

（1）交易性金融资产的审计。

交易性金融资产，是指企业为了近期出售而持有的金融资产。在会计科目设置上，企业持有的直接指定为以公允价值计量且其变动计入当期损益的金融资产，也通过该科目核算。

交易性金融资产的实质性程序通常包括：

①获取或编制交易性金融资产明细表，复核加计是否正确，并与报表数、总账数和明细账合计数核对是否相符。

②对期末结存的相关交易性金融资产，向被审计单位核实其持有目的，检查本科目核算范围是否恰当。

③获取股票、债券及基金等交易流水单及被审计单位证券投资部门的交易记录。与明细账核对，检查会计记录是否完整、会计处理是否正确。

④监盘库存交易性金融资产，并与相关账户余额进行核对，如有差异，应查明原因，并作出记录或进行适当调整。

⑤向相关金融机构发函询证交易性金融资产期末数量以及是否存在变现限制（与存出投资款一并函证），并记录函证过程。取得回函时应检查相关签章是否符合要求。

⑥抽取交易性金融资产增减变动的相关凭证，检查其原始凭证是否完整合法，会计处理是否正确。抽取交易性金融资产增加的原始凭证，注意其原始凭证是否完整合法，成本、交易费用和相关利息或股利的会计处理是否符合规定。抽取交易性金融资产减少的记账凭证，检查其原始凭证是否完整合法，会计处理是否正确。注意出售交易性金融资产时其成本结转是否正确。原计入的公允价值变动损益有无调整

至投资收益。

⑦复核与交易性金融资产相关的损益计算是否准确，并与公允价值变动损益及投资收益等有关数据进行核对。

⑧复核股票、债券及基金等交易性金融资产的期末公允价值是否合理，相关会计处理是否正确。

⑨关注交易性金融资产是否存在重大的变现限制。

⑩确定交易性金融资产的列报是否恰当。

【例 9-7】注册会计师在对甲公司 2014 年度财务报表进行审计时，发现该公司 2014 年 3 月 1 日从二级市场以每股 24 元的价格购入乙公司发行的股票 10 000 股（该公司作为交易性金融资产处理），其中包含已宣告发放但尚未领取的现金股利 4 元，另支付手续费 2 400 元，4 月 10 日收到现金股利 40 000 元，12 月 31 日该股票的每股市价涨到 30 元。该公司当年的账务处理如下：

（1）3 月 1 日购入股票：

借：交易性金融资产——成本　　240 000

　　投资收益　　2 400

　贷：银行存款　　242 400

（2）4 月 10 日收到现金股利：

借：银行存款　　40 000

　贷：交易性金融资产——成本　　40 000

（3）年末未作账务处理。

【解析】

（1）已宣告发放但尚未领取的股利 40 000 元不应计入投资成本，而应计入应收股利；收到现金股利时，应贷记应收股利 40 000 元。

（2）年末股票市价上涨，该公司未调增交易性金融资产账面价值，也未确认公允价值变动损益。

【建议】注册会计师应提请该公司调整会计处理。

购入股票时，已宣告发放但尚未领取的股利 40 000 元，核算错弊不影响财务报表，故不需要调整。

借：交易性金融资产——公允价值变动　　100 000

　贷：公允价值变动损益　　100 000

（2）可供出售金融资产的审计。

可供出售金融资产，是指初始确认时即被指定为可供出售的非衍生金融资产，以及除下列各类资产以外的金融资产：贷款和应收款项、持有至到期投资、以公允价值计量且其变动计入当期损益的金融资产。

可供出售金融资产的实质性程序通常包括：

①获取或编制可供出售金融资产明细表，复核加计是否正确，并与报表数、总账数和明细账合计数核对是否相符。

②获取可供出售金融资产对账单，与明细账核对，并检查其会计处理是否正确。

③检查库存可供出售金融资产，并与相关账户余额进行核对，如有差异，应查明原

因，并作出记录或进行适当调整。

④向相关金融机构发函询证可供出售金融资产期末数量，并记录函证过程。取得回函时应检查相关签章是否符合要求。

⑤对期末结存的可供出售金融资产，向被审计单位核实其持有目的。检查本科目核对范围是否恰当。

⑥抽取可供出售金融资产增减变动的相关凭证，检查其原始凭证是否完整合法，会计处理是否正确。抽取可供出售金融资产增加的记账凭证，注意其原始凭证是否完整合法，成本、交易费用和相关利息或股利的会计处理是否符合规定。抽取可供出售金融资产减少的记账凭证，检查其原始凭证是否完整合法，会计处理是否正确。注意出售可供出售金融资产时相应的资本公积有无调整。

⑦复核可供出售金融资产的期末公允价值是否合理，检查会计处理是否正确。如果可供出售金融资产的公允价值发生较大幅度下降，并且预期这种下降趋势属于非暂时性的，应当检查被审计单位是否计提资产减值准备，计提金额和相关会计处理是否正确。已确认减值损失的可供出售金融资产，当公允价值回升时检查其相关会计处理是否正确。注意债券等债务工具应从资产减值损失科目转回。股票等权益工具则应从资本公积转回，不得从当期损益转回。若债券等债务工具类可供出售金融资产发生减值，检查相关利息的计算和会计处理是否正确。

⑧检查可供出售金融资产出售时，其相关损益计算及会计处理是否正确，已计入资本公积的公允价值累计变动额是否转入投资收益科目。

⑨复核可供出售金融资产划转为持有至到期投资的依据是否充分，会计处理是否正确。

⑩检查债券投资计入损益的利息收入计算所采用的利率是否正确。

⑪结合银行借款相关科目，了解是否存在已用于债务担保的可供出售金融资产。如有，则应取证并作相应的记录，同时提请被审计单位作恰当披露。

⑫确定可供出售金融资产的列报是否恰当。

(3) 持有至到期投资的审计。

持有至到期投资，是指到期日固定、回收金额固定或可确定，且企业有明确意图和能力持有至到期的非衍生金融资产。

持有至到期投资的实质性程序通常包括：

①获取或编制持有至到期投资明细表，复核加计是否正确，并与总账数和明细账合计数核对是否相符。

②获取持有至到期投资对账单，与明细账核对，并检查其会计处理是否正确。

③检查库存持有至到期投资并与账面余额进行核对，如有差异，应查明原因，并作出记录或进行适当调整。

④向相关金融机构发函询证持有至到期投资期末数量，并记录函证过程。取得回函时应检查相关签章是否符合要求。

⑤对期末结存的持有至到期投资资产，核实被审计单位持有的目的和能力检查本科目的核算范围是否恰当。

⑥抽取持有至到期投资增加的记账凭证，注意其原始凭证是否完整合法，成本、交易

费用和相关利息的会计处理是否符合规定。抽取持有至到期投资减少的记账凭证，检查其原始凭证是否完整合法，会计处理是否正确。

⑦根据相关资料，确定债券投资的计息类型。结合投资收益科目，复核计算利息采用的利率是否恰当，相关会计处理是否正确，检查持有至到期投资持有期间与收到利息相关的会计处理是否正确。检查债券投资票面利率和实际利率有较大差异时，被审计单位采用的利率及其计算方法是否正确。结合投资收益科目，复核处置持有至到期投资的损益计算是否准确，已计提的减值准备是否同时结转。

⑧检查当持有目的改变时，持有至到期投资划转为可供出售金融资产的会计处理是否正确。

⑨结合银行借款相关科目，了解是否存在已用于债务担保的持有至到期投资。如有，则应取证并作相应的记录，同时提请被审计单位作恰当披露。

⑩当有客观证据表明持有至到期投资发生减值的，应当复核相关资产项目的预计未来现金流量现值，并与其账面价值进行比较，检查相关准备计提是否充分。若发生减值，检查相关利息的计算及处理是否正确。

⑪确定持有至到期投资的列报是否恰当，注意一年内到期的持有至到期投资是否已重分类为一年内到期的非流动资产。

（4）长期股权投资的审计。

长期股权投资具体包括：企业持有的能够对被投资单位实施控制的权益性投资，即对子公司的投资；企业持有的能够与其他合营方一同对被投资单位实施共同控制的权益性投资，即对合营企业的投资；企业持有的能够对被投资单位施加重大影响的权益性投资，即对联营企业的投资；企业对被投资单位不具有控制、共同控制或重大影响，且在活跃市场中没有报价、公允价值不能可靠计量的权益性投资。

长期股权投资的实质性程序通常包括：

①获取或编制长期股权投资明细表，复核加计是否正确，并与总账数和明细账合计数核对相符。结合长期股权投资减值准备科目与报表数核对相符。

②根据有关合同和文件，确认股权投资的股权比例和持有时间，检查股权投资核算方法是否正确。

③对于重大的投资，向被投资单位函证被审计单位的投资额、持股比例及被投资单位发放股利等情况。

④对于应采用权益法核算的长期股权投资，获取被投资单位经注册会计师审计的年度财务报表，如果未经注册会计师审计，则应考虑对被投资单位的财务报表实施适当的审计或审阅程序。

复核投资收益时，应以取得投资时被投资单位各项可辨认资产等的公允价值为基础，对被投资单位的净利润进行调整后加以确认。被投资单位采用的会计政策及会计期间与被审计单位不一致的，应当按照被审计单位的会计政策及会计期间对被投资单位的财务报表进行调整，据以确认投资损益。将重新计算的投资收益与被审计单位所计算的投资收益相核对，如有重大差异，则查明原因，并进行适当调整。检查被审计单位按权益法核算的长期股权投资，在确认应分担被投资单位发生的净亏损时，应首先冲减长期股权投资的账面价值，其次冲减其他实质上构成对被投资单位净投资的长期权益账面价值（如长期应收款等）。如果按照投资合同和协议约定被审计单位仍需承担额外损失义务的，应按预计承担的义务确认预计负债，并与预计负债中的相应数字核对无误。被投资单位以后期间实现盈利的，被审计单位在其收益分享额弥补未确认的亏损分担额后，恢复确认收益分享额。在审计时，应检查被审计单位会计处理是否正确。检查除净损益以外被投资单位所有者权益的其他变动，是否调整计入所有者权益。

⑤对于采用成本法核算的长期股权投资，检查股利分配的原始凭证及分配决议等资料，确定会计处理是否正确。对被审计单位实施控制而采用成本法核算的长期股权投资，比照权益法编制变动明细表，以备合并报表使用。

⑥对于在成本法和权益法间相互转换的长期股权投资，检查其投资成本的确定是否正确。

⑦确定长期股权投资增减变动的记录是否完整。

检查本期增加的长期股权投资，追查至原始凭证及相关的文件或决议及被投资单位验资报告或财务资料等，确认长期股权投资是否符合投资合同、协议的规定，是否已确实投资，会计处理是否正确。

检查本期减少的长期股权投资，追查至原始凭证，确认长期股权投资的收回有合理的理由及授权批准手续，并已确实收回投资，确认会计处理是否正确。

⑧期末对长期股权投资进行逐项检查，以确定长期股权投资是否已经发生减值。

核对长期股权投资减值准备本期与以前年度计提方法是否一致，如有差异，查明政策调整的原因，并确定政策改变对本期损益的影响，提请被审计单位作适当披露。对长期股权投资逐项进行检查，根据被投资单位经营政策、法律环境的变化，市场需求的变化、行业的变化、盈利能力等各种情形来判断长期股权投资是否存在减值迹象。确有出现导致长期股权投资可收回金额低于账面价值的情形，将可收回金额低于账面价值的差额作为长期股权投资减值准备予以计提，并与被审计单位已计提数相核对。如有差异，应查明原因。将本期减值准备计提金额与利润表资产减值损失中的相应数字核对无误。长期股权投资减值准备按单项资产计提，计提依据应充分，并得到适当批准。减值损失一经确认，在以后会计期间不得转回。

⑨结合银行借款等的检查，了解长期股权投资是否存在质押、担保的情况。如有，则应详细记录，并提请被审计单位进行充分披露。

⑩确定长期股权投资在资产负债表上已恰当列报。与被审计单位人员讨论确定是否存在被投资单位由于所在国家和地区及其他方面的影响，其向被审计单位转移资金的能力受到限制的情况，如存在，应详细记录其受限情况，并提请被审计单位进行充分披露。

（5）应收利息的审计。

应收利息的实质性程序通常包括：

①获取或编制应收利息明细表，复核加计正确，并与总账数和明细账合计数核对相符。

②实行分析程序，按照不同借款类别，将借款平均余额与平均利率的乘积，与账面利息收入相比较，确定两者差异额是否合理。

③与长期股权投资、交易性金融资产、可供出售金融资产、持有至到期投资等相

关项目的审计结合，验证确定应收利息的计算是否充分、正确，检查会计处理是否正确。

④对于重大的应收利息项目，审阅相关文件，复核其计算的准确性。必要时，向有关单位函证并记录。

⑤检查应收利息减少有无异常。

⑥检查期后收款情况，对至审计时点为止已收回的金额较大的款项进行常规检查，如核对收款凭证、银行对账单、发票等。

⑦关注长期未收回及金额较大的应收利息，询问被审计单位管理人员及相关职员，确定应收利息的可收回性。必要时，向被投资单位函证利息支付情况，复核并记录函证结果。

⑧确定应收利息已恰当列报。

（6）投资收益的审计。

投资收益的实质性程序通常包括：

①获取或编制投资收益分类明细表，复核加计是否正确，并与总账数和明细账合计数核对相符，与报表数核对相符。

②与以前年度投资收益比较，结合投资收益本期的变动情况，分析本期投资收益是否存在异常现象。如有，则应查明原因，并作出适当的调整。

③与长期股权投资、交易性金融资产、可供出售金融资产、持有至到期投资等相关项目的审计结合，验证确定投资收益的记录是否正确，确定投资收益是否被记录于正确的会计期间。

④确定投资收益是否已被恰当列报。检查投资协议等文件，确定国外投资收益汇回是否存在重大限制，若存在重大限制，应说明原因，并进行恰当披露。

【例 9-8】审计人员审查甲公司 2014 年会计报表时发现，该公司拥有 50% 股权份额的子公司分来利润 80 000 元，本年度子公司实现净利润 1 200 000 元，分配现金股利总额 160 000 元。甲公司对上述股权投资的投资收益的账务处理如下：

借：银行存款	80 000	
贷：投资收益		80 000

【解析】长期股权投资的核算方法不应是成本法而应是权益法。

【建议】注册会计师应提请该公司调整会计处理。长期股权投资应调增 520 000 元（1 200 000×50% -80 000），投资收益应调增 520 000 元。

对照企业按照成本法已进行的处理，建议调整会计分录为：

借：长期股权投资	520 000	
贷：投资收益		520 000

本章小结

本章讲述了筹资与投资循环的特点、主要业务活动、内部控制要点及控制测试、审计目标及相关报表项目的实质性程序。通过本章的学习，要求能熟练地对筹资与投资循环所涉及的主要账户进行审计。

课后训练

一、单项选择题

1. 若已记录的债券利息费用远超过相应的应付债券账户余额与票面利率的乘积，注册会计师应当怀疑(　　)。

A. 应付债券的折价被低估　　B. 应付债券被高估

C. 应付债券被低估　　D. 应付债券的溢价被高估

2. 注册会计师审计长河公司长期借款业务时，为确定长期借款账户余额的真实性，可以进行函证。函证的对象应是(　　)。

A. 长河公司的律师　　B. 金融监管机关

C. 银行或其他有关债权人　　D. 公司的主要股东

3. 计算投资收益占利润总额的比例，并将其与各年比较，可以看出被审计单位(　　)。

A. 投资的真实性　　B. 投资的完整性

C. 盈利能力的稳定性　　D. 投资收益正确性

4. 注册会计师审计应付债券时，如果被审计单位应付债券业务不多，可直接进行(　　)。

A. 内部控制调查　　B. 控制测试　　C. 实质性程序　　D. 穿行测试

5. 授权批准是筹资与投资循环内部控制目标中(　　)的关键内部控制程序。

A. 存在　　B. 完整性　　C. 计价和分摊　　D. 权利和义务

6. 在对于长期应付债券进行实质性程序时，注册会计师应当(　　)。

A. 审查应付债券原始凭证保管人同会计记录人员是否职责分离

B. 审查销售费用明细账

C. 审查债券持有人明细账是否由专人保管

D. 审查应付债券是否已在资产负债表或其附注中分类反映

7. 为分析被审计单位在多大程度上依赖投资收益，从而判断其盈利能力的稳定性，注册会计师应当计算投资收益占(　　)的比例。

A. 长期股权投资　　B. 利润总额

C. 接受投资单位的实收资本　　D. 应收账款

二、多项选择题

1. 在对股票发行、回购等交易活动进行审计时，注册会计师应审查的原始凭证包括(　　)。

A. 发行股票的登记簿、募股清单　　B. 向外界回购的股票清单

C. 银行存款收付款凭证　　D. 银行存款对账单

2. 属于筹资活动所涉及的主要凭证和会计记录有(　　)。

A. 股东名册　　B. 企业的章程　　C. 承销或包销协议　　D. 投资协议

3. 对于长期借款在财务报表中的披露，注册会计师应当审查(　　)。

A. 一年内到期的长期借款是否列入“一年内到期的非流动负债”项目

B. 借款的种类是否列示

C. 借款的目的是否说明

D. 借款的担保是否说明

4. 一般来说，应付债券的内部控制包括(　　)。

A. 债券的发行要经过董事会批准

B. 每种债券的发行都必须签订契约

C. 债券承销或包销必须签订有关协议

D. 未发行的债券必须有专人保管

5. 注册会计师可选用(　　)实质性程序，证实被审计单位是否存在未入账的非流动负债。

A. 函证银行存款余额的同时函证负债业务

B. 检查借款合同或债券副本

C. 向被审计单位索取债务声明书

D. 审查一年内到期的长期负债是否列入“一年内到期的非流动负债”项目

6. 下列对交易性金融资产实施的实质性程序恰当的有(　　)。

A. 对期末结存的相关交易性金融资产，向被审计单位核实其持有目的，检查本科目核算范围是否恰当

B. 监盘库存交易性金融资产，并与相关账户余额进行核对，如有差异，应查明原因，并作出记录或进行适当调整

C. 向相关金融机构发函询证交易性金融资产期末数量以及是否存在变现限制，并记录函证过程

D. 复核与交易性金融资产相关的损益计算是否准确，并与公允价值变动损益及投资收益等有关数据核对

7. 注册会计师对持有至到期投资实施实质性程序时，以下恰当的有(　　)。

A. 检查库存持有至到期投资，并与账面余额进行核对，如有差异，应查明原因，并作出记录或进行适当调整

B. 结合投资收益科目，复核处置持有至到期投资的损益计算是否准确，已计提的减值准备是否同时结转

C. 结合银行借款相关科目，了解是否存在已用于债务担保的持有至到期投资

D. 向相关金融机构发函询证持有至到期投资期末数量，并记录函证过程

三、简答题

1. 简述投资与筹资的主要业务活动。

2. 简述长期股权投资的实质性程序。

技能训练

注册会计师在审计甲公司2014年度债券投资时，发现该公司2014年1月1日以2 000万元购入乙公司发行的5年期债券，票面利率为4.72%，市场利率为10%，面值为2 500万元，按年支付利息到期一次还本。注册会计师在检查记账凭证时，发现其相关会计分录为：

(1) 年初取得投资时：

借：持有至到期投资——成本　25 000 000

　贷：银行存款　20 000 000

　　　持有至到期投资——利息调整　5 000 000

(2) 年末确认实际利息收入和应收票面利息时：

借：应收利息　1 180 000

　　持有至到期投资——利息调整　1 000 000

　贷：投资收益　2 180 000

要求：指出甲公司账务处理方面存在的问题并作出调整分录。

第 10 章　货币资金审计

◆ 学习任务

知识任务：了解货币资金与各交易循环的关系；掌握货币资金的内部控制制度及控制测试要点；掌握库存现金、银行存款和其他货币资金实质性测试中的重要程序。

能力任务：能够对库存现金、银行存款和其他货币资金进行审计。

引导案例

西安达尔曼实业股份有限公司于 1993 年成立，主要从事珠宝、玉器的加工和销售。1996 年 12 月，公司在上交所挂牌上市，1998 年和 2001 年两次配股，共募集资金 7.17 亿元。西安翠宝首饰集团公司一直是达尔曼的第一大股东，实际上完全由许宗林一手控制。

1997—2003 年，达尔曼销售收入为 18 亿元；净利润为 4.12 亿元；资产总额比上市时增长 5 倍，达到 22 亿元；净资产增长 4 倍，达到 12 亿元。在 2003 年之前，公司各项财务数据呈现均衡增长。然而，2003 年公司首次出现净利润亏损，主营业务收入由 2002 年的 3.16 亿元下降到 2.14 亿元，亏损 1.40 亿元，每股收益为-0.49 元；同时，公司的重大违规担保事项浮出水面，涉及人民币 3.45 亿元和美元 133.50 万元；还有涉及人民币 5.18 亿元的重大质押事项。

2004 年 5 月 10 日，达尔曼被上交所实行特别处理为“ST 达尔曼”，同时证监会对公司涉嫌虚假陈述行为立案调查。截至 2004 年 6 月 30 日，公司总资产锐减为 13 亿元，净资产-3.46 亿元，仅半年时间亏损 14 亿元，不仅抵销了上市以来的大部分业绩，而且濒临退市破产。2004 年 12 月 30 日，股价跌破 1 元面值。2005 年 3 月 25 日，达尔曼被终止上市。

2005 年 5 月 17 日，证监会公布了对达尔曼及相关人员的行政处罚决定书（证监罚字[2005] 10 号），指控达尔曼虚构销售收入、虚增利润，通过虚签建设施工合同和设备采购合同、虚假付款、虚增工程设备价款等方式虚增在建工程，重大信息（主要涉及公司对外担保、重大资产的抵押和质押、重大诉讼等事项）未披露或未及时披露。证监会还处罚了担任达尔曼审计工作的三名注册会计师，理由是注册会计师在对货币资金、存货项目的审计过程中，未能充分勤勉尽责，未能揭示 4.27 亿元大额定期存单质押情况和未能识别 1.06 亿元虚假钻石毛坯。

达尔曼的主要造假手段如下：

（1）虚增销售收入，虚构公司经营业绩和生产记录。达尔曼所有的采购、生产、销售基本上都是在一种虚拟的状态下进行的，是不折不扣的“皇帝的新装”。每年，公司都会制订一些所谓的经营计划，然后组织有关部门和一些核心人员根据“指标”，按照生产、销售的各个环节，制作虚假的原料入库单、生产进度报表和销售合同等，为了做得天衣无缝，对相关销售发票、增值税发票的税款也照章缴纳，还因此被评为当地的先进纳税户。公司在不同年度虚构销售和业绩的具体手法也不断变化：1997—2000 年度主要通过与大股东翠宝集团及下属子公司之间的关联交易虚构业绩，2000 年仅向翠宝集团的关联销售就占到了当年销售总额的 42.4%。2001 年，由于关联交易受阻，公司开始向其他公司借用账户，通过自有资金的转入转出，假作租金或其他收入及相关费用，虚构经营业绩。2002—2003 年，公司开始利用自行设立的大批“壳公司”进行“自我交易”，达到虚增业绩的目的。年报显示，这两年公司的前 5 名销售商大多是来自深圳的新增交易客户，而且基本都采用赊销挂账的方式，使得达尔曼的赊销比例由 2000 年的 24% 上升到 2003 年的 55%。经查明，这些公司均是许宗林设立的“壳公司”，通过这种手法两年共虚构销售收入 4.06 亿元，占这两年全部收入的 70% 以上，虚增利润 1.52 亿元。

（2）虚假采购、虚增存货。虚假采购，一方面是为了配合公司虚构业绩的需要；另一方面是为了达到转移资金的目的。达尔曼虚假采购主要是通过关联公司和形式上无关联的“壳公司”来实现的。从年报可以看出，公司对大股东翠宝集团的原材料采购在 1997—2001 年呈现递增趋势，至 2001 年占到了全年购货额的 26%。2002 年年报显示，公司当年期末存货增加 8 641 万元，增幅达 86.15%，系年末从西安达福工贸有限公司购进估价 1.06 亿元的钻石毛坯所致，该笔采购数额巨大且未取得购货发票。后经查明，该批存货实际上是从“壳公司”购入的非常低廉的锆石。注册会计师也因未能识别该批虚假存货而受到处罚。从 2001 年公司开始披露的应付账款前 5 名的供货商名单中可以看出，公司的采购过于集中，而且呈加剧状态。到 2003 年，前 5 位供货商的应付账款占到全部应付账款的 91%。

（3）虚构往来，虚增在建工程、固定资产和对外投资。为了伪造公司盈利假象，公司销售收入大大高于销售成本与费用，对这部分差额，除了虚构往来外，公司大量采用虚增在建工程和固定资产、伪造对外投资等手法来转出资金，使公司造假现金得以循环使用。还通过这种手段掩盖公司资金真实流向，将上市公司资金转匿到个人账户，占为己有。据统计，从上市以来，达尔曼共有大约 15 个主要投资项目，支出总金额约 10.60 亿元。无论是 1997 年的“扩建珠宝首饰加工生产线”项目，还是 2003 年的“珠宝一条街”项目，大多都被许宗林用来作为转移资金的手段。2002 年年报中的“在建工程附表”显示，公司有很多已开工 2 年以上的项目以进口设备未到或未安装为借口挂账；而 2003 年年报的审计意见中更是点明“珠宝一条街”、“都江堰钻石加工中心”、“蓝田林木种苗”等许多项目在投入巨额资金后未见到实物形态，公司也无法给出合理的解释。证监会的处罚决定指控达尔曼 2003 年年报虚增在建工程约 2.16 亿元。

（4）伪造与公司业绩相关的资金流，并大量融资。为了使公司虚构业绩看起来更真实，达尔曼配合虚构业务，伪造相应的资金流，从形式上看，公司的购销业务都有资金流转轨迹和银行单据。达尔曼设立大量“壳公司”，并通过大量融资来支持造假所需资金。在虚假业绩的支撑下，达尔曼得以在 1998 年和 2001 年两次配股融资。同时达尔曼利用上市公司的信用，为“壳公司”贷款提供担保，通过“壳公司”从银行大量融资作为收入注入上市公司，再通过支出成本的方式将部分转出，伪造与业绩相关的资金收付款痕迹。

思考：会计师事务所在对达尔曼的资金审计中存在何种问题？

10.1 货币资金与业务循环

10.1.1 货币资金的特点

货币资金，是指以货币形态存在的资产，是企业资产的重要组成部分，具体包括现金、银行存款和其他货币资金。货币资金是企业流动性最强的资产，是各循环的枢纽，企业大部分经济业务都要通过货币资金的收付来实现，因而它出现差错的可能性也较大。同时货币资金又是重要的流通和支付手段，容易发生贪污盗窃、非法挪用、挥霍浪费等违法、违纪行为，因此做好货币资金的审计非常重要。

10.1.2 货币资金与业务循环的关系

货币资金与每一个业务循环都存在着密切的关系，货币资金是各业务循环的枢纽。货币资金最初以投资或借款的方式流入企业，企业用一部分货币资金去购买生产经营所需要的资源和劳务，并用这些资源和劳务生产待销售的商品或服务，然后将这些已完工的商品或服务出售给顾客以换回货币资金，其中一部分以利息或股利的方式支付给债权人或投资者，另一部分则被用来参与下一轮循环。可以看出，货币资金审计与各业务循环测试都有直接的关系，在进行前述循环各账户的测试时，大都会涉及货币资金的增减业务审计。

10.2 货币资金的内部控制及其测试

10.2.1 货币资金内部控制的目标

由于货币资金是企业流动性最强的资产，企业必须加强对货币资金的管理，建立良好的货币资金内部控制，以确保对全部应收取的货币资金的回收均能可靠地实现，并及时正确地予以记录。确保全部货币资金是按照经批准的用途进行的，并及时正确地予以记录。确保库存现金、银行存款报告正确，并得以恰当保管。确保正确预测企业正常经营所需的货币资金收支额，确保企业有充足又不过剩的货币资金余额。

一般而言，良好的货币资金内部控制应该达到以下几点：

（1）货币资金收支岗位与记账岗位分离。

（2）货币资金收支要有合理、合法的凭据。

（3）全部收支及时准确入账，并且支出要有核准手续。

（4）控制现金坐支，当日收入现金应及时送存银行。

（5）按月盘点现金，编制银行存款余额调节表，以做到账实相符。

（6）加强对货币资金收支业务的内部审计。

10.2.2　货币资金内部控制的内容

《企业内部控制配套指引》规定，货币资金的内部控制包括以下内容：

1）岗位分工及授权批准

（1）单位应当建立货币资金业务的岗位责任制，明确相关部门和岗位的职责权限，确保办理货币资金业务的不相容岗位相互分离、制约和监督。出纳人员不得兼任稽核、会计档案保管和收入、支出、费用、债权债务账目的登记工作。单位不得由一人办理货币资金业务的全过程。

（2）单位应当对货币资金业务建立严格的授权批准制度，明确审批人对货币资金业务的授权批准方式、权限、程序、责任和相关控制措施，规定经办人办理货币资金业务的职责范围和工作要求。审批人应当根据货币资金授权批准制度的规定，在授权范围内进行审批，不得超越审批权限。经办人应当在职责范围内，按照审批人的批准意见办理货币资金业务。对于审批人超越授权范围审批的货币资金业务，经办人员有权拒绝办理，并及时向审批人的上级授权部门报告。

（3）单位应当按照规定的程序办理货币资金支付业务。

①支付申请。单位有关部门或个人用款时，应当提前向审批人提交货币资金支付申请，注明款项的用途、金额、预算、支付方式等内容，并附有效经济合同或相关证明。

②支付审批。审批人根据其职责、权限和相应程序对支付申请进行审批。对不符合规定的货币资金支付申请，审批人应当拒绝批准。

③支付复核。复核人应当对批准后的货币资金支付申请进行复核，复核货币资金支付申请的批准范围、权限、程序是否正确，手续及相关单证是否完备，金额计算是否准确，支付方式、支付单位是否妥当等。复核无误后，交由出纳人员办理支付手续。

④办理支付。出纳人员应当根据复核无误的支付申请，按规定办理货币资金支付手续，及时登记库存现金和银行存款日记账。

（4）单位对于重要的货币资金支付业务，应当实行集体决策和审批，并建立责任追究制度，防范贪污、侵占、挪用货币资金等行为。

（5）严禁未经授权的机构或人员办理货币资金业务或直接接触货币资金。

2）库存现金和银行存款的管理

（1）单位应当加强现金库存限额的管理，超过库存限额的现金应及时存入银行。

（2）单位必须根据《现金管理暂行条例》的规定，结合本单位的实际情况，确定本单位现金的开支范围。不属于现金开支范围的业务应当通过银行办理转账结算。

（3）单位现金收入应当及时存入银行，不得用于直接支付单位自身的支出。因特殊情况需坐支现金的，应事先报经开户银行审查批准。

单位借出款项必须执行严格的授权批准程序，严禁擅自挪用、借出货币资金。

（4）单位取得的货币资金收入必须及时入账，不得私设小金库，不得账外设账，严禁收款不入账。

（5）单位应当严格按照《支付结算办法》等国家有关规定，加强银行账户的管理，严格按照规定开立账户，办理存款、取款和结算。

单位应当定期检查、清理银行账户的开立及使用情况，发现问题，及时处理。

单位应当加强对银行结算凭证的填制、传递及保管等环节的管理与控制。

（6）单位应当严格遵守银行结算纪律，不准签发没有资金保证的票据或远期支票，套取银行信用。不准签发、取得和转让没有真实交易和债权债务的票据，套取银行和他人资金。不准无理拒绝付款，任意占用他人资金。不准违反规定开立和使用银行账户。

（7）单位应当指定专人定期核对银行账户，每月至少核对一次，编制银行存款余额调节表，使银行存款账面余额与银行对账单调节相符。如调节不符，应查明原因，及时处理。

（8）单位应当定期和不定期地进行现金盘点，确保现金账面余额与实际库存相符。如发现不符，及时查明原因并进行处理。

3）票据及有关印章的管理

（1）单位应当加强与货币资金相关的票据的管理，明确各种票据的购买、保管、领用、背书转让、注销等环节的职责权限和程序，并专设登记簿进行记录，防止空白票据的遗失和盗用。

（2）单位应当加强银行预留印鉴的管理。财务专用章应由专人保管，个人名章必须由本人或其授权人员保管。严禁一人保管支付款项所需的全部印章。

按规定需要有关负责人签字或盖章的经济业务，必须严格履行签字或盖章手续。

4）监督检查

（1）单位应当建立对货币资金业务的监督检查制度，明确监督检查机构或人员的职责权限，定期和不定期地进行检查。

（2）货币资金监督检查的内容主要包括：

①货币资金业务相关岗位及人员的设置情况。重点检查是否存在货币资金业务不相容职务混岗的现象。

②货币资金授权批准制度的执行情况。重点检查货币资金支出的授权批准手续是否健全，是否存在越权审批行为。

③支付款项印章的保管情况。重点检查是否存在办理付款业务所需的全部印章交由一人保管的现象。

④票据的保管情况。重点检查票据的购买、领用、保管手续是否健全，票据保管是否存在漏洞。

（3）对监督检查过程中发现的货币资金内部控制中的薄弱环节，应当及时采取措施，加以纠正和完善。

10.2.3 货币资金内部控制的测试

1）库存现金的控制测试

（1）了解库存现金内部控制。注册会计师可以根据实际情况采用询问被审计单位的人员、观察特定控制的运用、检查文件和报告等调查手段，收集库存现金内部控制的必要资料，然后根据了解的情况编制流程图，对中小企业也可采用文字叙述法或调查表法，实现对库存现金内部控制的了解。若已有以前年度的流程图或货币资金内部控制的文字说明或调查表，注册会计师可根据调查结果加以适当修正，以供本年度审计之用。一般地，在了解货币资金内部控制时，注册会计师应当注意检查货币资金内部控制是否建立并严格执行。

一般来说，在了解库存现金内部控制时，注册会计师应当注意检查库存现金内部控制的建立和执行情况，并关注：

①库存现金的收支是否按规定的程序和权限办理。

②是否存在与被审计单位经营无关的款项收支情况。

③出纳与会计的职责是否严格分离。

④库存现金是否得到妥善保管，是否定期进行盘点、核对等。

(2) 检查收款凭证。如果现金收款内部控制不严格，很可能会发生贪污舞弊或挪用公款等情况。例如，在一家小企业中，出纳员同时负责登记应收账款明细账，很可能发生循环挪用货款的情况。为测试现金收款的内部控制，注册会计师应按现金的收款凭证分类，选取适当的样本量，进行如下检查：

①核对库存现金日记账的收入金额是否正确。

②核对收款凭证与应收账款明细账的有关记录是否相符。

③核对实收金额与销货发票是否一致等。

(3) 检查付款凭证。为测试现金付款内部控制，注册会计师应按照现金付款凭证分类，选取适当的样本量，进行如下检查：

①检查付款的授权批准手续是否符合规定。

②核对库存现金日记账的付出金额是否正确。

③核对付款凭证与应付账款明细账的记录是否一致。

④核对实付金额与购货发票是否相符等。

(4) 抽取一定期间的库存现金日记账与总账进行核对。注册会计师应抽取一定期间的库存现金日记账，检查其加总是否正确无误，库存现金日记账是否与总分类账核对相符。

(5) 检查外币现金的折算方法是否符合有关规定，是否与上一年度相一致。对于有外币现金的被审计单位，注册会计师应检查外币库存现金日记账及“财务费用”、“在建工程”等账户的记录，确定企业有关外币现金的增减变动是否采用交易发生日的即期汇率将外币金额折算为记账本位币金额，或者采用按照系统合理的方法确定的、与交易发生日即期汇率近似的汇率折算为记账本位币金额，选择采用汇率的方法前后各期是否一致。检查企业的外币现金的期末余额是否采用期末即期汇率折算为记账本位币金额。折算差额的会计处理是否正确。

(6) 评价库存现金的内部控制。注册会计师在完成上述程序之后，即可对库存现金的内部控制进行评价。在评价时，注册会计师应首先确定库存现金内部控制的可信赖程度以及存在的薄弱环节和缺点，然后据以确定在库存现金实质性程序中对哪些环节可以适当减少审计程序，哪些环节应增加审计程序，作重点检查，以减小审计风险。

2) 银行存款的控制测试

(1) 了解银行存款的内部控制。注册会计师对银行存款内部控制的了解一般与了解库存现金的内部控制同时进行。注册会计师应当注意的内容包括：

①银行存款的收支是否按规定的程序和权限办理。

②银行账户是否存在与本单位经营无关的款项收支情况。

③是否存在出租、出借银行账户的情况。

④出纳与会计的职责是否严格分离。

⑤是否定期取得银行对账单并编制银行存款余额调节表等。

（2）检查银行存款收款凭证。注册会计师应选取适当的样本量，进行如下检查：

①核对收款凭证与存入银行账户的日期和金额是否相符。

②核对银行存款日记账的收入金额是否正确。

③核对收款凭证与银行对账单是否相符。

④核对收款凭证与应收账款明细账的有关记录是否相符。

⑤核对实收金额与销货发票是否一致等。

（3）检查银行存款付款凭证。为测试银行存款付款内部控制的有效程度，注册会计师应选取适当的样本量，进行如下检查：

①检查付款的授权批准手续是否符合规定。

②核对银行存款日记账的付出金额是否正确。

③核对付款凭证与银行对账单是否相符。

④核对付款凭证与应付账款明细账的记录是否一致。

⑤核对实付金额与购货发票是否相符等。

（4）抽取一定期间的银行存款日记账与总账核对。注册会计师应抽取一定期间的银行存款日记账，检查其有无计算错误，并与银行存款总分类账进行核对。

（5）抽取一定期间银行存款余额调节表，查验其是否按月正确编制并经复核。为证实银行存款记录的正确性，注册会计师必须抽取一定期间的银行存款余额调节表，将其同银行对账单、银行存款日记账及总账进行核对，确定被审计单位是否按月正确编制并复核银行存款余额调节表。

（6）检查外币银行存款的折算方法是否符合有关规定，是否与上一年度相一致。对于有外币银行存款的被审计单位，注册会计师应检查外币银行存款日记账及“财务费用”、“在建工程”等账户的记录，确定有关外币银行存款的增减变动是否采用交易发生日的即期汇率将外币金额折算为记账本位币金额，或者采用按照系统合理的方法确定的、与交易发生日即期汇率近似的汇率折算为记账本位币金额，选择采用汇率的方法前后各期是否一致。检查企业的外币银行存款余额是否采用期末即期汇率折算为记账本位币金额。折算差额的会计处理是否正确。

（7）评价银行存款的内部控制。注册会计师在完成上述程序之后，即可对银行存款的内部控制进行评价。在评价时，注册会计师应首先确定银行存款内部控制的可信赖程度以及存在的薄弱环节和缺点，然后据以确定在银行存款实质性程序中对哪些环节可以适当减少审计程序，哪些环节应增加审计程序，作重点检查，以减小审计风险。

3）其他货币资金的控制测试

（1）了解其他货币资金的内部控制。注册会计师在对其他货币资金的内部控制进行了解时，应当注意的内容包括：

①其他货币资金的收支是否按规定的程序和权限办理。

②其他货币资金的记账依据是否充分、恰当。

③其他货币资金是否及时入账。

④出纳与会计的职责是否严格分离。

（2）检查收支凭证。注册会计师应选取适当的样本量，进行如下检查：

①检查授权批准手续是否符合规定。

②检查原始凭证是否充分、恰当。

③检查入账金额是否正确。

④检查入账时间是否及时。

（3）抽取一定期间的其他货币资金明细账与总账核对。注册会计师应抽取一定期间的其他货币资金明细账，检查其有无计算错误，并与其他货币资金总分类账核对。

（4）评价其他货币资金的内部控制。注册会计师在完成上述程序之后，即可对其他货币资金的内部控制进行评价。在评价时，注册会计师应首先确定其他货币资金内部控制的可信赖程度以及存在的薄弱环节和缺点，然后据以确定在其他货币资金实质性程序中对哪些环节可以适当减少审计程序，哪些环节应增加审计程序，作重点检查，以减小审计风险。

如果被审计单位的其他货币资金业务较少，那么注册会计师可以直接实施其他货币资金的实质性程序。

以现销收入交易为例，其相关的控制目标、关键内部控制和测试见表 10-1。

表 10-1　**现销收入业务的控制目标、关键内部控制和测试一览表**

内部控制目标	关键内部控制	常用的控制测试
登记入账的现金收入确定为企业已经实际收到的现金（存在或发生）	①现金出纳与现金记账的岗位分离 ②现金折扣必须履行适当的审批手续	①观察 ②检查现金折扣是否经过恰当的审批
收到的现金收入已全部登记入账（完整性）	①现金出纳与现金记账的岗位分离 ②每日及时记录现金收入 ③定期向顾客寄送对账单 ④现金收入记录的内部复核	①观察 ②检查是否存在未入账的现金收入 ③检查是否向顾客寄送对账单，了解是否定期进行 ④检查复核标记
已经收到的现金确实为企业所有（权利和义务）	定期盘点库存现金并与账面余额进行核对	检查是否定期盘点，检查盘点记录
登记入账的现金已经如数存入银行并登记入账（计价和分摊）	①定期取得银行对账单 ②编制银行存款余额调节表	检查银行对账单、银行存款余额调节表
现金收入在资产负债表上的披露正确（表达与披露）	库存现金日记账与总账的登记职责分开	观察

10.2.4　管理当局违背认定的表现和常用手段

1）贪污、挪用公款

贪污挪用公款的具体表现形式见表 10-2。

表 10-2　　贪污挪用公款的表现形式

贪污现金	隐瞒收入	(1) 收入现金后，撕毁票据不报账或入账 (2) 收入现金后，不开票据不报账或入账
	利用篡改、刮擦消退等手段涂改凭证金额	利用管理上的漏洞或工作上的便利，更改凭证上的金额： (1) 将收入金额改小 (2) 将支出金额改大
	支出的原始凭证重复报销	一证多报，多发生在财务部门
	大头小尾巴	多发生在费用报销环节，即利用假复写的办法，使现金存根金额多于实际支出金额
	向客户开出空白发票或收据	手法较高，轻松将收入据为己有
	冒充领导签字	在原始凭单上冒充领导签字进行业务报销
挪用现金	列错库存现金总额	(1) 出纳将库存现金日记账中的收入合计数少列 (2) 出纳将库存现金日记账中的支出合计数多列
	白条抵库	利用白条借出现金为自己或他人谋取私利
	收入不入账	出纳将收入的现金不制证入账挪作他用
	职工不正常借款	职工从单位借款后未办理正常业务，而是挪作他用
	应收账款收回不及时处理	应收账款收到现金后不入账，而将现金挪作他用，多发生在会计或出纳身上

2）私设小金库

小金库，是指企业通过隐瞒收入或虚列支出的方法，将一部分资金的收支不入账（账外账）。企业通过私设小金库以达到隐瞒收入且逃避税收、挥霍浪费、行贿、随意开支的目的，极大地损害了国家利益。企业小金库的资金来源有：隐瞒收入、虚列支出等。

企业私设小金库的主要表现有：有大额以个人名义开设的储蓄账户，且存取频繁；出纳手中的现金出现大额长款；明知已发生的支出，在账上查不到等。

10.3 货币资金的实质性程序

10.3.1 货币资金的审计目标

在货币资金的实质性测试中，注册会计师必须取得充分、适当的审计证据以验证货币资金的余额是否符合管理当局的认定。货币资金的审计目标见表 10-3。

表 10-3　　货币资金的审计目标

一般审计目标	审计具体目标
总体合理性	确定货币资金的相关项目从总体上无重大异常
真实性	记录的货币资金在资产负债表日确实存在
完整性	所有货币资金都已记录在货币资金的总账和明细账中
所有权	确定被审计单位对资产负债表中所有的货币资金都有法律上的所有权
计价	确定资产负债表中货币资金的余额计算正确
截止	确定货币资金的增减均已记录于正确的会计期间
准确性	确定资产负债表中货币资金的余额与各货币资金总账科目的余额合计数一致 确定货币资金的日记账、总账、报表合计数相符
分类	货币资金被恰当地分类描述
表达与披露	与货币资金相关的信息已公允披露，且金额恰当

10.3.2　主要账户的实质性程序

1）库存现金的实质性程序

（1）核对库存现金日记账与总账的余额是否相符。如果不相符，应查明原因，要求被审计单位进行适当调整。

（2）盘点库存现金，并取得库存现金盘点表。

盘点库存现金是证实资产负债表中所列报的现金是否存在的一项重要程序。在盘点前，应当由出纳员将现金集中存入保险柜，必要时可以封存，然后由出纳员把已办妥现金收付手续的收付凭证记入库存现金日记账。盘点库存现金的具体步骤和方法如下：

①制定库存现金盘点程序，实施突击检查。

盘点时间：最好选择在企业营业时间的上午上班前或下午下班前进行。如遇工资发放日，应将盘点提前或延后。

盘点范围：一般指财会部门和企业其他部门经管的库存现金，包括已收到但未存入银行的现金、备用金等。如果企业库存现金存放部门有两处或以上，应同时进行盘点。

盘点人员：必须有被审计单位的出纳、主管会计参加，并由注册会计师进行盘点。

②检查库存现金日记账，并与现金收款凭证和付款凭证相核对。

注册会计师应重点检查库存现金日记账的记录是否与凭证所记载的内容、金额相符，凭证有无异常，同时也应了解凭证日期与日记账所登记的日期是否相符或接近。

③由出纳员根据库存现金日记账结出现金余额。

④盘点保险柜里的库存现金实存数，编制库存现金盘点表（格式参见表 10-4，分币

种、面值列示盘点金额）。若有冲抵库存现金的借条、代保管的工资、未提现的支票、未报销的原始凭证等，应在库存现金盘点表中注明或进行必要的调整。

表 10-4　　**库存现金盘点表**

被审计单位：________	索引号：________
项目：________	财务报表截止日/期间：________
编制：________	复核：________
日期：________	日期：________

<table>
<tr><th colspan="6">检查盘点记录</th><th colspan="7">实有库存现金盘点记录</th></tr>
<tr><th colspan="2">项目</th><th>项次</th><th>人民币</th><th>美元</th><th>某外币</th><th>面额</th><th colspan="2">人民币</th><th colspan="2">美元</th><th colspan="2">某外币</th></tr>
<tr><td colspan="2">上一日账面库存余额</td><td>①</td><td></td><td></td><td></td><td></td><td>张</td><td>金额</td><td>张</td><td>金额</td><td>张</td><td>金额</td></tr>
<tr><td colspan="2">盘点日未记账传票收入金额</td><td>②</td><td></td><td></td><td></td><td>100 元</td><td></td><td></td><td></td><td></td><td></td><td></td></tr>
<tr><td colspan="2">盘点日未记账传票支出金额</td><td>③</td><td></td><td></td><td></td><td>50 元</td><td></td><td></td><td></td><td></td><td></td><td></td></tr>
<tr><td colspan="2">盘点日账面应有金额</td><td>④=①+②-③</td><td></td><td></td><td></td><td>20 元</td><td></td><td></td><td></td><td></td><td></td><td></td></tr>
<tr><td colspan="2">盘点实有库存现金数额</td><td>⑤</td><td></td><td></td><td></td><td>10 元</td><td></td><td></td><td></td><td></td><td></td><td></td></tr>
<tr><td colspan="2">盘点日应有与实有差异</td><td>⑥=④-⑤</td><td></td><td></td><td></td><td>5 元</td><td></td><td></td><td></td><td></td><td></td><td></td></tr>
<tr><td rowspan="6">差异原因分析</td><td>白条抵库（张）</td><td></td><td colspan="3"></td><td>2 元</td><td></td><td></td><td></td><td></td><td></td><td></td></tr>
<tr><td></td><td></td><td colspan="3"></td><td>1 元</td><td></td><td></td><td></td><td></td><td></td><td></td></tr>
<tr><td></td><td></td><td colspan="3"></td><td>0.5 元</td><td></td><td></td><td></td><td></td><td></td><td></td></tr>
<tr><td></td><td></td><td colspan="3"></td><td>0.2 元</td><td></td><td></td><td></td><td></td><td></td><td></td></tr>
<tr><td></td><td></td><td colspan="3"></td><td>0.1 元</td><td></td><td></td><td></td><td></td><td></td><td></td></tr>
<tr><td></td><td></td><td colspan="3"></td><td>合计</td><td></td><td></td><td></td><td></td><td></td><td></td></tr>
<tr><td rowspan="5">追溯调整</td><td colspan="2">报表日至审计日库存现金付出总额</td><td></td><td></td><td></td><td colspan="7" rowspan="6">情况说明及审计结论：</td></tr>
<tr><td colspan="2">报表日至审计日库存现金收入总额</td><td></td><td></td><td></td></tr>
<tr><td colspan="2">报表日库存现金应有余额</td><td></td><td></td><td></td></tr>
<tr><td colspan="2">报表日账面汇率</td><td></td><td></td><td></td></tr>
<tr><td colspan="2">报表日余额折合本位币金额</td><td></td><td></td><td></td></tr>
<tr><td colspan="3">审计数</td><td></td><td></td><td></td></tr>
</table>

出纳员：　　会计主管人员：　　监盘人：　　检查日期：

⑤在资产负债表日后进行库存现金盘点的，则需调整至资产负债表日的金额。调整公式如下：

$$\text{资产负债日现金余额} = \text{盘点日现金余额} + \text{资产负债表日后至盘点日现金支出数} - \text{资产负债表日后至盘点日现金收入数}$$

⑥核对盘点金额与库存现金日记账余额是否相符，如有差异，应查清原因，并进行记录或进行适当调整。

(3) 抽查大额现金收支。

注册会计师应抽查大额现金收支事项的原始凭证，着重查明经济业务的内容是否完整，有无授权批准。核对收支事项与被审计单位生产经营业务是否无关，如有无关事项，则需查明原因并进行相应的记录。

(4) 检查现金收支的正确截止日期。

被审计单位资产负债表上的库存现金余额，是以结账日实有数额为准。因此注册会计师应验证现金收支的截止日期。检查方法是对结账日前后一定时期内的现金收支凭证进行审计，以确定是否存在跨期事项。

(5) 检查外币现金的折算是否正确。

注册会计师应审查外币现金的收支是否按选定汇率折算成记账本位币金额。外币现金期末余额是否按期末市场汇率折合为记账本位币金额。外币折合差额是否按规定记入相关账户。

(6) 检查库存现金在资产负债表上列示和披露的恰当性。

库存现金在资产负债表中货币资金项目下反映，注册会计师应在上述程序的基础上，确定库存现金账户的期末余额是否恰当，据以确定库存现金是否在资产负债表上恰当列示和披露。

【例 10-1】2014 年 1 月 21 日，注册会计师对甲企业 2013 年度的会计报表进行审计，总账中库存现金余额为 850 元。当天对出纳经管的库存现金进行了清点，清点结果如下：

(1) 现金实存数 550 元，其中 100 元的 5 张，10 元的 4 张，5 元的 2 张。

(2) 保险柜中有下列单据已收付款，但未入账：

①某职工借条一张，系差旅费，金额是 200 元，已经批准，日期是 2013 年 12 月 29 日。

②某采购员借条一张，金额是 130 元，日期是 2013 年 12 月 20 日，未经批准。

③保险柜中有已收款未入账的凭证 3 张，金额是 130 元，日期是 2014 年 1 月 8 日。

(3) 经核对 2014 年 1 月 1 日至 1 月 10 日收入现金金额为 2 300 元，支出现金金额为 2 400 元，正确无误。

要求：(1) 填写库存现金盘点表。

(2) 指出该公司现金管理中存在的问题。

【解析】

(1) 根据题中有关情况，填写库存现金盘点表，见表 10-5。

注意：表中审计数需根据报告进一步审计程序的结果而定。

(2) 该公司现金管理中存在的问题包括：白条抵库 130 元，要追回；200 元差旅费虽经批准，但入账不及时；三笔借款不及时入账，应查找出现此情况的原因。

表 10-5 **库存现金盘点表**

被审计单位：甲公司	索引号：
项目：库存现金	财务报表截止日/期间：2013 年 12 月 31 日
编制：	复核：
日期：2014 年 1 月 21 日	日期：

检查盘点记录				实有库存现金盘点记录				
项目		项次	人民币	面额	人民币		某外币	
上一日账面库存余额		①			张	金额	张	金额
盘点日未记账传票收入金额		②		100 元	5	500		
盘点日未记账传票支出金额		③		50 元				
盘点日账面应有金额		④=①+②-③	750	20 元				
盘点日实有库存现金数额		⑤	550	10 元	4	40		
盘点日应有与实有差异		⑥=④-⑤	200	5 元	2	10		
差异原因分析	入账不及时		200	2 元				
	白条抵库		130	1 元				
	已收款尚未入账		130	0.5 元				
				0.2 元				
				0.1 元				
				合计		550		
追溯调整	报表日至审计日库存现金付出总额		2 400					
	报表日至审计日库存现金收入总额		2 300					
	报表日库存现金应有余额		850	情况说明及审计结论：				
	报表日账面汇率							
	报表日余额折合本位币金额							
审计数								

出纳员：　　会计主管人员：　　监盘人：　　检查日期：

2）银行存款的实质性程序

（1）核对银行存款日记账与总账的余额是否相符。注册会计师测试银行存款余额的起点，是核对银行存款日记账与总账的余额是否相符。如果不相符，应查明原因，并考虑是否应建议作出适当调整。

（2）实施实质性分析程序。计算银行存款累计余额应收利息收入，分析比较被审计单位银行存款应收利息收入与实际利息收入的差异是否恰当，评估利息收入的合理性，检查是否存在高息资金拆借，确认银行存款余额是否存在，利息收入是否已经被完整记录。

（3）取得并检查银行存款余额对账单和银行存款余额调节表。

取得并检查银行存款余额对账单和银行存款余额调节表是证实资产负债表中所列银行

存款是否存在的重要程序。银行存款余额调节表通常应由被审计单位根据不同的银行账户及货币种类分别编制，其格式见表 10-6。

表 10-6　　　　**银行存款余额调节表**　　　　索引号：

被审计单位名称：			编制人：		日期：
审计项目：银行存款			复核人：		日期：
审计截止日：					
项　目	金　额	备　注	项　目	金　额	备　注
银行对账单余额			银行存款日记账余额		
加：企业已收，银行未入账的收入			加：银行已收，企业未入账的收入		
其中：1.			其中：1.		
2.			2.		
3.			3.		
减：企业已付，银行未入账的支出			减：银行已付，企业未入账的支出		
其中：1.			其中：1.		
2.			2.		
3.			3.		
调整后银行对账单余额			调整后银行存款日记账余额		

具体测试程序通常包括：

①将被审计单位资产负债表日的银行存款余额对账单与银行询证函回函核对，确认是否一致，抽样核对账面记录的已付票据金额及存款金额是否与对账单记录一致。

②检查资产负债表日的银行存款余额调节表中加计数是否正确，调节后银行存款日记账余额与银行对账单余额是否一致。

③检查调节事项的性质和范围是否合理。检查是否存在跨期收支和跨行转账的调节事项。编制跨行转账业务明细表，检查跨行转账业务是否同时对应转入和转出，未在同一期间完成的转账业务是否反映在银行存款余额调节表的调整事项中；检查大额在途存款的日期，查明发生在途存款的具体原因，追查期后银行对账单存款记录日期，确定被审计单位与银行记账时间差异是否合理，确定在资产负债表日是否需要进行审计调整；检查被审计单位的未付票据明细清单，查明被审计单位未及时入账的原因，确定账簿记录时间晚于银行对账单的日期是否合理；检查被审计单位未付票据明细清单中有记录，但截至资产负债表日银行对账单无记录且金额较大的未付票据，获取票据领取人的书面说明，确认资产负债表日是否需要进行调整；检查资产负债表日后银行对账单是否完整地记录了调节事项中银行未付票据金额。

④检查是否存在未入账的利息收入和利息支出。

⑤检查是否存在其他跨期收支事项。

⑥如果被审计单位未经授权或授权不清，支付货币资金的现象比较突出，检查银行存款余额调节表中支付给异常的领款人（包括没有载明收款人）、签字不全、收款地址不清、金额较大票据的调整事项，确认是否存在舞弊行为。

（4）函证银行存款余额，编制银行函证结果汇总表，检查银行回函。

①向被审计单位在本期存过款的银行发函，包括零余额账户和账户已结清的银行。

②确定被审计单位账面余额与银行函证结果的差异，对不符事项进行适当的处理。

银行存款函证，是指注册会计师在执行审计业务的过程中，需要以被审计单位的名义向有关单位发函询证，以验证被审计单位的银行存款是否真实、合法、完整。函证银行存款余额是证实资产负债表所列银行存款是否存在的重要程序。通过向往来银行函证，注册会计师不仅可以了解企业资产的存在，还可以了解企业账面反映所欠银行债务的情况，并有助于发现企业未入账的银行借款和未披露的或有负债。

注册会计师应向被审计单位在本年存过款（含外埠存款、银行汇票存款、银行本票存款、信用卡存款、信用证保证金存款）的所有银行发函，其中包括企业存款账户已结清的银行，因为有可能存款账户已结清，但仍有银行借款或其他负债存在。并且，虽然注册会计师已直接从某一银行取得了银行对账单和所有已付支票，但仍应向这一银行进行函证。以下列示了银行询证函的参考格式，可供参考。

银行询证函

编号：

××（银行）：

本公司聘请的××会计师事务所正在对本公司××年度财务报表进行审计，按照中国注册会计师审计准则的要求，应当询证本公司与贵行相关的信息。

下列信息出自本公司记录，如与贵行记录相符，请在本函下端“信息证明无误”处签章证明；如有不符。请在“信息不符”处列明不符项目及具体内容；如存在与本公司有关的未列入本函的其他重要信息，也请在“信息不符”处列出其详细资料。

回函请直接寄至××会计师事务所。

回函地址：

邮编：　　　　电话：　　　　传真：　　　　联系人：

截至××年×月×日，本公司与贵行相关的信息列示如下：

银行存款

账户名称	币种	余额	借款日期	还款日期	利率	其他借款条件	抵（质）押品/担保人	备　注

除上述列示的银行借款外，本公司并无来自贵行的银行借款。

注：此项仅函证截至资产负债表日本公司尚未归还的借款。

截至函证日之前 12 个月内注销的账户

账户名称	银行账号	币 种	注销账户日	备注

除上述列示的账户外，本公司并无截至函证日之前 12 个月内在贵行注销的其他账户。

委托存款

账户名称	银行账号	借款方	币种	利率	余额	存款起止日期	备注

除上述列示的委托存款外，本公司并无通过贵行办理的其他委托存款。

委托贷款

账户名称	银行账号	借款方	币种	利率	余额	存款起止日期	备注

除上述列示的委托贷款外，本公司并无通过贵行办理的其他委托贷款。

(1) 本公司为其他单位提供的，以贵行为担保受益人的担保。

以贵行为担保受益人的担保

被担保人	担保方式	担保金额	担保期限	担保事由	担保合同编号	被担保人与贵行就担保事项往来的内容（贷款）等	备注

除上述列示的担保外，本公司并无其他以贵行为担保受益人的担保。

注：如采用抵押或质押方式提供担保的，应在备注中说明抵押或质押物的情况。

(2) 贵行向本公司提供的担保。

贵行向本公司提供的担保

被担保人	担保方式	担保金额	担保期限	担保事由	担保合同编号	备注

除上述列示的担保外，本公司并无贵行提供的其他担保。

本公司为出票人且由贵行承兑尚未支付的银行承兑汇票

银行承兑汇票号码	票面金额	出票日	到期日

除上述列示的银行承兑汇票外，本公司并无由贵行承兑而尚未支付的其他银行承兑汇票。

本公司向贵行已贴现而尚未到期的商业汇票

商业汇票号码	付款人名称	承兑人名称	票面金额	票面利率	出票日	到期日	贴现日	贴现率	贴现净额

除上述列示的商业汇票外，本公司并无向贵行已贴现而尚未到期的其他商业汇票。

本公司为持票人且由贵行托收的商业汇票

商业汇票号码	承兑人名称	票面金额	出票日	到期日

除上述列示的商业汇票外，本公司并无由贵行托收的其他商业汇票。

本公司为申请人，由贵行开具的、未履行完毕的不可撤销信用证

信用证号码	受益人	信用证金额	到期日	未使用金额

除上述列示的不可撤销信用证外，本公司并无由贵行开具的、未履行完毕的其他不可撤销信用证。

本公司与贵行之间未履行完毕的外汇买卖合约

类别	合约号码	买卖币种	未履行的合约买卖金额	汇率	交收日期
贵行卖予本公司					
本公司卖予贵行					

除上述列示的外汇买卖合约外，本公司与贵行之间并无未履行完毕的其他外汇买卖合约。

本公司存放于贵行的有价证券或其他产权文件

有价证券或其他产权文件名称	产权文件编号	数量	金额

除上述列示的有价证券或其他产权文件外，本公司并无存放于贵行的其他有价证券或其他产权文件。

注：此项不包括本公司存放在贵行保管箱中的有价证券或其他产权文件。

其他重大事项

注：此项应填列注册会计师认为重大且应予以函证的其他事项，如信托存款等，如无则应填写“不适用”。

（公司盖章）

年　月　日

以下仅供被函证银行使用：

结论：

1. 信息证明无误。

2. 信息不符，请列明不符项目及具体内容（其他未在本函列出的项目，请列出金额及其详细资料）。

（银行盖章）

年　月　日

经办人：

（5）检查银行存单。

编制银行存单检查表，检查是否与账面记录金额一致，是否被质押或被限制使用，存单是否为被审计单位所拥有。

①对已质押的定期存款，应检查定期存单，并与相应的质押合同核对，同时关注定期存单对应的质押借款有无入账。

②对未质押的定期存款，应检查开户证实书原件。

③对审计外勤工作结束日前已提取的定期存款，应核对相应的兑付凭证、银行对账单和定期存款复印件。

（6）检查银行存款账户存款人是否为被审计单位，若存款人非被审计单位，应获取该账户户主和被审计单位的书面声明，确认资产负债表日是否需要调整。

（7）关注是否存在质押、冻结等对变现有限制或存在于境外的款项，是否已进行了必要的调整和披露。

（8）对不符合现金及现金等价物条件的银行存款在审计工作底稿中予以列明，以考虑对现金流量表的影响。

（9）抽查大额银行存款收支的原始凭证，检查原始凭证是否齐全、记账凭证与原始凭证是否相符、账务处理是否正确、是否记录于恰当的会计期间等项内容。检查是否存在非营业目的的大额货币资金转移，并核对相关账户的进账情况；如有与被审计单位生产经营无关的收支事项，应查明原因并作相应的记录。

（10）检查银行存款收支的正确截止。选取资产负债表日前后若干天的银行存款收支凭证实施截止测试，关注业务内容及对应项目，如有跨期收支事项，应考虑是否提出调整建议。

（11）检查外币银行存款的折算是否符合有关规定，是否与上年度一致。

（12）检查银行存款的列报是否恰当。根据有关规定，企业的银行存款在资产负债表的“货币资金”项目中反映，所以，注册会计师应在实施上述审计程序后，确定银行存款账户的期末余额是否恰当，进而确定银行存款是否在资产负债表上被恰当披露。

银行存款审计中，注册会计师要特别关注以下几个问题：

（1）控制函证。

①注册会计师必须取得被审计单位的银行对账单，并根据对账单审计基准日的存款余额，填写银行询证函。

②对于本审计期间新开户和销户的银行账户，要取得有关资料，一并进行函证，特别是要函证销户账户的原开户行，以确认是否存在未入账贷款。

③银行询证函应该由注册会计师直接发出并接收。

④对于银行账户较多的企业，要了解账户较多的原因，防止其他可能的审计风险。

（2）核对银行对账单。

①取得本期全部银行对账单，根据审计重要性水平，结合专业判断，确定需要核对的金额下限。

②将银行对账单中限额以上的资金和银行存款日记账进行核对。如果没有形成未达账项，肯定借贷双方都有发生，所以为了减少核对的工作量，可以只核对日记账贷方的发生数。

③如果发现没有入账的资金收付，要认真查找原因，可能的原因主要包括被审计单位出借银行账户、收入不入账、挪用资金等。

出借银行账户的情况多见于小企业和特殊行业的企业，如建筑业等。这种情况一般是在对账单上先有一笔资金收入，在相近日期又有一笔资金支出，金额相等，常以整数出现。对于这种情况，要进一步追查资金的来源和去向，必要时，可以进行函证。要核对有关的销售合同，查明是属于出借账户，还是收入没有入账；收入不入账的情况多见于有避税需求的企业。这种情况一般是在对账单上先出现一笔资金收入，然后一次或分次转出。对于这种情况，审计的策略与前一种基本相同。挪用资金的情况多见于资金存量和流量都比较大，内部控制不完善的企业。一般是对账单上先出现一笔资金支付，然后一次或分次转回，资金的支付可能以现金的方式进行，也可能流向证券营业部等其他单位。注册会计师如果发现这种情况，除了进一步采取追查措施以外，要根据情况，必要时向企业主管人员反映情况。

（3）关注定期存款。

①要注意取得定期存单原件，不能用复印件代替。因为可能存在一些定期存单相关交易，在复印件上是难以发现的。有关定期存单的违规行为包括：

定期存单的存款期限跨越审计基准日时，被审计单位先将定期存单复印留底，然后在定期存单到期之前，提前取现，用套取的货币资金虚增收入或挪用以及从事其他违规业务；以定期存单作为质押物，作质押贷款。将定期存单复印留底，用质押贷款所得货币资金虚增收入或挪用以及从事其他违规业务；定期存单背书转让。将定期存单复印留底，用转让所得货币资金虚增收入或挪用以及从事其他违规业务。

②要根据专业判断，对定期存单进行函证或抽样函证。函证必须由注册会计师亲自管理。根据对被审计单位内部控制的判断，决定抽样的比例，如果在进行抽样函证时，出现差异，必须查找原因并全部进行函证。

③要关注定期存单的转存。将存单在会计期间内转存的过程与银行存款日记账进行核对，以确认所有的转存已全部入账。对于没有入账的转存业务，要关注其利息是否已经入账。难以逐笔核对的，要进行测算，发现不可接受的差异，要追查原因，还要根据业务约定提出管理建议。

（4）关注未达账项。

①银行已收企业未收款项。要查明款项的来源和性质，必要时与合同进行核对，以确认是否属于应转未转的收入，特别是对于有避税要求和在各会计期间之间平衡利润要求的企业，对于大额的银行已收企业未收的款项，要保持足够的职业谨慎。

②银行已付企业未付款项。要查明款项的去向和性质，确认是否属于应计未计的费用。对于长期未达账项，要保持足够的职业敏感性，确认是否属于挪用资金或相关的违规行为。必要时，可以向款项的去向单位函证交易的性质。

③企业已付银行未付款项。要查明款项的去向和性质，确认是否属于虚转成本。必要时，可以向对方单位函证交易的性质。

④企业已收银行未收款项。要查明款项的来源和性质，特别关注款项的真实性。必要时，要函证交易的性质，以确认是否属于虚构收入。

【例 10-2】注册会计师王强 2014 年 1 月 18 日审计甲公司 2013 年 12 月 31 日银行存款账户余额是否存在，企业的日记账及向银行索取的对账单分别见表 10-7 与表 10-8，注册会计师在逐笔核对的基础上，编制的银行存款余额调节表见表 10-9。

对于上述未达账项，经注册会计师核实，银行 2013 年 12 月 8 日进账单已收 48 000.00元及银行 2013 年 12 月 9 日电汇已付 48 000.00 元为出纳私自出借账户，实际已办理收付，未敢入账；银行 2013 年 12 月 30 日电汇已收 17 900.54 元，企业实际收到日为 2014 年 1 月 2 日，故未入账；企业 2013 年 12 月 30 日提现 25 000.00 元实际未发生，故银行未记账。

【解析】根据上述核对及对未达账项的审查，审计认定 2013 年 12 月 31 日甲公司银行存款的实存数为：324 025.09+25 000.00+48 000.00−48 000.00＝349 025.09（元）。

表 10-7　　　　银行存款日记账

账号 1010394000124

2013 年		凭证号	对方科目	摘要	结算凭证种类号码	借方	贷方	借或贷	余额
月	日								
12	1			期初余额				借	346 998.60
	2	12	应收账款	收回货款	电汇	24 776.69 V			
	3	15	原材料	购燃料	转支 1255		1 131.50 V		
	6	21	应收账款	收回货款	电汇	1 471.12 V			
	6	25	管理费用	购办公用品	转支 1256		430.12 V		
	7	27	其他应付款	预付货款	电汇		11 142.70 V		
	12	34	管理费用	购低值易耗品	转支 1257		272.10 V		
	17	43	主营业务收入	收销货款	委收	4 756.43 V			
	18	44	库存现金	提现备用	现支 4025		20 000.00 V		
	25	49	应收账款	收回货款	委收	9 866.44 V			
	27	51	原材料	付进货款	电汇		5 867.77 V		
	30	69	库存现金	提现备用	现支 4027		25 000.00		324 025.09
	31			本月合计		40 870.68	63 844.19		324 025.09

表 10-8　　　　银行对账单

账号 1010394000124

月	日	摘　要	结算凭证种类号码	借方	贷方	余额
12	1	期初余额				346 998.60
	2		电汇		24 776.69 V	
	3		转支 1255	1 131.50 V		
	6		电汇		1 471.12 V	
	6		转支 1256	430.12 V		
	7		电汇	11 142.70 V		
	8		进账单		48 000.00	
	9		电汇	48 000.00		
	12		转支 1257	272.10 V		
	17		委收		4 756.43 V	
	18		现支 4025	20 000.00 V		
	25		委收		9 866.44 V	
	27		电汇	5 867.77 V		
	30		电汇		17 900.54	366 925.63

表 10-9　**银行存款余额调节表**　索引号：

被审计单位名称：甲公司			编制人：王强	日期：2014. 1. 18	
审计项目：银行存款			复核人：	日期：	
审计截止日：2013. 12. 31					
项　目	金　额	备　注	项　目	金　额	备　注
银行对账单余额	366 925. 63		银行日记账余额	324 025. 09	
加：企业已收，银行未入账的收入			加：银行已收，企业未入账的收入	65 900. 54	
其中：1.			其中：1.	48 000. 00	8 日进账单
2.			2.	17 900. 54	30 日电汇
3.			3.		
减：企业已付，银行未入账的支出	25 000. 00		减：银行已付，企业未入账的支出	48 000. 00	
其中：1.	25 000. 00	30 日现支 4027	其中：1.	48 000. 00	9 日电汇
2.			2.		
3.			3.		
调整后银行对账单余额	341 925. 63		调整后银行日记账余额	341 925. 63	

3）其他货币资金的实质性程序

其他货币资金的实质性程序主要包括对外埠存款、信用证存款、银行汇票存款、银行本票存款等的审查。对这类资金主要审查其真实性、合法性。

（1）核对其他货币资金，外埠存款、信用证存款、银行汇票存款、银行本票存款等明细账期末合计数与总账数是否相符。检查其他货币资金是否有长期挂账的现象，若挂账时间过长，应进一步分析查证其有无挪用资金或不及时办理结算的问题。

（2）核对银行存款和银行对账单，审查其款项是否与银行对账单相一致。若不一致，应分析是否为未达账项，若不是未达账项，应查明是否收到无效或过期的票据。

（3）函证其他货币资金各明细账户期末余额。

（4）抽查原始凭证并对其进行检查。查明其经济内容是否完整，与收款单位有无业务往来，是否与合同规定的结算方式一致，有无适当的授权审批，并核对相关账户的进账情况。

（5）检查其他货币资金的正确截止。抽取资产负债表日前后的大额收支凭证进行截止测试，如有跨期事项，应作适当的记录和调整。

（6）检查非记账本位币的其他货币资金，检查其折算是否正确。

（7）检查其他货币资金的列示和披露是否恰当。

【例 10-3】注册会计师 2014 年 1 月审查 A 公司 2013 年度“其他货币资金——外埠存款”账户时发现，该公司 2013 年 1 月 8 日编号为 52#的凭证汇出汇款 100 万元，至今尚未报销。经核对 A 公司的业务往来，发现很少与汇款所在地有业务往来。注册会计师要求 A 公司提供外埠存款账户资料，在申请书上申请的理由为“为采购商品需要，在上海开设临时采购户”。在要求提供采购户对账单时，A公司以尚未收到为名拒绝提供。查账人员调阅编号为52#的凭证，其会计分录为：

借：其他货币资金——外埠存款　　1 000 000

　贷：银行存款　　1 000 000

其所附信汇凭证注明开户行为上海市工商银行闵行区支行甲地办事处，收款单位为A公司采购部。

查账人员与甲地办事处取得联系，核对对账单，发现其存款余额为150万元，收款单位和付款单位均为甲地证券公司，其中有一笔业务为提现10万元。

【解析】经注册会计师反复核对证实，甲地办事处为了吸收存款同意A公司设立账户，A公司的外埠存款实际上是为便于买卖有价证券而开设的，通过证券交易赚取收益，并不反映投资收益，以此交易收入作为公司小金库的资金来源。

【建议】A公司在甲地进行投资，未经董事会批准，不应作为投出资金；在甲地开设外埠存款账户属于套取银行信用，该账户应予以撤消；对于投资取得的投资收益应如实在账面进行反映。

借：库存现金　　100 000

　　银行存款　　1 500 000

　贷：投资收益　　600 000

　　　其他货币资金——外埠存款　　1 000 000

本章小结

包括库存现金、银行存款、其他货币资金在内的货币资金是企业流动性最强的资产，容易发生违法违纪行为，因此必须重视对货币资金的审计。注册会计师应当了解被审计单位货币资金的内部控制，并根据需要综合运用询问、观察、检查、重新执行程序等对内部控制进行测试，评估内部控制运行的有效性。在此基础上，基于存在、权利和义务、完整性、计价和分摊的认定，综合利用各种审计程序如检查、重新计算、分析、函证等对库存现金、银行存款和其他货币资金实施实质性测试。

课后训练

一、单项选择题

1. 注册会计师在检查被审计单位2013年12月31日的银行存款余额调节表时，发现下列调节事项，其中有迹象表明其性质或范围不合理的是(　　)。

A. “银行已收、企业未收”项目包含一项2013年12月31日到账的应收账款，被审计单位尚未收到银行的收款通知

B. “企业已付、银行未付”项目包含一项被审计单位于2013年12月31日提交的转账支付申请，用于支付被审计单位2013年12月份的电费

C. “企业已收、银行未收”项目包含一项2013年12月30日收到的退货款，被审计单位已将供应商提供的支票提交银行

D. “银行已付、企业未付”项目包含一项2013年11月支付的销售返利，该笔付款已经总经理授权，但由于经办人员未提供相关单据，会计部门尚未入账

2. 如果在资产负债表日后对库存现金进行盘点，应当根据盘点数、资产负债表日至(　　)的库存现金数，倒推计算资产负债表上所包含的库存现金数是否正确。

A. 审计报告日　　B. 资产负债表日

C. 盘点日　　D. 外勤工作结束日

3. 下列各项中，最有可能预防员工挪用现金收入的控制措施是(　　)。

A. 现金收取与应收账款过账之间的职责分离

B. 坏账冲销由独立于信用审批部门的主管授权

C. 监督每日现金汇总表与现金日记账之间的核对

D. 对现金日记账和每日现金汇总表实施独立的内部稽核

4. 监盘库存现金是注册会计师证实被审计单位资产负债表所列现金是否存在的一项重要程序，被审计单位必须参加盘点的人员是(　　)。

A. 出纳员和会计主管人员　　B. 出纳员和单位负责人

C. 现金出纳员和财务经理　　D. 会计主管人员和内部审计人员

5. 以下对货币资金业务内部控制制度的要求中，与银行存款无直接关系的是(　　)。

A. 按月盘点现金，做到账实相符　　B. 当日收入现金及时送存银行

C. 加强对货币资金业务的内部审计　　D. 收支与记账岗位分离

6. 针对公司下列与货币资金相关的内部控制，注册会计师应提出改进建议的是(　　)。

A. 现金折扣必须经过适当的审批手续

B. 每日及时记录现金日记账和总账

C. 由不接触库存现金、银行存款账务的人员定期取得银行对账单，并及时编制银行存款余额调节表，如果发现差异，立即告知主管人员

D. 银行存款收支要有合理、合法的凭据

7. 在对被审计单位的库存现金进行监盘后，应当由(　　)编制库存现金盘点表。

A. 被审计单位总经理　　B. 被审计单位出纳人员

C. 被审计单位财务总监　　D. 注册会计师

8. 在对银行存款实施审计时，实施的函证程序可以证实若干项目标，其中最基本的目标是(　　)。

A. 是否有漏记的银行借款

B. 银行存款的真实性

C. 是否有充作抵押担保的存货

D. 是否有企业已经记录但是银行没有记录的交易事项

9. 针对被审计单位下列与库存现金相关的内部控制，注册会计师应提出改进建议的是(　　)。

A. 每日及时记录现金收入并定期向顾客寄送对账单

B. 担任登记库存现金日记账的人员负责登记库存现金总账

C. 现金折扣需经过适当审批

D. 每日盘点库存现金并与账面余额核对

10. 货币资金内部控制的以下关键控制环节中，存在重大缺陷的是(　　)。

A. 财务专用章由专人保管，个人名章由本人或其授权人员保管

B. 对重要货币资金支付业务，实行集体决策

C. 现金收入及时存入银行，在特殊情况下，经主管领导审查批准方可坐支现金

D. 指定专人定期核对银行账户，每月核对一次，编制银行存款余额调节表，使银行存款账面余额与银行对账单调节相符

11. 在进行年度财务报表审计时，为了证实被审计单位在临近12月31日签发的支票未予入账，注册会计师实施的最有效的审计程序是(　　)。

A. 审查12月31日的银行存款余额调节表

B. 函证12月31日的银行存款余额

C. 审查12月31日的银行对账单

D. 审查12月份的支票存根

12. 如果注册会计师已从被审计单位的某开户银行获取了银行对账单和所有已付支票清单，该注册会计师(　　)。

A. 不需再向该银行函证

B. 仍需再向该银行函证

C. 复核银行对账单

D. 可根据实际需要，确定是否向银行函证

二、多项选择题

1. 下列情形中，违背货币资金“不相容岗位相互分离”控制原则的有(　　)。

A. 由出纳人员兼任会计档案保管工作

B. 由出纳人员保管签发支票所需全部印章

C. 由出纳人员兼任收入总账和明细账的登记工作

D. 由出纳人员兼任固定资产明细账的登记工作

2. 注册会计师实施的下列各项审计程序中，能够证实银行存款存在的有(　　)。

A. 分析定期存款占银行存款的比例

B. 检查银行存款余额调节表

C. 函证银行存款余额

D. 检查银行存款收支的正确截止

3. 下列说法中，不正确的有(　　)。

A. 制定库存现金监盘程序时应实施突击性检查，时间必须安排在上午上班前或下午下班时进行，在进行库存现金盘点前，应由出纳员将现金集中起来存入保险柜

B. 对于货币资金业务的授权审批制度，甲公司应当设置专门的审批人员，并为其授予审批权限，对于超过该审批人员授权范围的重要货币资金支付业务，应当由财务部经理或者总经理亲自审核批准

C. 盘点库存现金的时间和人员应视被审计单位的具体情况而定，但必须有出纳员和被审计单位会计主管人员参加，并由注册会计师亲自盘点和监盘

D. 注册会计师在分配财务报表项目重要性水平时考虑到由于货币资金是企业流动性最强的资产，企业必须加强对货币资金的管理，并建立良好的货币资金内部控制以防止错漏报及舞弊的发生，所以应从严制定货币资金的重要性水平

4. 公司应当建立对货币资金业务的监督检查制度，明确监督检查机构或人员的职责权限，定期和不定期地进行检查。货币资金监督检查的内容主要包括(　　)。

A. 检查是否存在货币资金业务不相容职务混岗的现象

B. 检查货币资金支出的授权批准手续是否健全，是否存在越权审批行为

C. 检查是否存在办理付款业务所需的全部印章交由一人保管的现象

D. 检查票据的购买、领用、保管手续是否健全，票据保管是否存在漏洞

5. 为了做到银行存款在财务报表上正确截止，对于以下未达账项，注册会计师应当要求被审计单位编制调整会计分录的有(　　)。

A. 银行已付，企业未入账的支出　　B. 银行已收，企业未入账的收入

C. 企业已付，银行未入账的支出　　D. 企业已收，银行未入账的收入

6. 注册会计师拟对被审计单位银行存款余额实施函证程序，以下说法正确的有(　　)。

A. 以被审计单位的名义寄发银行询证函

B. 除余额为零的银行存款账户外，必须对被审计单位所有银行存款账户实施函证

C. 银行询证函由被审计单位盖章后，交由注册会计师直接发出并回收

D. 如果银行询证函回函结果表明没有差异，则直接认定银行存款余额是正确的

7. 下列有关说法中，不恰当的有(　　)。

A. 注册会计师在对银行存款审查时，如果取得的银行存款余额调节表中左右两边金额相等，则可以直接确定银行存款余额的正确性

B. 出纳不能够同时负责登记银行存款日记账和编制银行存款余额调节表

C. 函证银行存款余额是证实资产负债表所列银行存款是否存在的重要程序，通过向往来银行函证，注册会计师不仅可以了解企业资产的存在，还可以了解企业账面反映所欠银行债务的情况，有助于发现企业未入账的银行借款和未披露的或有负债

D. 监盘库存现金是证实资产负债表中所列现金是否存在的一项重要程序，盘点范围包括未存入银行的已收现金、零用金、找换金及各部门人员领用的备用金

8. 资产负债表日后盘点库存现金时，注册会计师应(　　)调整至资产负债表日的金额。

A. 扣减资产负债表日至盘点日库存现金增加额

B. 扣减资产负债表日至盘点日库存现金减少额

C. 加计资产负债表日至盘点日库存现金增加额

D. 加计资产负债表日至盘点日库存现金减少额

9. 针对公司以下与货币资金相关的内部控制，注册会计师应提出改进建议的有(　　)。

A. 现金收入必须及时存入银行，不得直接用于公司的支出

B. 在办理费用报销的付款手续后，出纳人员应及时登记库存现金、银行存款日记账和相关费用明细账

C. 超过规定限额以上的现金支出一律使用支票

D. 期末应当核对银行存款日记账余额和银行对账单余额，对于余额核对相符的银行存款账户，无需编制银行存款余额调节表

10. 下列审计程序中，属于库存现金、银行存款账户实质性程序的有(　　)。

A. 盘点库存现金，编制库存现金盘点表

B. 抽查大额库存现金和银行存款收支

C. 抽取银行存款余额调节表并作检查

D. 向开户银行函证银行存款余额

11. 函证银行存款余额，注册会计师可以证实(　　)。

A. 银行存款是否存在　　B. 银行借款金额

C. 是否存在企业未入账的负债　　D. 是否存在或有负债

12. 注册会计师应当注意检查库存现金内部控制的建立和执行情况，并关注(　　)。

A. 库存现金的收支是否按规定的程序和权限办理

B. 是否存在与被审计单位经营无关的款项收支情况

C. 是否存在出租、出借银行账户的情况

D. 出纳与会计的职责是否严格分离

13. 注册会计师应选取适当的样本量，作如下检查(　　)。

A. 核对收款凭证与存入银行账户的日期和金额是否相符

B. 核对银行存款日记账的收入金额是否正确

C. 核对收款凭证与银行对账单是否相符，核对收款凭证与应收账款明细账的有关记录是否相符

D. 核对实收金额与销货发票是否一致

三、简答题

1. 注册会计师取得银行存款余额调节表后，应检查调节表中未达账项的真实性，以及资产负债表后的进账情况，如果存在应于资产负债表日之前进账的应作相应的调整。注册会计师对此应如何审计？

2. 简述注册会计师进行现金盘点与存货盘点的区别。

技能训练

1. 注册会计师在审查甲公司银行存款时发现，该公司2014年12月31日报表中所列的货币资金项目中，银行存款数额为28 000元，银行存款日记账账面余额为26 680元，银行对账单中银行存款余额为25 400元（经核实是正确的），经核对发现该公司存在以下几笔未达账项：

（1）2014年12月29日，委托银行收款2 500元，银行已收，但收款通知尚未到达甲公司。

（2）2014年12月30日，银行代付水费500元，银行已付，但甲公司未付。

（3）2014年12月30日，甲公司开出转账支票1 500元，公司已记账，但银行尚未办理转账手续。

（4）2014年12月31日，甲公司收到外单位转账支票3 600元，公司已收款入账，银行尚未入账。

（5）2014年12月31日，甲公司收到银行收款通知单金额为3 850元，公司入账误记为3 500元。

要求：

（1）根据上述未达账项编制银行存款余额调节表。

（2）2014 年 12 月 31 日，甲公司资产负债表上所列示的正确金额应是多少？

2. 以下是 ABC 会计师事务所使用的空白银行询证函。请指出询证函中存在的具体问题，并提出改进建议。

银行询证函

________（银行）：

本公司聘请的华正会计师事务所正在对本公司的财务报表进行审计。按照中国注册会计师审计准则的要求，应询证本公司与贵行的存款等事项。下列数据出自本公司账簿记录，如与贵行记录相符，贵行无须回函；如有不符，请在“数据不符”处列明不符金额。按照财政部及中国人民银行的相关规定，贵行应在接到本询证函之日起的 10 内根据要求复函。回函请直接寄至本公司。

公司地址：

邮政编码：　　　　　电话：

截至　　年　月　日止，本公司银行存款余额：

账户名称	银行账号	币种	款项用途	余额	备注

（公司签章）

年　　月　　日

（会计师事务所签章）

年　　月　　日

结论：数据不符，请列明不符金额。

（银行签章）

年　　月　　日

第 11 章　审计报告

◆ 学习任务

知识任务：熟悉终结审计的工作内容；理解审计差异的含义；掌握审计差异调整表的编制方法；掌握试算平衡表的编制方法；掌握对财务报表总体合理性实施分析程序；掌握评价审计结果的方法与内容；掌握审计报告的含义；熟悉审计报告的作用；掌握审计报告的基本内容；掌握审计报告的编写。

能力任务：能够理解终结审计的各项工作程序、掌握审计报告的内容，能够恰当发表审计意见，能够独立完成审计报告的编制。

引导案例

广东科龙电器股份有限公司（以下简称科龙）成立于 1992 年，主要开发、制造电冰箱等家用电器，产品内、外销售和提供售后服务，运输自营产品。1996 年，科龙公开发行 459 589 808 股 H 股并在香港联交所上市。1998 年，科龙获准发行 110 000 000 股 A 股，总股本达 88 200.6563 万元。1999 年，科龙在深圳证券交易所上市。

2002 年之前，科龙的审计机构是安达信。2001 年“ST 科龙”财务报表显示共计提坏账准备及存货跌价准备 6.35 亿元，导致巨亏 15 亿多元。时任审计师安达信会计师事务所以“由于无法执行满意的审计程序以获得合理的保证来确定所有重大交易均已被正确记录并充分披露”为由而出具拒绝表示意见的审计报告。2002 年，安达信因安然事件颠覆后，其在我国内地和香港的业务并入普华永道，普华永道对格林柯尔和科龙采取了请辞之举。德勤为科龙审计 2002—2004 年年报。

2003 年 3 月，德勤为“ST 科龙”2002 年年报出具了保留意见的审计报告。在科龙当年的年报中，通过高达 3.50 亿元的资产减值和预计负债转回，实现净利润 2 亿多元。德勤对该份年报出具保留意见，其主要的理由是不能确定年初科龙公司及合并的净资产是否真实，未取得科龙公司的联营公司华意压缩机股份有限公司的财务报表，以及认为应当调减科龙 1 亿元的净利润（其中包括转回的 2 500 万元存货跌价准备）。由于科龙在 2000 年和 2001 年都是巨亏，2002 年经审计过的财务报表公布盈利，按照当时证监会的规定就可以免于退市，并脱掉 ST 的帽子。此前安达信曾给出过拒绝表示意见的审计报告，在 2001 年年末科龙整体资产价值不确定的情况下，德勤 2002 年给出“保留意见”的审计报告显得有些牵强。

2004 年 4 月，德勤对科龙 2003 年年报出具无保留意见的审计报告。科龙当年的财务报表称实现净利润 2.02 亿元。2005 年德勤对科龙 2004 年年报出具了保留意见的审计报告，主要是因为未能确认两家客户达 5.76 亿元的应收账款，未能确定是否应对销售退回计提准备。科龙当年的财务报表称亏损 6 400 万元。2005 年 5 月，科龙危机爆发，随后德勤宣布不再担任科龙的审计机构。但它此前为科龙 2003 年年报出具的无保留意见审计报告，以及 2002 年和 2004 年年报出具的保留意见审计报告并没有撤回，也没有要求公司进行财报重述。

2005 年 8 月，证监会经过对科龙公司历时 5 个月的调查指出，通过虚构销售收入、少提坏账准备、少计诉讼赔偿金等手段，科龙从 2002 年至 2004 年分别虚增利润 1.1996 亿元、1.1847 亿元和 1.4875 亿元。2002 年科龙通过虚增利润，掩盖了其亏损的事实，尽管德勤因不能确定 2002 年年初的净资产而对 2002 年年报出具了保留意见，但其是认同科龙 2002 年扭亏为盈的；德勤对科龙 2003 年年报出具了无保留意见的审计报告，未能发现科龙 2003 年年报中现金流量表披露存在的重大虚假，少计借款收到现金 30.255 亿元，少计“偿还债务所支付的现金”21.36 亿元，多计经营活动产生的现金流量净额 8.897 亿元，科龙未披露多起会计政策变更等重大事项，也未披露与格林柯尔系公司连体投资、关联采购等关联交易事项。2004 年，尽管德勤对科龙的收入确认出具了保留意见，但没有揭示科龙巨额资金被挪用或侵占的事实，也未要求对以前年度财务报表进行调整。

2005 年 8 月，中国证监会认定科龙电器披露的财务报告与事实严重不符。2005 年年底，证监会对德勤的调查基本完成，基本认定德勤对科龙审计过程中存在的主要问题包括：审计程序不充分、不适当，未发现科龙现金流量表重大差错等。2006 年 1 月，毕马威对科龙的调查结果显示，2001 年 10 月—2005 年 7 月，科龙及其 29 家主要附属公司与格林柯尔系公司或疑似格林柯尔系公司之间进行的不正常重大现金流出总额约为 40.71 亿元，不正常重大现金流入总额约为 34.79 亿元，调查期内涉及的不正常重大现金流共达 75.50 亿元。而德勤为科龙审计的 2002 年至 2004 年的年报，均未提及科龙的不正常重大现金流动。

思考：

（1）审计机构出具的审计报告存在何种问题？

（2）如何出具正确的审计报告？

11.1　审计报告编制前的工作

注册会计师按照审计计划的安排，实施了风险评估程序、控制测试、实质性程序和特殊项目审计后，需要对已获取的审计证据进行整理评价，编制审计差异调整表和试算平衡表，对财务报表的总体合理性实施分析程序，评价审计结果，完成质量控制复核，做好出具审计报告前的工作。

11.1.1　编制审计差异调整表

审计差异是注册会计师在审计中发现的被审计单位的会计处理方法与有关会计准则、会计制度不一致的事项形成的差异。根据误差产生的原因可把审计差异分为核算误差和重分类误差两种。核算误差是因企业对经济业务进行了不正确的会计核算而引起的误差，用审计的重要性原则来衡量每一项核算误差，又可把这些误差区分为建议调整的不符事项和不建议调整的不符事项（即未调整不符事项）；重分类误差是因企业未按企业会计准则列报财务报表而引起的误差。例如，企业在应付账款项目中反映的预付账款、在应收账款项目中反映的预收账款等。

核算误差和重分类误差，在审计工作底稿中通常都是以会计分录的形式进行反映的。由于审计中发现的误差往往不止一两项，为便于审计项目的各级负责人进行综合判断、分析和决策，也为了便于有效编制试算平衡表和代编经审计的财务报表，通常需要将这些建议调整的不符事项、未调整不符事项和重分类误差分别汇总至调整分录汇总表、重分类分录汇总表和未调整不符事项汇总表。上述三张汇总表的参考格式分别见表 11-1、表 11-2 和表 11-3。

表 11-1　　**审计差异调整表——调整分录汇总表**

被审计单位：____________	索引号：EA____________
项目：____________	财务报表截止日/期间：____________
编制：____________	复核：____________
日期：____________	日期：____________

序号	内容及说明	索引号	调整内容				影响利润表+（-）	影响资产负债表+（-）
			借方项目	借方金额	贷方项目	贷方金额		

与被审计单位的沟通：____________

参加人员：____________

被审计单位：____________

审计项目组：____________

被审计单位的意见：

____

____

____

____

____

结论：

____

____

是否同意上述审计调整：______________________________

被审计单位授权代表签字：____________________日期：____________________

表 11-2　**审计差异调整表——重分类分录汇总表**

被审计单位：____________________	索引号：EB____________________
项目：____________________	财务报表截止日/期间：____________________
编制：____________________	复核：____________________
日期：____________________	日期：____________________

序号	内容及说明	索引号	调整项目和金额			
			借方项目	借方金额	贷方项目	贷方金额

与被审计单位的沟通：______________________________

参加人员：______________________________

被审计单位：______________________________

审计项目组：________________________________

被审计单位的意见：

____

____

____

____

结论：

____

____

____

是否同意上述审计调整：________________________________

被审计单位授权代表签字：________________日期：________________

表 11-3 **审计差异调整表——未调整不符事项汇总表**

被审计单位：________________ 索引号：________________

项目：________________ 财务报表截止日/期间：________________

编制：________________ 复核：________________

日期：________________ 日期：________________

序号	内容及说明	索引号	未调整内容				备注
			借方项目	借方金额	贷方项目	贷方金额	

续表

序号	内容及说明	索引号	未调整内容				备注
			借方项目	借方金额	贷方项目	贷方金额	

未更正错报的影响：

项目	金额	百分比	计划百分比
总资产			
净资产			
销售收入			
费用总额			
毛利润			
净利润			

结论：

____

____

____

被审计单位授权代表签字：　　　　　　　　日期：__________

在划分建议调整的不符事项与未调整不符事项时，应当考虑：

(1) 对于单笔核算误差超过所涉及的财务报表项目层次重要性水平的，应视为建议调整不符事项。

(2) 对于单笔核算误差大大低于所涉及的财务报表项目层次重要性水平，但性质重要的，比如涉及舞弊与违法行为的核算财务，应视为建议调整不符事项。

(3) 对于单笔核算误差大大低于所涉及财务报表项目层次重要性水平，并且性质不重要的，一般应视为未调整不符事项；但应当考虑小金额错报累计起来成为重要错报的可能性。

注册会计师确定核算误差和重分类误差后，应以书面方式及时征求被审计单位的意见。若被审计单位予以采纳，应取得其同意调整的书面确认；若被审计单位不予采纳，应分析原因，并根据错报的性质和重要程度，确定是否在审计报告中予以反映，以及如何反映。

11.1.2　编制试算平衡表

试算平衡表是注册会计师在被审计单位提供未审财务报表的基础上，考虑调整分录、重分类分录等内容，以确定已审数与报表披露数的表式。有关资产负债表和利润表的试算平衡表的参考格式分别见表 11-4 和表 11-5。

表 11-4　　　　**资产负债表试算平衡表**

被审计单位：__________项目：______________　索引号：______财务报表截止日/期间：__________

编制：______________日期：______________　复核：______________日期：______________

项　目	期末未审数	账项调整		重分类调整		期末审定数	项　目	期末未审数	账项调整		重分类调整		期末审定数
		借方	贷方	借方	贷方				借方	贷方	借方	贷方	
货币资金							短期借款						
交易性金融资产							交易性金融负债						
应收票据							应付票据						
应收账款							应付账款						
预付款项							预收款项						
应收利息							应付职工薪酬						
应收股利							应交税费						
其他应收款							应付利息						
存货							应付股利						
一年内到期的非流动资产							其他应付款						
其他流动资产							一年内到期的非流动负债						
可供出售金融资产							其他流动负债						
持有至到期投资							长期借款						
长期应收款							应付债券						
长期股权投资							长期应付款						
投资性房地产							专项应付款						
固定资产							预计负债						
在建工程							递延所得税负债						
工程物资							其他非流动负债						
固定资产清理							实收资本（或股本）						
无形资产							资本公积						
开发支出							盈余公积						
商誉							未分配利润						
递延所得税资产													
其他非流动资产													
资产总计							负债和所有者权益总计						

表 11-5　　利润表试算平衡表

被审计单位：________________　　索引号：________________
项目：________________　　财务报表截止日/期间：________________
编制：________________　　复核：________________
日期：________________　　日期：________________

项目		未审数	调整金额		审定数	索引号
			借方	贷方		
一	营业收入					
	减：营业成本					
	营业税金及附加					
	销售费用					
	管理费用					
	财务费用					
	资产减值损失					
	加：公允价值变动损益					
	投资收益					
二	营业利润					
	加：营业外收入					
	减：营业外支出					
三	利润总额					
	减：所得税费用					
四	净利润					

需要说明以下几点：

（1）试算平衡表中的“未审数”栏，应根据被审计单位提供的未审计财务报表填列。

（2）在编制完试算平衡表后，应注意核对相应的勾稽关系。如，资产负债表试算平衡表左边的期末未审数、期末审定数的合计数应分别等于其右边相应的合计数；资产负债表试算平衡表左边的“账项调整”栏中的借方合计数与贷方合计数之差应等于右边的“账项调整”栏中的贷方合计数与借方合计数之差；资产负债表试算平衡表左边的“重分类调整”栏中的借方合计数与贷方合计数之差应等于右边的“重分类调整”栏中的贷方合计数与借方合计数之差等。

11.1.3　对财务报表总体合理性实施分析程序

按照《中国注册会计师审计准则第 1313 号——分析程序》的要求，在审计结束时运用分析程序对财务报表进行总体复核，以确定财务报表整体是否与其对被审计单位的了解相一致。这时运用分析程序是强制要求，注册会计师在这个阶段应当运用分析程序。

在运用分析程序进行总体复核时，如果识别出以前未识别的重大错报风险，注册会计师应当重新考虑对全部或部分各类交易、账户余额、列报评估的风险是否恰当，并在此基础上重新评价之前计划的审计程序是否充分，是否有必要追加审计程序。

11.1.4 评价审计结果

注册会计师评价审计结果，主要是为了确定将要发表的审计意见的类型以及在整个审计工作中是否遵循了审计准则。为此，注册会计师必须完成两项工作：一是对重要性和审计风险进行最终的评价；二是对被审计单位已审计的财务报表形成审计意见并草拟审计报告。

1）对重要性和审计风险进行最终的评价

对重要性和审计风险进行最终评价，是注册会计师决定发表何种类型审计意见的必要过程。该过程可通过以下两个步骤来完成：

（1）确定可能错报的金额。可能错报的金额包括已经识别的具体错报和推断误差。

（2）根据财务报表层次的重要性水平，确定可能的错报金额的汇总数（即可能错报总额）对财务报表的影响程度。应当注意的是：

①这里的财务报表层次的重要性水平，是指审计计划阶段确定的重要性水平。如果该重要性水平在审计过程中已进行过修正，则应按修正后的财务报表层次重要性水平进行比较。

②这里的可能错报总额，一般是指各财务报表项目可能的错报金额的汇总数，但也可能包括上一期间的任何未更正的可能错报对本期财务报表的影响。上一期间的未更正可能错报与本期未更正可能错报累计起来，可能会导致本期财务报表产生重大错报。因此，注册会计师估计本期的可能错报总和时，应当包括上一期间的未更正可能错报。

注册会计师在审计计划阶段已确定了审计风险的可接受水平。随着可能错报总和的增加，财务报表可能被严重错报的风险也会增加。如果注册会计师得出结论，审计风险处在一个可接受的水平，则可以直接提出审计结果所支持的意见；如果注册会计师认为审计风险太高不能接受，则应追加测试或者说服被审计单位进行必要的调整，以便将重要错报的风险降低到一个可接受的水平。否则，注册会计师应慎重考虑该审计风险对审计报告的影响程度。

2）对被审计单位已审计财务报表形成审计意见并草拟审计报告

在审计过程中，要实施各种测试。这些测试通常是由参与本次审计工作的审计项目组成员来执行的，而每个成员所执行的测试可能只限于某几个领域或账项。所以，在每个功能领域或报表项目的测试都完成之后，审计项目经理应汇总所有成员的审计结果。

在完成审计工作阶段，为了对财务报表整体发表适当的意见，必须将这些分散的审计结果加以汇总和评价，综合考虑在审计过程中所收集到的全部证据。负责该审计项目的主任会计师对这些工作负有最终的责任。在有些情况下，这些工作可以先由审计项目经理初步完成，然后再逐级交给部门经理和主任会计师进行认真复核。

在对审计意见形成最后决定之前，会计师事务所通常要与被审计单位召开沟通会。在会议上，注册会计师可以口头报告本次审计所发现的问题，并说明建议被审计单位进行必要的调整或表外披露的理由。当然，管理层也可以在会上申辩其立场。最后，双方通常会对需要被审计单位作出的改变达成协议。如达成了协议，注册会计师一般即可签发标准审计报告，否则，注册会计师则可能发表其他类型的审计报告。

11.1.5　完成质量控制复核

按照《质量控制准则第 5101 号——会计师事务所对执行财务报表审计和审阅、其他鉴证和相关服务业务实施的质量控制》的要求，会计师事务所对所执行的历史财务信息审计、审阅业务，其他鉴证业务及相关服务业务，应制定质量控制制度，以合理保证会计师事务所及其人员遵守法律法规、遵守职业道德规范以及审计准则、审阅准则、其他鉴证业务准则和相关服务准则的规定，根据具体情况出具恰当的审计报告。

在出具审计报告前，项目负责人应当复核审计工作底稿，复核的内容包括：对关键领域所作的判断，尤其是执行业务过程中识别出的疑难问题或争议事项、特别风险（舞弊导致的重大错报风险）以及项目负责人认为重要的其他领域；与项目组进行讨论，确信获取的审计证据已经充分、适当，足以支持形成的结论和拟出具的审计报告。

对上市公司的财务报表进行审计时，还要在项目负责人复核的基础上实施项目质量控制复核。项目质量控制复核，是指在出具审计报告前，由会计师事务所设置的项目质量控制机构或专门复核人员（具有独立性的能胜任的人员），在出具报告前，对项目组作出的重大判断和在准备报告时形成的结论作出客观评价的过程，使审计报告中的审计意见的恰当性有了“双保险”。项目复核可以通过填列业务执行复核工作核对表的方式来进行。业务执行复核工作核对表不仅可以对那些容易被忽视的审计工作起到提醒作用，而且有利于检查审计证据的充分性和适当性。很多会计师事务所都备有详细的复核工作核对表。

11.2　审计报告概述

11.2.1　审计报告含义、作用和类型

1）审计报告的含义

审计报告，是指注册会计师根据中国注册会计师审计准则的规定，在实施审计工作的基础上对被审计单位的财务报表发表审计意见的书面文件。它是审计工作和结果的综合反映，是审计成果的主要表现形式。

审计报告是注册会计师在完成审计工作后向委托人提交的最终产品，注册会计师应当将已审计的财务报表附于审计报告后。审计报告是注册会计师对财务报表的合法性和公允性发表审计意见的书面文件，因此，注册会计师应当将已审计的财务报表附于审计报告之后，以便于财务报表使用者正确理解和使用审计报告，并防止被审计单位替换、更改已审计的财务报表。

2）审计报告的作用

注册会计师签发的审计报告，主要具有鉴证、保护和证明三个方面的作用。

（1）鉴证作用。

注册会计师签发的审计报告，不同于政府审计和内部审计的审计报告。注册会计师是以独立的第三方身份，对被审计单位财务报表的合法性、公允性发表意见。这种意见，具有鉴证作用，得到了政府及其各部门和社会各界的普遍认可。政府有关部门，如财政部

门、税务部门等了解、掌握企业的财务状况和经营成果的主要依据是企业提供的财务报表。财务报表是否合法、公允，主要依据注册会计师的审计报告作出判断。股份制企业的股东主要依据注册会计师的审计报告来判断被投资企业的财务报表是否公允地反映了财务状况和经营成果，以进行投资决策等。

（2）保护作用。

注册会计师通过审计，可以对被审计单位财务报表出具不同类型审计意见的审计报告，以提高或降低财务报表信息使用者对财务报表的信赖程度，能够在一定程度上对被审计单位的财产、债权人和股东的权益及企业利害关系人的利益起到保护作用。如投资者为了减少投资风险，在进行投资之前，必须要查阅被投资企业的财务报表和注册会计师的审计报告，了解被投资企业的经营情况和财务状况。投资者根据注册会计师的审计报告作出投资决策，可以降低其投资风险。

（3）证明作用。

审计报告是对注册会计师审计任务完成情况及其结果所作的总结，它可以表明审计工作的质量并明确注册会计师的审计责任。因此，审计报告可以对审计工作质量和注册会计师的审计责任起证明作用。通过审计报告，可以证明注册会计师在审计过程中是否实施了必要的审计程序，是否以审计工作底稿为依据发表审计意见，发表的审计意见是否与被审计单位的实际情况相一致，审计工作的质量是否符合要求。通过审计报告，可以证明注册会计师审计责任的履行情况。

3）审计报告的类型

审计报告分为标准审计报告和非标准审计报告。当注册会计师出具的无保留意见的审计报告不附加说明段、强调事项段或任何修饰性用语时，该报告称为标准审计报告。标准审计报告包含的审计报告要素齐全，属于无保留意见，且不附加说明段、强调事项段或任何修饰性用语。

非标准审计报告，是指标准审计报告以外的其他审计报告，包括带强调事项段的无保留意见的审计报告和非无保留意见的审计报告。非无保留意见的审计报告包括保留意见的审计报告、否定意见的审计报告和无法表示意见的审计报告。

11.2.2 审计报告的基本内容

审计报告应当包括下列要素：

1）标题

审计报告的标题应当统一规范为“审计报告”。

考虑到这一标题已广为社会公众所接受，因此，我国注册会计师出具的审计报告中标题没有包含“独立”两个字，但注册会计师在执行财务报表审计业务时，应当遵守独立性的要求。

2）收件人

审计报告的收件人，是指注册会计师按照业务约定书的要求致送审计报告的对象（一般是指审计业务的委托人）。审计报告应当载明收件人的全称。

注册会计师应当与委托人在业务约定书中约定致送审计报告的对象，以防止在此问题上发生分歧或审计报告被委托人滥用。针对整套通用目的财务报表出具的审计报告，审计报告的致送对象通常为被审计单位的全体股东或董事会。

3）审计意见段

审计报告的意见段应当说明：财务报表是否在所有重大方面按照适用的财务报告编制基础编制，是否公允反映了被审计单位的财务状况、经营成果和现金流量。它应当包括下列内容：

（1）指出被审计单位的名称。

（2）说明财务报表已经过审计。

（3）指出构成整套财务报表的每张财务报表的名称。

（4）提及财务报表附注。

（5）指明财务报表的日期和涵盖的期间。

4）形成审计意见的基础段

该部分应当紧接在审计意见段之后，并包括下列方面：

（1）说明注册会计师按照审计准则的规定执行了审计工作。

（2）提及审计报告中用于描述审计准则规定的注册会计师责任的部分的那部分声明。

（3）声明注册会计师按照与审计相关的职业道德要求独立于被审计单位，并按照这些要求履行了职业道德方面的其他责任。

（4）说明注册会计师是否相信获取的审计证据是充分、适当的，为发表审计意见提供了基础。

5）管理层对财务报表的责任段

审计报告应当包含标题为“管理层对财务报表的责任”的段落，用以描述被审计单位中负责编制财务报表的人员的责任。管理层对财务报表的责任段应当说明，编制财务报表是管理层的责任，这种责任包括：

（1）按照适用的财务报告编制基础编制财务报表，并使其实现公允反映。

（2）设计、执行和维护必要的内部控制，以使财务报表不存在由于舞弊或错误导致的重大错报。

在某些情况下，根据某一国家或地区的法律法规或被审计单位的性质，管理层需要承担与财务报表编制相关的额外责任，注册会计师可以在上述责任的基础上增加对额外责任的说明。

审计报告提及的管理层责任，与在审计业务约定书或其他适当形式的书面协议中约定的责任在表述形式上保持一致。

在审计报告中指明管理层的责任，有利于区分管理层和注册会计师的责任，降低财务报表使用者误解注册会计师责任的可能性。

6）注册会计师的责任段

注册会计师的责任段应当说明下列内容：

审计报告应当包含标题为“注册会计师的责任”的段落。注册会计师的责任段应当说明下列内容：

（1）注册会计师的责任是在执行审计工作的基础上对财务报表发表审计意见。

（2）注册会计师按照中国注册会计师审计准则的规定执行了审计工作。中国注册会计师审计准则要求注册会计师遵守《中国注册会计师职业道德守则》，计划和执行审计工作以对财务报表是否不存在重大错报获取合理保证。

（3）审计工作涉及实施审计程序，以获取有关财务报表金额和披露的审计证据。选择的审计程序取决于注册会计师的判断，包括对由于舞弊或错误导致的财务报表重大错报风险的评估。在进行风险评估时，注册会计师考虑与财务报表编制和公允列报相关的内部控制，以设计恰当的审计程序，但目的并非对内部控制的有效性发表意见。审计工作还包括评价管理层选用会计政策的恰当性和会计估计的合理性，以及评价财务报表的总体列报。

（4）注册会计师相信获取的审计证据是充分的、适当的，为其发表审计意见提供了基础。如果结合财务报表审计对内部控制的有效性发表意见，注册会计师应当删除上述第（3）项中“但目的并非对内部控制的有效性发表意见”的措辞。

此外，在审计实务中，注册会计师在按照中国注册会计师审计准则执行审计工作时，还可能同时被要求按照其他国家或地区审计准则执行审计工作。在这种情况下，审计报告除了提及中国注册会计师审计准则外，还可能同时提及其他国家或地区审计准则。只有在同时符合下列条件时，注册会计师才应当同时提及：

（1）其他国家或地区审计准则与中国注册会计师审计准则不存在冲突，既不会导致注册会计师形成不同的审计意见，也不会导致在中国注册会计师审计准则要求增加强调事项段的情形下而其他国家或地区的审计准则不要求增加强调事项段的情况。

（2）如果使用其他国家或地区审计准则规定的结构和措辞，审计报告至少应当包括中国注册会计师审计准则规定的审计报告的所有要素，并且指明其他国家或地区审计准则。

如果接受委托，结合财务报表审计对内部控制的有效性发表意见，注册会计师应当省略“但目的并非对内部控制的有效性发表意见”的术语。

理解注册会计师的责任段内容时，应当注意以下几点：

第一段内容阐明注册会计师的责任、注册会计师执行审计业务的标准以及审计准则对注册会计师提出的核心要求。同时向财务报表使用者说明，注册会计师应当计划和实施审计工作以对财务报表是否不存在重大错报获取合理保证。不存在重大错报，是指注册会计师认为已审计的财务报表不存在影响财务报表使用者决策的错报。合理保证，是指注册会计师通过不断修正的、系统的执业过程，获取充分、适当的审计证据，对财务报表整体发表审计意见，提供的是一种高水平但非百分之百的保证。

第二段内容阐明注册会计师执行审计工作的主要过程，包括运用职业判断实施风险评估程序、控制测试（必要时或决定测试时）以及实质性程序。同时向财务报表使用者说明，注册会计师的审计是建立在风险导向审计基础上的。在进行风险评估时，注册会计师考虑与财务报表编制相关的内部控制，以设计恰当的审计程序，但目的并非对内部控制的有效性发表意见。因此，审计报告对内部控制不提供任何保证。

第三段内容阐明注册会计师通过实施审计工作，获取了充分、适当的审计证据，具备了发表审计意见的基础。

注册会计师的责任段内容举例如下：

“二、注册会计师的责任

我们的责任是在实施审计工作的基础上对财务报表发表审计意见。我们按照中国注册会计师审计准则的规定执行了审计工作。中国注册会计师审计准则要求我们遵守职业道德规范，计划和实施审计工作以对财务报表是否不存在重大错报获取合理保证。

审计工作涉及实施审计程序，以获取有关财务报表金额和披露的审计证据。选择的审计程序取决于注册会计师的判断，包括对由于舞弊或错误导致的财务报表重大错报风险的评估。在进行风险评估时，我们考虑与财务报表编制相关的内部控制，以设计恰当的审计程序，但目的并非对内部控制的有效性发表意见。审计工作还包括评价管理层选用会计政策的恰当性和作出会计估计的合理性，以及评价财务报表的总体列报。

我们相信，我们获取的审计证据是充分的、适当的，为发表审计意见提供了基础。”

7）按照相关要求，履行其他报告责任（如适用）

除审计准则规定的注册会计师对财务报表出具审计报告的责任外，相关法律法规可能对注册会计师设定了其他报告责任。如果注册会计师在对财务报表出具的审计报告中履行其他报告责任，应当在审计报告中将其单独作为一部分，并以“按照相关法律法规的要求报告的事项”为标题。此时，审计报告应当区分为“对财务报表出具的审计报告”和“按照相关法律法规的要求报告的事项”两部分。

8）注册会计师的签名和盖章

审计报告应当由注册会计师签名并盖章。注册会计师在审计报告上签名并盖章，有利于明确法律责任。《财政部关于注册会计师在审计报告上签名盖章有关问题的通知》（财会［2001］1035 号）明确规定：

“一、会计师事务所应当建立健全全面质量控制政策与程序以及各审计项目的质量控制程序，严格按照有关规定和本通知的要求在审计报告上签名盖章。

二、审计报告应当由两名具备相关业务资格的注册会计师签名盖章并经会计师事务所盖章方为有效。

（一）合伙会计师事务所出具的审计报告，应当由一名对审计项目负最终复核责任的合伙人和一名负责该项目的注册会计师签名盖章。

（二）有限责任会计师事务所出具的审计报告，应当由会计师事务所主任会计师或其授权的副主任会计师和一名负责该项目的注册会计师签名盖章。”

9）会计师事务所的名称、地址及盖章

审计报告应当载明会计师事务所的名称和地址，并加盖会计师事务所的公章。

根据《注册会计师法》的规定，注册会计师承办业务，由其所在的会计师事务所统一受理并与委托人签订委托合同。因此，审计报告除了应由注册会计师签名并盖章外，还应载明会计师事务所的名称和地址，并加盖会计师事务所的公章。

注册会计师在审计报告中载明会计师事务所地址时，标明会计师事务所所在的城市即可。在实务中，审计报告通常载于会计师事务所统一印刷的、标有该所详细通讯地址的信笺上，因此，无需在审计报告中注明详细地址。此外，根据国家工商行政管理部门的有关规定，在主管登记机关管辖区内，已登记注册的企业名称不得相同。因此在同一地区内不会出现重名的会计师事务所。

10）报告日期

审计报告应当注明报告日期。审计报告的日期不应早于注册会计师获取充分、适当的审计证据（包括管理层认可对财务报表的责任且已批准财务报表的证据），并在此基础上对财务报表形成审计意见的日期。

注册会计师在确定审计报告日期时，应当考虑：①应当实施的审计程序已经完成。②应当提请被审计单位调整的事项已经提出，被审计单位已经作出调整或拒绝作出调整。③管理层已经正式签署财务报表。

审计报告的日期非常重要。注册会计师对不同时段的资产负债表日后事项有着不同的责任，而审计报告的日期是划分时段的关键时点。在实务中，注册会计师在正式签署审计报告前，通常把审计报告草稿和已审计的财务报表草稿一同提交给管理层。如果管理层批准并签署已审计的财务报表，注册会计师即可签署审计报告。注册会计师签署审计报告的日期通常与管理层签署已审计的财务报表的日期为同一天，或晚于管理层签署已审计的财务报表的日期。在审计报告日期晚于管理层签署已审计的财务报表日期时，注册会计师应当获取自管理层声明书日到审计报告日之间的进一步的审计证据（如补充的管理层声明书等）。

11.2.3 非标准审计报告

1）带强调事项段的无保留意见审计报告

审计报告的强调事项段，是指注册会计师在审计意见段之后增加的对重大事项予以强调的段落。

强调事项应当同时符合下列条件：可能对财务报表产生重大影响，但被审计单位进行了恰当的会计处理，且在财务报表中进行了充分披露；不影响注册会计师发表审计意见。

从审计理论上讲，注册会计师在审计意见段之前增加说明段，用来说明发表保留意见、否定意见或无法表示意见的理由。而在意见段之后增加强调事项段，只是增加审计报告的信息含量，提高审计报告的有用性，不影响发表的审计意见。如果以强调事项段代替发表审计意见，就会导致审计报告类型出现混乱。

在意见段之后增加强调事项段的情形包括：

（1）对被审计单位的持续经营能力产生重大疑虑。

当存在可能导致对被审计单位的持续经营能力产生重大疑虑的事项或情况，但不影响已发表的审计意见时，注册会计师应当在审计意见段之后增加强调事项段对此予以强调。

注册会计师针对被审计单位的持续经营能力增加强调事项段时，应当遵守《中国注册会计师审计准则第 1324 号——持续经营》的相关要求。该准则第三十一条、第三十二条规定，如果认为被审计单位在编制财务报表时运用持续经营假设是适当的，但可能导致对其持续经营能力产生重大疑虑的事项或情况存在重大不确定性，注册会计师应当考虑：

①财务报表是否已充分描述导致注册会计师对被审计单位的持续经营能力产生重大疑虑的主要事项或情况，以及管理层针对这些事项或情况提出的应对计划。

②财务报表是否已清楚地指明可能导致注册会计师对被审计单位的持续经营能力产生

重大疑虑的事项或情况存在重大不确定性，被审计单位可能无法在正常的经营过程中变现资产、清偿债务。

如果财务报表已进行了充分的披露，那么注册会计师应当出具无保留意见的审计报告，并在审计意见段之后增加强调事项段，强调可能导致对持续经营能力产生重大疑虑的事项或情况存在重大不确定性的事实，并提醒财务报表使用者注意财务报表附注中对有关事项的披露。

（2）重大不确定事项。

当存在可能对财务报表产生重大影响的不确定事项（持续经营问题除外）、但不影响已发表的审计意见时，注册会计师应当考虑在审计意见段之后增加强调事项段对此予以强调。

不确定事项，是指其结果依赖于未来行动或事项，不受被审计单位的直接控制，但可能影响财务报表的事项。

注册会计师在理解不确定事项时，应当把握以下特征：

①不确定事项的结果依赖于未来的行动或事项。

②不确定事项不受被审计单位的直接控制，在管理层批准财务报表日，不可能获得更多信息以消除该不确定事项。

③不确定事项可能影响财务报表，并且影响并不遥远，可以预计在未来时日得到解决。

例如，被审计单位受到其他单位起诉，指控其侵犯专利权，要求其停止侵权行为并赔偿损失，法院已经受理但尚未审理。该诉讼事项是一种不确定事项，因为诉讼事项的结果依赖于法院的判决或原告采取的行动，不受被审计单位的直接控制，也不以被审计单位的意志为转移。但该诉讼事项一旦被法院审理判决，可能给被审计单位带来损失。

（3）其他审计准则规定增加强调事项段的情形。

除上述两种情形以及其他审计准则规定的增加强调事项段的情形外，注册会计师不应在审计报告的审计意见段之后增加强调事项段或任何解释性段落，以免财务报表使用者产生误解。

有关增加强调事项段的其他审计准则包括：

《中国注册会计师审计准则第 1324 号——持续经营》规定，如果认为管理层选用的其他编制基础是适当的，且财务报表已作出充分披露，注册会计师可以出具无保留意见的审计报告，并考虑在审计意见段之后增加强调事项段，提醒财务报表使用者关注管理层选用的其他编制基础。

《中国注册会计师审计准则第 1332 号——期后事项》规定，如果管理层修改了财务报表，注册会计师应当根据具体情况实施必要的审计程序，复核管理层采取的措施能否确保所有收到原财务报表和审计报告的人士了解这一情况，并针对修改后的财务报表出具新的审计报告。该准则第十八条规定，新的审计报告应当增加强调事项段，提请财务报表使用者注意财务报表附注中对修改原财务报表原因的详细说明，以及注册会计师出具的原审计报告。

《中国注册会计师审计准则第 1511 号——比较信息：对应数据和比较财务报表》规定，当以前针对上期财务报表出具的审计报告为非无保留意见的审计报告时，如果导致非无保留意见的事项虽已解决，但对本期仍很重要，注册会计师可在审计报告中增加强调事项段提及这一情况。

另外，《中国注册会计师审计准则第1511号——比较信息：对应数据和比较财务报表》规定，注册会计师在对本期财务报表进行审计时，可能注意到影响上期财务报表的重大错报，而以前未就该重大错报出具非无保留意见的审计报告。如果上期财务报表未经更正，也未重新出具审计报告，但比较数据已在财务报表中进行恰当重述和充分披露，注册会计师可以在审计报告中增加强调事项段，说明这一情况。

《中国注册会计师审计准则第1521号——注册会计师对含有已审计财务报表的文件中的其他信息的责任》规定，如果需要修改其他信息而被审计单位拒绝修改，注册会计师应当考虑在审计报告中增加强调事项段说明该重大不一致，或采取其他措施。

由于增加强调事项段是为了提醒财务报表使用者关注某些事项，并不影响注册会计师的审计意见，为了使财务报表使用者明确这一点，注册会计师应当在强调事项段中指明，该段内容仅用于提醒财务报表使用者关注，并不影响已发表的审计意见。

2）非无保留意见的审计报告

（1）保留意见的审计报告。

如果认为财务报表整体是公允的，但还存在下列情形之一，注册会计师应当出具保留意见的审计报告：

①会计政策的选用、会计估计的作出或财务报表的披露不符合适用的会计准则和相关会计制度的规定，虽影响重大，但不至于出具否定意见的审计报告。

②因审计范围受到限制，不能获取充分的、适当的审计证据，虽影响重大，但不至于出具无法表示意见的审计报告。

当出具保留意见的审计报告时，注册会计师应当在审计意见段中使用“除……的影响外”等术语。如果因审计范围受到限制，注册会计师还应当在注册会计师的责任段中提及这一情况。

应当指出的是，只有当注册会计师认为财务报表就其整体而言是公允的，但还存在对财务报表产生重大影响的情形，才能出具保留意见的审计报告。如果注册会计师认为所报告的情形对财务报表产生的影响极为严重，则应出具否定意见的审计报告或无法表示意见的审计报告。因此，保留意见的审计报告被视为注册会计师在不能出具无保留意见的审计报告的情况下最不严厉的审计报告。

如果会计政策的选用、会计估计的作出或财务报表的披露不符合被审计单位适用的会计准则和相关会计制度的规定，注册会计师在判断其影响是否重大时，应当考虑该影响所涉及的金额或性质并与确定的重要性水平进行比较。

注册会计师因审计范围受到限制而出具保留意见的审计报告，取决于无法实施的审计程序对形成审计意见的重要性。注册会计师在判断重要性时，应当考虑有关事项潜在影响的性质和范围以及在财务报表中的重要程度。当注册会计师因审计范围受到限制而出具保留意见的审计报告时，意见段的措辞应当表明保留意见是针对审计范围对财务报表可能产生的影响而不是针对审计范围限制本身。

（2）否定意见的审计报告。

如果认为财务报表没有按照适用的会计准则和相关会计制度的规定编制，未能在所有重大方面公允地反映被审计单位的财务状况、经营成果和现金流量，注册会计师应当出具否定意见的审计报告。

当出具否定意见的审计报告时，注册会计师应当在审计意见段中使用“由于上述问题造成的重大影响”以及“由于受到前段所述事项的重大影响”等术语。

应当指出的是，只有当注册会计师认为财务报表存在重大错报会误导使用者，以至于财务报表的编制不符合适用的会计准则和相关会计制度的规定，未能从整体上公允地反映被审计单位的财务状况、经营成果和现金流量时，注册会计师才可出具否定意见的审计报告。

（3）无法表示意见的审计报告。

如果审计范围受到限制可能产生的影响非常重大和广泛，不能获取充分的、适当的审计证据，以至于无法对财务报表发表审计意见，那么注册会计师应当出具无法表示意见的审计报告。

当出具无法表示意见的审计报告时，注册会计师应当删除注册会计师的责任段，并在审计意见段中使用“由于审计范围受到限制可能产生的影响非常重大和广泛”以及“我们无法对上述财务报表发表意见”等术语。

只有当审计范围受到限制，可能产生的影响非常重大和广泛，不能获取充分的、适当的审计证据，以至于无法确定财务报表的合法性与公允性时，注册会计师才应当出具无法表示意见的审计报告。无法表示意见不同于否定意见，它通常仅仅适用于当注册会计师不能获取充分的、适当的审计证据时。注册会计师发表否定意见时，必须获得充分的、适当的审计证据。无论是无法表示意见还是否定意见，都只有在非常严重的情形下采用。

11.3　审计报告的编写

11.3.1　撰写审计报告的基本要求

为便于报告使用者根据审计意见来判断被审计单位的财务状况、经营成果和现金流量情况，发挥审计报告的作用，编写审计报告时应符合下列基本要求：

1）语言清晰简练，意见表达准确

审计报告旨在表达审计意见，是非常严肃的实用文体。编写审计报告时，语言必须清晰准确，简洁精练。一方面，注意用词清楚准确，文字朴实，对问题的定性、定量应慎重斟酌，恰如其分，切忌使用模棱两可的文字和夸张的语言。另一方面，审计报告要开门见山，不要转弯抹角，文字不宜写得过长，做到有话则长，无话则短。总之，审计报告应达到事实清楚，责任明确，意见表达准确，便于使用者理解的效果。

2）审计证据要充分相关、确凿可靠

审计报告的编写，主要的依据是审计过程中取得的和形成的审计证据。一方面，审计报告所列示的事实必须有足够的、具有说服力的审计证据支持。另一方面，这些证据必须确凿可靠，引用资料必须经过复核，运用的依据必须核查原文和出处。

3）审计报告的内容要全面完整

编写审计报告应做到全面完整，即按报告规则规定的形式、结构和内容编写。不同类型的审计意见的审计报告，其内容要求有所不同。因此，编写审计报告，应根据不同形式的审计报告的内容，全面完整地反映对被审计单位审计结果的意见。

4）审计报告的格式要规范

审计报告，其格式和措词应规范和统一，以便于审计报告使用者明晰地、简便地使用。应在整理、分析审计工作底稿和提请调整会计报表，并确定审计意见的类型和措词后，拟定出审计报告提纲，再根据报告提纲进行文字加工，写出审计报告。

11.3.2 审计报告的撰写步骤

1）整理分析审计工作底稿

注册会计师在完成审计任务的过程中，收集了许多能证明问题的资料证据，并集中反映在审计工作底稿中，这些都是拟定审计报告的基础。但是，这些底稿是分散的、不系统的，不可能不分轻重地全部写进审计报告。为此，注册会计师要在审阅工作底稿的基础上，去粗取精，选择一些符合审计目的的、有价值的证据资料，并进行归类整理，作为撰写审计报告的基础。此外，注册会计师还要按照审计查出的问题，查找有关的法律、法规、规章和政策依据，为问题定性和提出处理意见提供法律依据。

2）拟定审计报告提纲

在对审计工作底稿进行分析整理归类的基础上，可由审计小组成员集体讨论拟定审计报告的内容、结构安排及其格式，并逐项列出编写提纲。审计报告编写提纲包括：前言概述部分怎样写；被审计单位概况部分写哪些内容；存在的问题部分写什么问题；次序怎么安排；使用哪些证据，引用哪些法律、法规；如何写出评价和结论等。如果使用小标题，还要讨论推敲标题的准确性，是否反映了问题的面貌及性质。

3）撰写审计报告初稿

拟定提纲后，就可以将资料用文字加以组织表述，形成审计报告初稿。审计报告可以由一个人执笔，也可以多人分工撰写。如果是分工撰写的，最后必须由一人统稿，并授予其修改权，以使最后形成的审计报告初稿前后呼应。

4）征求被审计单位意见

为了保证审计工作的客观性和公正性，审计报告定稿后，必须按审计工作程序和要求征求被审计单位的意见，并要求被审计单位在一定期限内提出书面意见，以便使审计报告符合客观实际，容易被其所接受。注册会计师对被审计单位提出的意见，应慎重考虑，反复推敲。如果被审计单位提出的意见有道理就虚心采纳，重新研究修改审计报告；如果被审计单位从单位利益考虑，提出不符合政策要求的意见，注册会计师必须坚持原则，予以解释或拒绝，并将被审计单位的意见作为审计报告的附件一并报出。

5）审查并签发审计报告

审计机构接到审计报告后，有关领导应在审计报告上签署意见，并根据审计结果，作出审计决定，通知被审计单位和有关部门执行。

11.3.3　审计报告的编写实例

1）标准审计报告参考格式

标准审计报告的参考格式如下：

审计报告

ABC 股份有限公司全体股东：

一、审计意见

我们审计了后附的 ABC 股份有限公司（以下简称 ABC 公司）财务报表，包括 20×6 年 12 月 31 日的资产负债表，20×6 年度的利润表、股东权益变动表和现金流量表以及财务报表附注。

我们认为，ABC 公司财务报表在所有重大方面按照企业会计准则的规定编制，公允反映了 ABC 公司 20×6 年 12 月 31 日的财务状况以及 20×6 年度的经营成果和现金流量。

二、形成审计意见的基础

我们按照中国注册会计师审计准则的规定执行了审计工作。审计报告的“注册会计师对财务报表审计的责任”部分进一步阐述了我们在这些准则下的责任。按照中国注册会计师职业道德守则，我们独立于公司，并履行了职业道德方面的其他责任。我们相信获取的审计证据是充分、适当的，为发表审计意见提供了基础。

三、关键审计事项

关键审计事项是我们根据职业判断，认为对本期财务报表审计最为重要的事项。这些事项是在对财务报表整体进行审计并形成意见的背景下进行处理的，我们不对这些事项提供单独的意见。

1. 商誉

企业会计准则要求每年要对商誉进行减值测试。

由于每年的商誉减值测试评估过程复杂，涉及大量的职业判断，并且对未来市场与经济状况的预期会影响到评估所依据的假设，因而该项测试对我们的审计十分重要。为此，我们的审计包括利用评估专家的工作以帮助我们评价集团所使用的假设和方法，尤其是那些和（某经营范围）未来收入增长及边际利润相关的假设和方法。我们共同关注集团对于那些严重影响减值测试结果的假设进行披露的适当性。集团对商誉的披露包含在附注 3 中，其中特别说明了关键假设的微小变化会导致未来商誉金额发生减值。

2. 金融工具的计量

集团关于结构化金融工具的披露包含在附注 5 中。(略)

管理层负责按照企业会计准则的规定编制财务报表，使其实现公允反映，并设计、执行和维护必要的内部控制，以使财务报表不存在由于舞弊或错误导致的重大错报。

在编制财务报表时，管理层负责评估公司的持续经营能力，披露与持续经营相关的事项（如适用），并运用持续经营假设，除非管理层计划清算公司、停止营运或别无其他现实的选择。

治理层负责监督公司的财务报告过程。

（五）注册会计师的责任

我们的目标是对财务报表整体是否不存在由于舞弊或错误导致的重大错报获取合理保

证，并出具包含审计意见的审计报告。合理保证是高水平的保证，但并不能保证按照审计准则执行的审计在某一重大错报存在时总能发现。错报可能由舞弊或错误所导致，如果合理预 期错报单独或汇总起来可能影响财务报表使用者依据财务报表作出的经济决策，则错报是重大的。

在按照审计准则执行审计的过程中，我们运用了职业判断，保持了职业怀疑。我们同时：

（1）识别和评估由于舞弊或错误导致的财务报表重大错报风险；对这些风险有针对性地设计和实施审计程序；获取充分、适当的审计证据，作为发表审计意见的基础。由于舞弊可能涉及串通、伪造、故意遗漏、虚假陈述或凌驾于内部控制之上，未能发现由于舞弊导致的重大错报的风险高于未能发现由于错误导致的重大错报的风险。

（2）了解与审计相关的内部控制，以设计恰当的审计程序，但目的并非对内部控制的有效性发表意见。

（3）评价管理层选用会计政策的恰当性和作出会计估计及相关披露的合理性。

（4）对管理层使用持续经营假设的恰当性得出结论。同时，基于所获取的审计证据，对是否存在与事项或情况相关的重大不确定性，从而可能导致对公司的持续经营能力产生重大疑虑得出结论。如果我们得出结论认为存在重大不确定性，审计准则要求我们在审计报告中提请报告使用者注意财务报表中的相关披露；如果披露不充分，我们应当发表非无保留意见。我们的结论基于审计报告日可获得的信息。然而，未来的事项或情况可能导致公司不能持续经营。

（5）评价财务报表的总体列报、结构和内容（包括披露），并评价财务报表是否公允反映交易和事项。

除其他事项外，我们与治理层就计划的审计范围、时间安排和重大审计发现（包括我们在审计中识别的值得关注的内部控制缺陷）进行沟通。

我们还就遵守关于独立性的相关职业道德要求向治理层提供声明，并就可能被合理认为影响我们独立性的所有关系和其他事项，以及相关的防范措施（如适用）与治理层进行沟通。

从与治理层沟通的事项中，我们确定哪些事项对当期财务报表审计最为重要，因而构成关键审计事项。我们在审计报告中描述这些事项，除非法律法规不允许公开披露这些事项，或在极其罕见的情形下，如果合理预期在审计报告中沟通某事项造成的负面后果超过产生的 公众利益方面的益处，我们确定不应在审计报告中沟通该事项。

××会计师事务所　　　　　　　　中国注册会计师：×××（项目合伙人）
（盖章）　　　　　　　　　　　　（签名并盖章）

中国注册会计师：×××
（签名并盖章）

二〇×七年×月×日

2）非标准审计报告参考格式

非标准审计报告的格式如下：

（1）带强调事项段的无保留意见的审计报告。

审计报告

ABC 股份有限公司全体股东：

一、审计意见

我们审计了 ABC 股份有限公司（以下简称公司）财务报表，包括 20×6 年 12 月 31 日的资产负债表，20×6 年度的利润表、现金流量表、所有者权益变动表以及财务报表附注。

我们认为，后附的财务报表在所有重大方面按照企业会计准则的规定编制，公允反映了公司 20×6 年 12 月 31 日的财务状况以及 20×6 年度的经营成果和现金流量。

二、形成审计意见的基础

我们按照中国注册会计师审计准则的规定执行了审计工作。审计报告的“注册会计师对财务报表审计的责任”部分进一步阐述了我们在这些准则下的责任。按照中国注册会计师职业道德守则，我们独立于公司，并履行了职业道德方面的其他责任。我们相信，我们获取的 审计证据是充分、适当的，为发表审计意见提供了基础。

三、强调事项

我们提醒财务报表使用者关注，如财务报表附注××所述，ABC 公司在 20×6 年发生亏损××万元，在 20×6 年 12 月 31 日，流动负债高于资产总额××万元。ABC 公司已在财务报表附注××中充分披露了拟采取的改善措施，但其持续经营能力仍然存在重大不确定性。本段内容不影响已发表的审计意见。

四、关键审计事项

关键审计事项是根据我们的职业判断，认为对本期财务报表审计最为重要的事项。这些事项是在对财务报表整体进行审计并形成意见的背景下进行处理的，我们不对这些事项提供单独的意见。

[按照《中国注册会计师审计准则第 1504 号——在审计报告中沟通关键审计事项》的规定描述每一关键审计事项。]

五、管理层和治理层对财务报表的责任

管理层负责按照企业会计准则的规定编制财务报表，使其实现公允反映，并设计、执行和维护必要的内部控制，以使财务报表不存在由于舞弊或错误导致的重大错报。

在编制财务报表时，管理层负责评估公司的持续经营能力，披露与持续经营相关的事项（如适用），并运用持续经营假设，除非管理层计划清算公司、停止营运或别无其他现实的选择。

治理层负责监督公司的财务报告过程。

六、注册会计师对财务报表审计的责任

我们的目标是对财务报表整体是否不存在由于舞弊或错误导致的重大错报获取合理保证，并出具包含审计意见的审计报告。合理保证是高水平的保证，但并不能保证按照审计准则执行的审计在某一重大错报存在时总能发现。错报可能由舞弊或错误所导致，如果合理预 期错报单独或汇总起来可能影响财务报表使用者依据财务报表作出的经济决策，则错报是重大的。

在按照审计准则执行审计的过程中，我们运用了职业判断，保持了职业怀疑。我们同时：

（1）识别和评估由于舞弊或错误导致的财务报表重大错报风险；对这些风险有针对性地设计和实施审计程序；获取充分、适当的审计证据，作为发表审计意见的基础。由于舞弊可能涉及串通、伪造、故意遗漏、虚假陈述或凌驾于内部控制之上，未能发现由于舞弊导致的重大错报的风险高于未能发现由于错误导致的重大错报的风险。

（2）了解与审计相关的内部控制，以设计恰当的审计程序，但目的并非对内部控制的有效性发表意见。

（3）评价管理层选用会计政策的恰当性和作出会计估计及相关披露的合理性。

（4）对管理层使用持续经营假设的恰当性得出结论。同时，基于所获取的审计证据，对是否存在与事项或情况相关的重大不确定性，从而可能导致对公司的持续经营能力产生重大疑虑得出结论。如果我们得出结论认为存在重大不确定性，审计准则要求我们在审计报告中提请报告使用者注意财务报表中的相关披露；如果披露不充分，我们应当发表非无保留意见。我们的结论基于审计报告日可获得的信息。然而，未来的事项或情况可能导致公司不能持续经营。

（5）评价财务报表的总体列报、结构和内容（包括披露），并评价财务报表是否公允反映交易和事项。

除其他事项外，我们与治理层就计划的审计范围、时间安排和重大审计发现（包括我们在审计中识别的值得关注的内部控制缺陷）进行沟通。

我们还就遵守关于独立性的相关职业道德要求向治理层提供声明，并就可能被合理认为影响我们独立性的所有关系和其他事项，以及相关的防范措施（如适用）与治理层进行沟通。

从与治理层沟通的事项中，我们确定哪些事项对当期财务报表审计最为重要，因而构成关键审计事项。我们在审计报告中描述这些事项，除非法律法规不允许公开披露这些事项，或在极其罕见的情形下，如果合理预期在审计报告中沟通某事项造成的负面后果超过产生的 公众利益方面的益处，我们确定不应在审计报告中沟通该事项。

××会计师事务所　　　　　　　　中国注册会计师：×××（项目合伙人）
（盖章）　　　　　　　　　　　　（签名并盖章）

中国注册会计师：×××
（签名并盖章）

二〇×七年×月×日

（2）保留意见的审计报告。

审计报告

ABC 股份有限公司全体股东：

一、保留意见

我们审计了 ABC 股份有限公司及其子公司（以下简称集团）合并财务报表，包括20×6年 12 月 31 日的合并资产负债表，20×6 年度的合并利润表、合并现金流量表、合并所有者权益变动表以及合并财务报表附注。

我们认为，除“形成保留意见的基础部分”所述事项可能产生的影响外，后附的集团合并财务报表在所有重大方面按照企业会计准则的规定编制，公允反映了公司 20×6 年

12 月 31 日的合并财务状况以及 20×6 年度的合并经营成果和合并现金流量。

二、形成保留意见的基础

如财务报表附注×所述，集团于 20×6 年取得了境外 XYZ 公司 30% 的股权，因能够对 XYZ 公司施加重大影响，故采用权益法核算该项股权投资，于 20×6 年度确认对 XYZ 公司的投资收益×元，截至 20×6 年 12 月 31 日合并资产负债表上反映的该项股权投资为 X 元。由于我们未被允许接触 XYZ 公司的财务信息、管理层和执行 XYZ 公司审计的注册会计师，我们无法就该项股权投资账面价值以及集团确认的 20×6 年度对 XYZ 公司的投资收益获取充分适当的审计证据，也就无法确定是否有必要对这些金额进行调整。

我们按照中国注册会计师审计准则的规定执行了审计工作。审计报告的“注册会计师对财务报表审计的责任”部分进一步阐述了我们在这些准则下的责任。按照中国注册会计师职业道德守则，我们独立于公司，并履行了职业道德方面的其他责任。我们相信，我们获取的 审计证据是充分、适当的，为发表保留意见提供了基础。

三、关键审计事项

关键审计事项是根据我们的职业判断，认为对本期财务报表审计最为重要的事项。这些事项是在对财务报表整体进行审计并形成意见的背景下进行处理的，我们不对这些事项提供单独的意见。

[按照《中国注册会计师审计准则第 1504 号——在审计报告中沟通关键审计事项》的规定描述每一关键审计事项。]

四、管理层和治理层对财务报表的责任

管理层负责按照企业会计准则的规定编制财务报表，使其实现公允反映，并设计、执行和维护必要的内部控制，以使财务报表不存在由于舞弊或错误导致的重大错报。

在编制财务报表时，管理层负责评估公司的持续经营能力，披露与持续经营相关的事项（如适用），并运用持续经营假设，除非管理层计划清算公司、停止营运或别无其他现实的选择。

治理层负责监督公司的财务报告过程。

五、注册会计师对财务报表审计的责任

我们的目标是对财务报表整体是否不存在由于舞弊或错误导致的重大错报获取合理保证，并出具包含审计意见的审计报告。合理保证是高水平的保证，但并不能保证按照审计准则执行的审计在某一重大错报存在时总能发现。错报可能由舞弊或错误所导致，如果合理预 期错报单独或汇总起来可能影响财务报表使用者依据财务报表作出的经济决策，则错报是重大的。

在按照审计准则执行审计的过程中，我们运用了职业判断，保持了职业怀疑。我们同时：

（1）识别和评估由于舞弊或错误导致的财务报表重大错报风险；对这些风险有针对性地设计和实施审计程序；获取充分、适当的审计证据，作为发表审计意见的基础。由于舞弊可能涉及串通、伪造、故意遗漏、虚假陈述或凌驾于内部控制之上，未能发现由于舞弊导致的重大错报的风险高于未能发现由于错误导致的重大错报的风险。

（2）了解与审计相关的内部控制，以设计恰当的审计程序，但目的并非对内部控制的有效性发表意见。

(3) 评价管理层选用会计政策的恰当性和作出会计估计及相关披露的合理性。

(4) 对管理层使用持续经营假设的恰当性得出结论。同时，基于所获取的审计证据，对是否存在与事项或情况相关的重大不确定性，从而可能导致对公司的持续经营能力产生重大疑虑得出结论。如果我们得出结论认为存在重大不确定性，审计准则要求我们在审计报告中提请报告使用者注意财务报表中的相关披露；如果披露不充分，我们应当发表非无保留意见。我们的结论基于审计报告日可获得的信息。然而，未来的事项或情况可能导致公司不能持续经营。

(5) 评价财务报表的总体列报、结构和内容（包括披露），并评价财务报表是否公允反映交易和事项。

除其他事项外，我们与治理层就计划的审计范围、时间安排和重大审计发现（包括我们在审计中识别的值得关注的内部控制缺陷）进行沟通。

我们还就遵守关于独立性的相关职业道德要求向治理层提供声明，并就可能被合理认为影响我们独立性的所有关系和其他事项，以及相关的防范措施（如适用）与治理层进行沟通。

从与治理层沟通的事项中，我们确定哪些事项对当期财务报表审计最为重要，因而构成关键审计事项。我们在审计报告中描述这些事 项，除非法律法规不允许公开披露这些事项，或在极其罕见的情形下，如果合理预期在审计报告中沟通某事项造成的负面后果超过产生的 公众利益方面的益处，我们确定不应在审计报告中沟通该事项。

××会计师事务所　　　　　　　　　　　　中国注册会计师：×××（项目合伙人）
（盖章）　　　　　　　　　　　　　　　　　　（签名并盖章）

中国注册会计师：×××
（签名并盖章）

二〇×七年×月×日

(3) 否定意见的审计报告。

审计报告

ABC 股份有限公司全体股东：

一、否定意见

我们审计了 ABC 股份有限公司及其子公司（以下简称集团）合并财务报表，包括 20×6年 12 月 31 日的合并资产负债表，20×6 年度的合并利润表、合并现金流量表、合并所有者权益变动表以及合并财务报表附注。

我们认为，除“形成否定意见的基础”部分所述事项的重要性，后附的集团合并财务报表没有在所有重大方面按照企业会计准则的规定编制，未能公允反映集团 20×6 年 12 月 31 日的合并财务状况以及 20×6 年度的合并经营成果和合并现金流量。

二、形成否定意见的基础

如财务报表附注×所述，20×6 年集团通过非同一控制下的企业合并获得对 XYZ 公司的控制权，因未能取得购买日 XYZ 公司某些主要资产和负债的公允价值，故未将 XYZ 公司纳入合并财务报表的范围，按照企业会计准则的规定，该集团应将这一子公司纳入合并范围，并以暂估金额为基础核算该项收购。如果将 XYZ 公司纳入合并范围，后附的集团合并财务报表的多个报表项目将受到重大影响，但我们无法确定未将 XYZ 公司纳入合并范围对并财务报表产生的影响。

我们按照中国注册会计师审计准则的规定执行了审计工作。审计报告的“注册会计师对财务报表审计的责任”部分进一步阐述了我们在这些准则下的责任。按照中国注册会计师职业道德守则，我们独立于公司，并履行了职业道德方面的其他责任。我们相信，我们获取的 审计证据是充分、适当的，为发表否定意见提供了基础。

三、关键审计事项

关键审计事项是根据我们的职业判断，认为对本期财务报表审计最为重要的事项。这些事项是在对财务报表整体进行审计并形成意见的背景下进行处理的，我们不对这些事项提供单独的意见。

[按照《中国注册会计师审计准则第 1504 号——在审计报告中沟通关键审计事项》的规定描述每一关键审计事项。]

四、管理层和治理层对财务报表的责任

管理层负责按照企业会计准则的规定编制财务报表，使其实现公允反映，并设计、执行和维护必要的内部控制，以使财务报表不存在由于舞弊或错误导致的重大错报。

在编制财务报表时，管理层负责评估公司的持续经营能力，披露与持续经营相关的事项（如适用），并运用持续经营假设，除非管理层计划清算公司、停止营运或别无其他现实的选择。

治理层负责监督公司的财务报告过程。

五、注册会计师对财务报表审计的责任

我们的目标是对财务报表整体是否不存在由于舞弊或错误导致的重大错报获取合理保证，并出具包含审计意见的审计报告。合理保证是高水平的保证，但并不能保证按照审计准则执行的审计在某一重大错报存在时总能发现。错报可能由舞弊或错误所导致，如果合理预 期错报单独或汇总起来可能影响财务报表使用者依据财务报表作出的经济决策，则错报是重大的。

在按照审计准则执行审计的过程中，我们运用了职业判断，保持了职业怀疑。我们同时：

（1）识别和评估由于舞弊或错误导致的财务报表重大错报风险；对这些风险有针对性地设计和实施审计程序；获取充分、适当的审计证据，作为发表审计意见的基础。由于舞弊可能涉及串通、伪造、故意遗漏、虚假陈述或凌驾于内部控制之上，未能发现由于舞弊导致的重大错报的风险高于未能发现由于错误导致的重大错报的风险。

（2）了解与审计相关的内部控制，以设计恰当的审计程序，但目的并非对内部控制的有效性发表意见。

（3）评价管理层选用会计政策的恰当性和作出会计估计及相关披露的合理性。

（4）对管理层使用持续经营假设的恰当性得出结论。同时，基于所获取的审计证据，对是否存在与事项或情况相关的重大不确定性，从而可能导致对公司的持续经营能力产生重大疑虑得出结论。如果我们得出结论认为存在重大不确定性，审计准则要求我们在审计报告中提请报告使用者注意财务报表中的相关披露；如果披露不充分，我们应当发表非无保留意见。我们的结论基于审计报告日可获得的信息。然而，未来的事项或情况可能导致公司不能持续经营。

(5) 评价财务报表的总体列报、结构和内容（包括披露），并评价财务报表是否公允反映交易和事项。

除其他事项外，我们与治理层就计划的审计范围、时间安排和重大审计发现（包括我们在审计中识别的值得关注的内部控制缺陷）进行沟通。

我们还就遵守关于独立性的相关职业道德要求向治理层提供声明，并就可能被合理认为影响我们独立性的所有关系和其他事项，以及相关的防范措施（如适用）与治理层进行沟通。

从与治理层沟通的事项中，我们确定哪些事项对当期财务报表审计最为重要，因而构成关键审计事项。我们在审计报告中描述这些事项，除非法律法规不允许公开披露这些事项，或在极其罕见的情形下，如果合理预期在审计报告中沟通某事项造成的负面后果超过产生的 公众利益方面的益处，我们确定不应在审计报告中沟通该事项。

××会计师事务所　　　　　　　　中国注册会计师：×××（项目合伙人）
（盖章）　　　　　　　　　　　　（签名并盖章）

中国注册会计师：×××
（签名并盖章）

二〇×七年×月×日

(4) 无法表示意见的审计报告。

审计报告

ABC 股份有限公司全体股东：

一、无法表示意见

我们审计了 ABC 股份有限公司财务报表，包括 20×6 年 12 月 31 日的资产负债表，20×6年度的利润表、现金流量表、所有者权益变动表以及财务报表附注（包括重大会计政策和会计估计）。

我们不对后附的公司财务报表发表审计意见。由于“形成无法表示意见的基础”部分所述事项的重要性，我们无法获取充分、适当的审计证据以作为发表审计意见的基础。

二、形成无法表示意见的基础

我们于 20×7 年 7 月接受公司的审计委托，因而未能对公司 20×6 年初金额为×元的存货和年末金额为×元的存货实施监盘程序。我们也无法实施替代审计程序获得充分、适当的审计证据。并且，公司于 20×6 年 9 月采用新的应收账款电算化系统，由于存在系统缺陷导致应收账款出现大量错误。截至报告日，管理层仍在纠正系统缺陷并更正错误，我们也无法实施替代审计程序，以对截至 20×6 年 12 月 31 日的应收账款总额×元获取充分、适当的审计证据。因此，我们无法确定是否有必要对存货、应收账款以及财务报表其他项目做出调整，也无法确定应调整的金额。

三、管理层和治理层对财务报表的责任

管理层负责按照企业会计准则的规定编制财务报表，使其实现公允反映，并设计、执行和维护必要的内部控制，以使财务报表不存在由于舞弊或错误导致的重大错报。

在编制财务报表时，管理层负责评估公司的持续经营能力，披露与持续经营相关的事项（如适用），并运用持续经营假设，除非管理层计划清算公司、停止营运或别无其他现实的选择。

治理层负责监督公司的财务报告过程。

四、注册会计师对财务报表审计的责任

我们的责任是按照中国注册会计师审计准则的规定，对被审计单位财务报表执行审计工作，以出具审计报告，但由于“形成无法表示意见的基础”部分所述的事项，我们无法获取充分、适当的审计证据以作为发表审计意见的基础。

按照中国注册会计师职业道德守则，我们独立于公司，并履行了职业道德方面的其他责任。

××会计师事务所　　　　　　　　　　中国注册会计师：×××（项目合伙人）
（盖章）　　　　　　　　　　　　　　　（签名并盖章）

中国注册会计师：×××
（签名并盖章）

二〇×七年×月×日

本章小结

在终结审计阶段，主要工作包括：进行特殊项目审计、编制审计差异调整表、编制试算平衡表、对财务报表总体合理性实施分析程序、评价审计结果、完成质量控制复核、出具审计报告。

审计差异调整，是对审计中发现的各种弊端运用会计准则和相关会计制度的规定，进行差错更正的必然步骤，只有对发现的差错进行了调整，才能出具审计报告，审计报告后才能附送已审计的财务报表。

在审计结束时运用分析程序对财务报表进行总体复核，以确定财务报表整体是否与其对被审计单位的了解一致。

注册会计师评价审计结果，主要为了确定将要发表的审计意见的类型以及在整个审计工作中是否遵循了审计准则。注册会计师必须完成两项工作：一是对重要性和审计风险进行最终的评价。二是对被审计单位已审计的财务报表形成审计意见并草拟审计报告。

会计师事务所对所执行的历史财务信息审计、审阅业务，其他鉴证业务及相关服务业务，应制定质量控制制度，以合理保证会计师事务所及其人员遵守法律法规、遵守职业道德规范以及审计准则、审阅准则、其他鉴证业务准则和相关服务准则的规定，根据具体情况出具恰当的审计报告。

审计报告，是指注册会计师根据中国注册会计师审计准则的规定，在实施审计工作的基础上对被审计单位的财务报表发表审计意见的书面文件。

注册会计师签发的审计报告，主要具有鉴证、保护和证明三个方面的作用。

审计报告分为标准审计报告和非标准审计报告。

审计报告的要素包括：标题，收件人，审计意见段，形成审计意见的基础段，管理层对财务报表的责任段，注册会计师的责任段，按照相关要求，履行其他报告责任（如适用），注册会计师的签名和盖章，会计师事务所的名称、地址及盖章，报告日期。

审计报告必须按照审计准则的要求编制，报告要素齐全，措辞规范，意见准确，审计机构及其有关人员对审计意见负责。

课后训练

一、单项选择题

1. 下列事项不会导致注册会计师在审计报告中增加其他事项段的是(　　)。

A. 注册会计师决定在审计报告中提及前任注册会计师对对应数据出具的审计报告

B. 当财务报表列报对应数据时，上期财务报表未经审计

C. 对审计报告使用和分发的限制

D. 含有已审计财务报表的文件中的其他信息与财务报表存在重大不一致，并且需要对财务报表作出修改，但管理层拒绝修改

2. 下列文字摘自某注册会计师所签发的审计报告，恰当的表述是(　　)。

A. 我们的责任是在执行审计工作的基础上对财务报表发表审计意见

B. 我们接受委托对贵公司2013年度资产负债表、利润表及现金流量表进行了审计

C. 我们的审计是按照中国注册会计师法进行的

D. 经过审查，我们认为贵公司财务报表正确地反映了贵公司财务状况和经营成果

3. 注册会计师于2014年2月7日进驻R公司审计其2013年度财务报表。3月11日注册会计师与甲公司进行沟通，3月17日甲公司正式签署2013年度财务报表，3月21日对外公布其财务报表，通常情况下，审计报告日是(　　)。

A. 2014年2月7日　　B. 2014年3月11日

C. 2014年3月17日　　D. 2014年3月21日

4. 如果注册会计师无法就关联方和关联方交易获取充分、适当的审计证据，应视同审计范围受到限制，并根据其对财务报表的影响程度，出具(　　)的审计报告。

A. 无保留意见或否定意见　　B. 否定意见或无法表示意见

C. 保留意见或否定意见　　D. 保留意见或无法表示意见

5. 如果管理层拒绝提供注册会计师认为必要的声明，注册会计师应当将其视为审计范围受到限制，出具(　　)的审计报告。

A. 无保留意见加强调事项段　　B. 保留意见加强调事项段

C. 保留意见或无法表示意见　　D. 保留意见或否定意见

6. 下列属于由被审计单位管理层造成的审计范围受到限制的情况是(　　)。

A. 管理层不允许注册会计师观察存货盘点

B. 被审计单位重要的部分会计资料被洪水冲走，无法进行检查

C. 截至资产负债表日处于外海的远洋捕捞船队的捕鱼量无法监盘

D. 外国子公司的存货无法监盘

7. 下列情况中，注册会计师可能发表保留意见或否定意见的是(　　)。

A. 被审计单位管理层拒绝就对财务报表具有重大影响的事项提供必要的书面声明，或拒绝就重要的口头声明予以书面确认

B. 因审计范围受到被审计单位限制，注册会计师无法就对财务报表可能产生重大影响的违反或可能违反法律法规行为，获取充分、适当的审计证据

C. 注册会计师已经按照中国注册会计师审计准则的规定计划和实施审计工作，在审

计过程中未受到限制

D. 因审计范围受到被审计单位限制，注册会计师无法就可能存在的对财务报表产生重大影响的错误与舞弊，获取充分、适当的审计证据

8. 注册会计师认定被审计单位连续出现巨额营业亏损，下列说法中不正确的是（　　）。

A. 若被审计单位拒绝披露，应出具保留意见或否定意见的审计报告

B. 无论被审计单位是否作了披露，都不在审计报告中提及

C. 应提请被审计单位在财务报表附注中予以披露

D. 若被审计单位充分披露，则应在意见段后增加强调事项段予以说明

9. 如果上期财务报表未经审计，注册会计师应当对本期期初余额实施恰当的审计程序，取得充分、适当的审计证据，以确定期初余额不存在重大错报。同时为使财务报表使用者以谨慎的态度利用比较信息作出决策，避免加重注册会计师的责任，降低注册会计师的执业风险，注册会计师应在审计报告的（　　）予以说明。

A. 其他事项段　　B. 责任段　　C. 意见段　　D. 强调事项段

10. 注册会计师在对本期财务报表进行审计时，可能注意到影响上期财务报表的重大错报，而以前未就该重大错报出具非无保留意见的审计报告。在这种情况下，注册会计师的下列处理不正确的是（　　）。

A. 如果上期财务报表已经更正，并已重新出具审计报告，注册会计师应当获取充分、适当的审计证据，以确定对应数据与更正的财务报表是否一致

B. 如果上期财务报表未经更正，也未重新出具审计报告，且对应数据未经恰当重述和充分披露，注册会计师应当对本期财务报表出具非无保留意见的审计报告，说明对应数据对本期财务报表的影响

C. 如果上期财务报表未经更正，也未重新出具审计报告，但对应数据已在本期财务报表中恰当重述和充分披露，在不考虑其他条件的情况下，注册会计师应出具标准无保留意见审计报告

D. 如果上期财务报表未经更正，也未重新出具审计报告，但对应数据已在本期财务报表中恰当重述和充分披露，注册会计师可以在审计报告中增加强调事项段，说明这一情况

11. 下列情形中，可以在审计报告强调事项段中提及对应数据的是（　　）。

A. 导致对上期财务报表发表非无保留意见的事项在本期尚未解决，仍对本期财务报表产生重大影响

B. 如果存在错报的上期财务报表尚未更正，且没有重新出具审计报告，但对应数据已在本期财务报表中得到适当重述或恰当披露

C. 上期财务报表由 A 会计师事务所实施审计并出具了无保留意见的审计报告，但会计师事务所对本期财务报表审计的过程中识别出对应数据存在重大错报，但管理层拒绝更正

D. 上期财务报表未经审计

二、多项选择题

1. 在评价财务报表是否在所有重大方面按照适用的财务报告编制基础的规定编制时，

注册会计师应当考虑的内容有(　　)。

A. 选择和运用的会计政策是否符合适用的财务报告编制基础，并适合于被审计单位具体情况

B. 管理层作出的会计估计是否合理

C. 财务报表反映的信息是否具有相关性、可靠性、可比性和可理解性

D. 财务报表是否作出充分披露，使财务报表使用者能够理解重大交易和事项对财务报表所传递的信息的影响

2. 下列情况中，注册会计师可能对公司财务报表出具无法表示意见的审计报告的有(　　)。

A. 公司管理层拒绝向注册会计师出具管理层声明书

B. 在存在疑虑的情况下，注册会计师不能就公司持续经营假设的合理性获取必要的审计证据

C. 审计范围受到限制

D. 公司财务报表整体上没有按照企业会计准则进行编制

3. 如果在审计报告日后，注册会计师通过阅读其他信息，发现与已审计财务报表中的信息相矛盾，检查认为需要修改其他信息，则下列描述中正确的有(　　)。

A. 如果管理层修改其他信息，注册会计师应根据具体情况实施必要的审计程序，评价管理层采取的措施能否确保所有收到原财务报表和审计报告、其他信息的人士均被告知所作的修改

B. 如果管理层修改了其他信息，注册会计师没有必要采取其他措施

C. 如果管理层拒绝修改其他信息，注册会计师应当将对其他信息的疑虑告知管理层，并采取适当的进一步措施，包括征询法律意见

D. 如果管理层拒绝修改其他信息，除非治理层的所有成员参与管理被审计单位，注册会计师应当将对其他信息的疑虑告知治理层，并采取适当的进一步措施，包括征询法律意见

4. 如其他信息中存在对事实的错报漏报，注册会计师应提请管理层修改其他信息。如果被审计单位拒绝修改，注册会计师应当(　　)。

A. 在征求律师意见后作出适当的处理

B. 发表保留意见或否定意见的审计报告

C. 将其对其他信息的关注告知被审计单位治理层

D. 在审计报告的意见段后增列说明段予以说明

5. 注册会计师应针对下列事项出具带强调事项段的审计报告的有(　　)。

A. 重大诉讼的未来结果存在不确定性

B. 存在已经或持续对被审计单位财务状况产生重大影响的特大灾难

C. 由于董事会未能达成一致，难以确定未来的经营方向和战略

D. 提前应用对财务报表有广泛影响的新会计准则

6. 以下属于对应数据特征的有(　　)。

A. 对应数据是本期年度报表中各个月份之间数据的比较

B. 对应数据是本期财务报表的组成部分

C. 对应数据包括上期对应数和相关披露

D. 对应数据应当与本期相关的金额和披露联系起来阅读

7. 注册会计师应当直接与治理层沟通的事项主要包括(　　)。

A. 注册会计师的责任　　B. 计划的审计范围和时间

C. 审计工作中发现的问题　　D. 注册会计师的独立性

三、简答题

1. 标准无保留意见审计报告主要包括哪些要素?

2. 非无保留意见审计报告类型的主要区别是什么?

技能训练

2×14 年 1 月 15 日，沈阳 ABC 会计师事务所的注册会计师王敏、张辉，首次对 XYZ 公司 2×13 年度财务报表进行审计，2×14 年 2 月 2 日外勤审计工作截止，2 月 12 日注册会计师要求被审计单位调整或披露有关事项，2 月 16 日被审计单位作出调整或披露，并正式签署财务报表，准备于 2 月 27 日召开董事会讨论财务报表，以确定批准对外报出。2 月 17 日注册会计师出具了审计报告，但 2 月 19 日注册会计师又获悉 XYZ 公司某一起诉讼结案，2 月 20 日又对该事项进行了补充审计，完成最终审计工作后，注册会计师重新出具了审计报告，但在审查了 XYZ 公司 2×13 年度的财务报表后认为，只有下列事项可能影响其审计报告:

(1) XYZ 公司 2×12 年度和 2×13 年度连续出现巨额营业亏损，但注册会计师认为被审计单位编制财务报表所依据的持续经营假设还是合理的，并且 XYZ 公司也已经在财务报表中适当披露了该事项。

(2) XYZ 公司在 2×13 年 12 月 31 日的存货余额 600 万元中，有 50 万元存放在美国，无法实施监盘程序，且无法实施其他替代的审计程序。该存货的重要性水平为 30 万元。

XYZ 公司财务报表的其他项目均按企业会计准则和企业会计制度的规定在所有重大方面公允地反映了公司的财务状况、经营成果和现金流量。注册会计师据此出具了下面的审计报告。

审计报告

我们审计了后附的 XYZ 公司 2×13 年度的资产负债表、利润表、股东权益变动表和现金流量表。这些财务报表由 XYZ 公司管理当局负责，我们的责任是按照独立审计准则的要求出具审计报告，并对审计报告的真实性、合法性负责。

我们按照《中国注册会计师独立审计准则》计划和实施审计工作，以合理确信财务报表是否不存在重大错报。审计工作包括在抽查的基础上检查支持财务报表金额和披露的证据，评价管理当局在编制财务报表时所采用的会计政策和作出的重大会计估计，以及评价财务报表的整体反映。

XYZ 公司 2×12 年和 2×13 年连续出现巨额营业亏损，2×13 年 12 月 31 日的存货余额中有 50 万元无法实施监盘，且无法实施其他替代的审计程序，以获取充分、适当的审计证据。

我们认为，除了上述可能产生的影响外，上述财务报表符合国家颁布的企业会计准则，在所有重大方面公允地反映了XYZ公司2×13年12月31日的财务状况以及2×13年度的经营成果和现金流量。

沈阳ABC会计师事务所　　　　　　　　　　中国注册会计师：王敏（章）
（公章）　　　　　　　　　　　　　　　　中国注册会计师：张辉（章）
中国沈阳市　　　　　　　　　　　　　　　2×14年2月2日

要求：检查这份审计报告是否存在错误或遗漏，请分别列示应更正或应补充的内容。

主要参考文献

［1］中国注册会计师协会．中国注册会计师执业准则2010［M］．北京：经济科学出版社，2010.

［2］财政部会计司．企业会计准则讲解2010［M］．北京：人民出版社，2010.

［3］刘明辉．审计［M］．4版．大连：东北财经大学出版社，2011.

［4］王生根．审计实务［M］．2版．北京：清华大学出版社，2014.

［5］蔡春，赵莎．现代风险导向审计论［M］．北京：中国时代经济出版社，2006.

［6］杜海霞．审计实务［M］．北京：机械工业出版社，2010.

［7］王珠强．审计学基础［M］．4版．北京：清华大学出版社，2014.

［8］财政部注册会计师考试委员会办公室．审计［M］．北京：经济科学出版社，2013.

［9］刘明辉．高级审计研究［M］．2版．大连：东北财经大学出版社，2013.

［10］秦荣生．审计学［M］．8版．北京：中国人民大学出版社，2014.

［11］李晓慧．审计学：实务与案例［M］．3版．北京：中国人民大学出版社，2014.

［12］谢荣．高级审计理论与实务［M］．北京：经济科学出版社，2011.

［13］肖小飞．审计实务［M］．3版．北京：电子工业出版社，2011.

［14］傅秉潇．审计实务［M］．北京：机械工业出版社，2011.